REIHE ZEITGUT

Band 17

Halbstark und tüchtig

Jugend in Deutschland 1950–1960

REIHE ZEITGUT

Band 17

Halbstark und tüchtig

Jugend in Deutschland 1950–1960

48 Geschichten und Berichte von Zeitzeugen

Herausgegeben von Jürgen Kleindienst

JKL Publikationen

Umschlagbild vorn, Hintergrund: Horst Buchholz und Karin Baal in dem Film „Die Halbstarken", Filmprogramm aus dem Jahr 1956, Sammlung Renate Strebel, Hannover.
Umschlagbild vorn, Vordergrund: Gero Becker-Kavan,
Foto: Familienalbum Ingo Becker-Kavan.
Umschlagbild hinten: die Zwillinge Ingrid und Erika bei einem Fahrradausflug nach Buxtehude 1956
Foto: Familienalbum Erika Tappe, Berlin

Die im Buch veröffentlichten Abbildungen und Dokumente stammen aus dem Privatbesitz der VerfasserInnen.

Bibliografische Information Der Deutschen Bibliothek
Die Deutsche Bibliothek verzeichnet diese Publikation in der Deutschen Nationalbibliografie; detaillierte bibliografische Daten sind im Internet über http://dnb.ddb.de abrufbar.

Reihe ZEITGUT, Band 17
Verlag: JKL Publikationen GmbH, Berlin
Klausenpaß 14, 12107 Berlin
Telefon 030 - 7 41 04 624, Telefax 030 - 7 41 04 626
eMail: info@zeitgut.com
www.zeitgut.com
Herausgeber: Jürgen Kleindienst
Gesamtredaktion und Zusammenstellung: Ingrid Hantke
Textauswahl: Stephan Gürtler, Ingrid Hantke
Bearbeitung und Lektorat: Barbara Grebe, Ingrid Hantke
Chronologie: Dirk Palm
Umschlaggestaltung: Maria Herrlich, Berlin
Druck: Ebner & Spiegel, Ulm
Printed in Germany
ISBN 3-933336-17-1

Inhalt

Orte

Chronologie

1948

18. Juni (bis 12. Mai 1949): Blockade West-Berlins

21. Juni
Währungsreform; 10 RM = 1 DM.

September
Zusammentritt des Parlamentarischen Rates.

23. Juni
Währungsreform; 10 RM = 1 DM.

1949

24. Mai
Das Grundgesetz tritt in Kraft.

14. August
Wahlen zum ersten Deutschen Bundestag: CDU 31 %, SPD 29,2 %, FDP 11,9 %, KPD 5,7 %, Bayernpartei 4,2 %, DP 4 %, andere 14 %.

20. September
Bildung der ersten Bundesregierung unter Konrad Adenauer.

22. November
Petersberger Abkommen mit den Westalliierten: Die Bundesrepublik erhält Teilsouveränität.

15. Mai
Wahlen zum III. Deutschen Volkskongreß, bei denen nur eine Einheitsliste aufgestellt ist.

7. Oktober
Der vom Volkskongreß bestellte Deutsche Volksrat erklärt sich zur Volkskammer und proklamiert die DDR. Die Verfassung tritt in Kraft.

11. Oktober
Wilhelm Pieck wird Präsident der DDR.

12. Oktober
Provisorische Regierung der DDR von der Volkskammer bestätigt. Otto Grotewohl wird Ministerpräsident.

1949 flüchten 125 000 Personen aus der SBZ/DDR in den Westen.

---

*) aus Platzgründen stehen hier die lange Zeit umstrittenen Abkürzungen für Bundesrepublik Deutschland und Deutsche Demokratische Republik

1950

1. Mai
Aufhebung der Lebensmittelrationierung.

25. Juni
Beginn des Koreakrieges.

29. August
Einrichtung des Amtes für Verfassungsschutz.

26. Oktober
Einrichtung des „Amtes Blank“ (Vorstufe des Verteidiungsministeriums).

8. Februar
Bildung des Ministeriums für Staatssicherheit (MfS).

17. Mai
Volljährigkeitsalter wird von 21 auf 18 Jahre gesenkt.

6. Juli
Abkommen über die Oder-Neiße-Grenze mit Polen.

29. September
Aufnahme der DDR in den Rat für gegenseitige Wirtschaftshilfe (RGW).

15. Oktober
Volkskammerwahlen; die Einheitsliste der Nationalen Front erhält über 99 %.

1950 flüchten 198 000 Personen aus der DDR in den Westen.

1951

15. Februar
Bundesgrenzschutz gegründet.

6. März
Revision des Besatzungsstatutes: weitere außenpolitische Vollmachten.

10. April
Gesetz zur Montanmitbestimmung: Paritätische Besetzung der Aufsichtsräte in der Bergbau- und Stahlindustrie.

17. März
Das ZK der SED spricht sich gegen „Formalismus in der Kunst“ aus, Propagierung des „Sozialistischen Realismus“.

8. Oktober
Aufhebung der Rationierung aller Lebensmittel (außer Fleisch, Fett und Zucker).

20. September: Abkommen über den Interzonenhandel.

1951 flüchten 166 000 Personen aus der DDR in den Westen.

1952

8. Februar
Der Bundestag spricht sich (gegen Stimmen der SPD) für einen deutschen Verteidigungsbeitrag aus.

16. März
Stalin-Note: Verhandlung über Wiedervereinigung gegen Neutralität Deutschlands. Adenauer lehnt ab.

25. April
Bildung des Landes Baden-Württemberg.

19. Juli
Betriebsverfassungsgesetz: Mitbestimmung der Betriebsräte.

10. September
Wiedergutmachungsvertrag mit Israel.

23. Oktober
Verbot der rechtsradikalen Sozialistischen Reichspartei (SRP) durch das Bundesverfassungsgericht.

8. Mai
Ankündigung von „Nationalen Streitkräften der DDR".

9.–12. Juli
Die II. Parteikonferenz der SED beschließt den „planmäßigen Aufbau des Sozialismus".

23. Juli
Aufteilung der fünf Länder in 14 Bezirke.

1952 flüchten 182 000 Personen aus der DDR in den Westen.

1953

5. März: Tod des sowjetischen Staatschefs Stalin.

6. September
Bundestagswahl: CDU 45,2 %, SPD 28,8 %, FDP 9,5 %, GB/BHE 5,9 %, DP 3,3 %. Zweites Kabinett Adenauer.

17. Mai
ZK der SED beschließt erhöhte Arbeitsnormen, Unruhe in der Bevölkerung.

16. Juni
Bauarbeiterstreik in Ost-Berlin.

17. Juni
Massenstreiks in mehreren Großstädten, Niederschlagung durch Einsatz sowjetischer Truppen.

1953 flüchten 391 000 Personen aus der DDR in den Westen.

1954

BRD

19.–23. Oktober
Pariser Verträge: Die Bundesrepublik tritt der NATO und der WEU bei, erhält Souveränität. Saarstatut mit Frankreich: Autonomie des Saarlandes.

DDR

23. Januar
„Säuberungsaktion“ in der SED (als Folge des 17. Juni 1953) abgeschlossen.

25. März
UdSSR erklärt DDR für souverän.

17. Oktober
Volkskammerwahlen: 99,46 % stimmen für die Einheitslisten.

1954 flüchten 184 000 Personen aus der DDR in den Westen.

1955

BRD

5. März
Volle Souveränität der Bundesrepublik.

6. Juni
„Amt Blank“ wird Bundesministerium der Verteidigung.

9.–13. September
Staatsbesuch Adenauers in Moskau: Aufnahme diplomatischer Beziehungen, Freilassung deutscher Kriegsgefangener.

23. Oktober
67,7 % der Wähler des Saarlandes lehnen das Saarstatut ab.

DDR

18. Februar
Die Volkskammer schlägt dem Bundestag die Vorbereitung gesamtdeutscher Wahlen vor.

27. März
Erste Jugendweihe in der DDR.

11.–14. Mai
Abschluß des Warschauer Vertrages, eines militärischen Beistandspaktes „sozialistischer Bruderländer“. DDR ist Gründungsmitglied.

20. September
Bestätigung der vollen Souveränität für die DDR durch die UdSSR.

1955 flüchten 253 000 Personen aus der DDR in den Westen.

1956

17. August
Kommunistische Partei Deutschlands (KPD) wird durch das Bundesverfassungsgericht verboten.

18. Januar
Die Volkskammer beschließt Schaffung der „Nationalen Volksarmee".

27.–29. Juli
Das ZK der SED rehabilitiert mehrere prominente Mitglieder, die nach dem 17. Juni 1953 aus Partei und ZK ausgeschlossen worden waren.

1. September
Einführung des obligatorischen Werkunterrichts an den Schulen.

1956 flüchten 279 000 Personen aus der DDR in den Westen.

1957

1. Januar
Das Saarland wird Teil der Bundesrepublik.

15. September
Bundestagswahl: CDU 50,2%, SPD 31,8%, FDP 7,7 %, GB/BHE 4,6 %, DP 3,4%.
Dritte Regierung Adenauer.

19. Oktober
Abbruch der diplomatischen Beziehungen mit Jugoslawien, da dieses die DDR anerkennt.

1957 wurden 25 000 Bauern und Landarbeiter LPG-Mitglieder, 317 neue LPGs wurden gegründet. Ein Viertel der landwirtschaftlichen Fläche der DDR ist nun in Genossenschaftseigentum.

1957 flüchten 262 000 Personen aus der DDR in den Westen.

1958

23. März
SPD und DGB gründen Ausschuß „Kampf dem Atomtod“, der sich gegen eine atomare Bewaffnung der Bundeswehr richtet.

13. Februar
Einrichtung der Staatlichen Plankommission zur Kontrolle der Wirtschaftspläne.

29. Mai
Abschaffung der Lebensmittelkarten.

10.–16. Juli
Auf dem X. Parteitag der SED wird der „Übergang zur Vollendung des Sozialismus“ verkündet.

10. November: Chruschtschow verkündet Berlin-Ultimatum: In sechs Monaten soll West-Berlin „entmilitarisierte Freie Stadt“ werden.

16. November
Volkskammerwahlen: 99,87 % stimmen für die Einheitsliste.

1958 flüchten 204 000 Personen aus der DDR in den Westen.

1959

1. Juli
Heinrich Lübke (CDU) wird Bundespräsident.

15. November
SPD verabschiedet das „Godesberger Programm", mit dem sie sich als „entideologisierte Volkspartei“ präsentiert.

24. April
1. Bitterfelder Kulturkonferenz unter dem Motto: „Greif zur Feder, Kumpel!“

2. Dezember
Volkskammer beschließt Einführung der zehnklassigen Polytechnischen Oberschule, 10 Jahre Schulpflicht.

1959 flüchten 144 000 Personen aus der DDR in den Westen.

1960

10. Februar
„Nationaler Verteidigungsrat" unter Vorsitz von Walter Ulbricht geschaffen.

29. August: DDR beschränkt Reiseverkehr zwischen Ost- und West-Berlin; Bundesrepublik kündigt daraufhin Interzonenabkommen über Reiseverkehr.

12. September
Nach dem Tod Wilhelm Piecks (7. September) Abschaffung des Präsidentenamtes, W. Ulbricht wird Vorsitzender des neugeschaffenen „Staatsrates".

1960 flüchten 199 000 Personen aus der DDR in den Westen.

1961

13. August: Abriegelung West-Berlins und der innerdeutschen Grenze, Bau der Berliner Mauer.

1961 flüchten bis zum 15. August 160 000 Personen aus der DDR in den Westen.

Insgesamt flüchten zwischen 1949 und 1961 etwa 2,8 Millionen Menschen aus der DDR in den Westen.

Vorbemerkungen des Herausgebers

Jetzt, Ende des Jahres 2002, da dieses Buch erscheint, sind die 50er Jahre gerade „trendy" und „in". Die Ikonen der Zeit zwischen 1950 und 1960 werden aufgefrischt, Mode und Design jener Jahre ausgeschlachtet. Doch in den Fünzigern leben will wohl kaum jemand mehr – es sei denn, er kennt sie nicht.

Die Jugendlichen der „Fünfziger", deren Erinnerungen dieses Buch umfaßt, gehören zum Teil bereits einer Generation an, die den Zweiten Weltkrieg nur noch am Rande erlebt hat, die Armut der Nachkriegszeit aber intensiv und bewußt kennenlernte. Viele von ihnen haben darunter gelitten, daß ihre Eltern das zerstörte Land wieder aufbauen mußten und deshalb nicht genug Zeit für sie hatten. Sie sind die ersten Deutschen des 20. Jahrhunderts, denen kein Krieg die persönliche Lebensplanung zerstörte und die nun mit ziemlicher Sicherheit die Früchte ihrer arbeitsamen Jahre genießen können.

Deutschland in den fünfziger Jahren war ein Land voller Brüche und Widersprüche. Fast zehn Millionen Menschen waren aus den ehemals deutschen Ostgebieten jenseits von Oder und Neiße in das Gebiet des heutigen Deutschland geflohen oder vertrieben worden. Es dauerte etwa bis Mitte der sechziger Jahre, bis sie in der DDR und in der Bundesrepublik integriert waren.

Derweil strömten zwischen 1949 und 1961 weitere 2,8 Millionen Menschen in den Westen, diesmal aus der DDR, die damit wesentliche Teile ihrer Intelligenz und ihrer aktiven Bevölkerung verlor. Die Abstimmung mit den Füßen gegen das deutsche Modell des Sozialismus endete bereits 1961 mit dem Bau der Berliner Mauer und der Abriegelung der DDR.

1952 fehlten nach offizieller Statistik noch 3,5 Millionen Wohnungen in der Bundesrepublik – Wohnraum für rund 10 Millionen Menschen. Gleichzeitig waren 300.000 Baufacharbeiter arbeitslos. Erst ein gewaltiges Wohnungsbauprogramm ließ die durch den Krieg entstandenen Baulücken in den Städten schrumpfen. Der „Soziale Wohnungsbau" schaffte einen ersten Ausgleich für die Verluste des Krieges.

Zaghaft wagte sich Deutschlands Jugend ins Ausland. Es gehörten Mut und Optimismus dazu, mit wenig Geld in „fremde Länder" zu fahren. Die Tips der Eltern waren selten zeitnah, die Väter waren zuletzt in Europa als Soldaten unterwegs gewesen. Als ich, Jahrgang 1943, Ende der fünfziger Jahre durch Frankreich trampen wollte, konnte mein Vater als einzigen zivilen Rat beisteuern, ich solle mich an der Biskaya vor den Atlantikwellen hüten. Ihm sei dort im Jahr meiner Geburt die Badehose in der Brandung abhanden gekommen – unter Soldaten war das nicht tragisch.

Den wahren Fortschritt der Fünfziger erlebte ein deutscher Jugendlicher nur dann zu Hause, wenn dort bereits ein Fernsehapparat stand. Das aber war selten, da bot die Straße mehr: Autos, deren Namen inzwischen schon wieder Geschichte sind. Viele stammten aus relativ kleinen Betrieben, die mehr Erfahrungen mit dem Bau von Nähmaschinen hatten oder die Neugründung von Wagemutigen waren: zum Beispiel Borgward, Fuldamobil, Goggomobil, Goliath, Lloyd, Messerschmitt und NSU – sie alle sind verschwunden.

Die Halbstarken übrigens, waren in der Wirklichkeit wohl selten so schlimm und gefährlich wie im Film von 1956. Sie hatten dazu auch wenig Grund und kaum Zeit, zu tun gab es genug, und rebelliert wurde erst 15 Jahre später.

Jürgen Kleindienst
November 2002

[Offenbach/Main, Hessen;
1951–1959]

Ilse Rudat

Der Start ins Leben

Der Krieg war zu Ende, die Währungsreform vollzogen. Überall normalisierte sich das Leben. Offenbach wurde 1954 sogar Großstadt, blieb aber beschaulicher als das benachbarte Frankfurt am Main. Bei uns gab es viele Grünanlagen mit Parkbänken und Weihern, auf denen man im Winter Schlittschuh laufen konnte. Die Größe unserer Stadt ließ es zu, seine Freunde bequem zu Fuß oder per Fahrrad zu treffen.

Finanziell ging es meiner Familie nicht besonders gut. Als Nachkömmling hatte ich ziemlich alte Eltern, mein Vater war bei meiner Geburt 1940 bereits 48 Jahre. Er hatte vor dem Krieg seine kleine Lederwarenfabrik durch Insolvenz verloren, jetzt fand er aus Altersgründen keine Anstellung. Ganze zehn Jahre mußte er auf eine Arbeit warten. Mein Vater war Feintäschnermeister, damals Portefeuillermeister genannt. Ab und an übernahm er einen Privatauftrag zur Herstellung einer Ledertasche, einer Geldbörse oder eines Portemonnaies, aber nur, wenn der Auftraggeber das Leder lieferte. Meine Mutter scheute sich nicht, für fremde Leute zu waschen, bügeln, stricken, nähen, einzukaufen und Kranke zu pflegen. Sie war eine Allroundkraft. Ungeachtet der kräftezehrenden Tätigkeiten war sie immer gut aufgelegt.

Mein Bruder, elf Jahre älter als ich, unterstützte uns finanziell, so gut er konnte, bis er eine eigene Familie gründete und sein Geld selbst benötigte.

Trotz der bescheidenen Verhältnisse hatte ich eine wunderbare Jugendzeit, denn beide Eltern waren fast immer für mich da. Im Sommer wanderten wir oft zum Schäferborn. Mutter brachte mir das Häkeln und Stricken bei und wir sangen viel miteinander.

Wegen der Umstellung von der Herbst- auf die Frühjahrseinschulung im Jahre 1949 mußte ich, da im Januar geboren, einundeinhalb Jahre die dritte Klasse besuchen. Der Geburtstag meiner besten Freundin Ursula lag im Dezember, sie bekam ein halbes Jahr geschenkt. So trennten sich leider unsere Wege.

In den ersten Nachkriegsjahren gingen in der Regel nur jene Kinder zur höheren Schule – Befähigung vorausgesetzt, schließlich mußte eine einwöchige Aufnahmeprüfung absolviert werden –, deren Eltern gut betucht oder Akademiker waren. In Hessen galt inzwischen die Schulgeldbefreiung für weiterführende Schulen. Mein Klassenlehrer setzte sich sehr dafür ein, daß alle begabten Kinder, ob arm oder reich, aufs Gymnasium gehen konnten, so auch ich.

Seit 1951 besuchte ich das Realgymnasium für Mädchen. Hier schloß ich bald neue Freundschaften. Meine Freundinnen wohnten über die ganze Stadt verstreut, einige sogar in angrenzenden Gemeinden. Sie kamen mit dem Überlandbus zur Schule. In der Freizeit traf ich sie nur, wenn sie mich zum Geburtstag eingeladen hatten. Das war jedesmal eine kleine Weltreise, denn Privatautos waren noch selten.

Anfangs litt ich sehr darunter, daß ich, obwohl bildungsmäßig ihnen ebenbürtig, mit meinen Mitschülerinnen sozial nicht auf einer Stufe stand. Unsere Familie lebte in einer Zwei-Zimmer-Wohnung mit Balkon, aber ohne Bad. Die Toilette befand sich im Treppenhaus. Eine Zeitlang konnte ich den krassen Unterschied gut verheimlichen, man traf sich eben zum Radfahren oder zum Schlittschuhlaufen in der Stadt. Aber dann nahte die erste Geburtstagsfeier, zu der ich meine neuen Freundinnen einladen wollte. Ich selbst war bisher bei einer Chemiker-, Arzt- und bei einer Lehrerfamilie zu Gast gewesen, auch in der Villa eines Fabrikbesitzers und auf einem Gestüt.

Mein Geburtstag rückte näher, die Einladungen waren ausgesprochen. Während ich unsere kleine Wohnung auf Hochglanz polierte, starb ich tausend Tode, denn ich wußte nicht, wie meine Gäste reagieren würden, wenn sie unser bescheidenes Heim begutachteten, in dem ich nicht mal ein eigenes Zimmer hatte.

Zum Glück war meine Mutter eine phantastische Köchin, mit wenig Geld konnte sie die leckersten Speisen zaubern. Auch die Spiele, die ich mir ausgedacht hatte, kamen gut an. Der Bann war bald gebrochen, niemand störte sich daran, daß wir nicht in einer Villa wohnten. Hauptsache, wir hatten unseren Spaß. Von Stund an war das Leben für mich leichter. Ich hatte mich offenbart und mußte peinlichen Fragen nicht mehr ausweichen. Niemand nahm Anstoß an meiner sozialen Herkunft.

Ein besonders herzliches Verhältnis verband mich mit Ingrid. Ihr Vater war promovierter Chemiker, und die Familie bewohnte eine Etage eines Zwei-Familien-Werkshauses. Ihre Mutter, eine Seele von Mensch, führte das häusliche Regime meisterhaft. Sie traf auch allein Entscheidungen, wenn der Vater geschäftlich längere Zeit unterwegs war. Ingrids Mutter war damals die einzige mir bekannte Frau in mittlerem Alter, die einen Führerschein besaß und das Familienauto, einen VW-Käfer, couragiert steuerte. Meine „Vizeeltern“, wie ich sie nennen durfte, hatten keine Vorbehalte gegen die Freundschaft ihrer Tochter mit einem Mädchen aus einfachen Verhältnissen. Ich war immer ein gerngesehener Gast. Gelegentlich fuhr ich zu Wochenendausflügen mit, und in den Schulferien durfte ich, wenn die Familie aus dem Urlaub zurück war, einige Tage bei Ingrid übernachten.

Nachdem ich die Hausaufgaben erledigt hatte, radelte ich, so oft es ging, mit meinem alten, gebrauchten Drahtesel die drei Kilometer bis zu Ingrid. Wir beide gaben uns gern als Zwillinge aus, paßten unser Äußeres einander an. Wie die Titelheldinnen der damals populären Kinderbuchserie von M. Haller nannten wir uns in der Freizeit „Gisel“ und „Ur-

Meine Freundin Ingrid und ich ahmten die Zwillinge Gisel und Ursel nach. Die Bücher von M. Haller, bereits Anfang der dreißiger Jahre erschienen, waren bei uns Mädchen sehr beliebt.

sel“, und wie sie erlebten wir beim Umherstromern in Wald und Feld so manches Abenteuer.

Zur Werkswohnung gehörte ein großer Garten mit Bäumen, die sich prächtig zum Klettern eigneten. Ein Weg führte um das Haus und zu einem angrenzenden Gemüsegarten.

Meine Klasse 1954 in der Untertertia im Realgymnasium für Mädchen in Offenbach/Main. Ich bin die vierte von links in der untersten Reihe.

Hier spielten wir mit den Kindern der anderen Familie, die in dem Haus wohnte. Mit Rollern, Fahrrädern, Bollerwagen und selbstgebastelten Schildern imitierten wir den Verkehr auf der Straße. Bei den damaligen Verkehrsverhältnissen war das noch eine durchaus nachahmenswerte Spielvariante.

Bei schlechtem Wetter und im Winter spielten wir mit Puppen, es wurde gebastelt oder gestrickt. Manchmal durften wir unter Anleitung meiner „Vizemutter" kochen.

Zu meinem Bedauern wurden in der Quarta die Klassenverbände neu gemischt und 1953 erstmals eine Klasse eingerichtet, die als zweite Fremdsprache Französisch anbot. Sie war für Schüler gedacht, die das Gymnasium mit der Mittleren Reife verlassen wollten. Jene, die das Abitur anstrebten, lernten jetzt Latein. Nun trennten sich unsere schulischen Wege: Meine Freundin orientierte sich auf Wunsch ihrer Eltern in Richtung Abitur und Studium, während ich nach Meinung meiner Eltern mit der mittleren Reife die Schule verlassen und einen Beruf erlernen sollte, der mich bald ernähren würde. Unserer Freundschaft tat das keinen Abbruch, nur die Hausaufgaben konnten wir nicht mehr besprechen.

Ingrid bekam zu Weihnachten eine Blockflöte und nahm Musikunterricht. Auch ich besaß eine Blockflöte, etwas billiger und mit einem Kunststoffmundstück, aber ich konnte mir keine Privatstunden leisten. Ingrid brachte mir die neuerlernte „Kunst“ bei, und schon bald wurden wir beide ins Schulorchester aufgenommen.

Unserer Schule stand ein Jubiläum bevor. Zu diesem Anlaß studierten wir die Kinderoper „Wir bauen eine große Stadt“ von Paul Hindemith ein. Es war ein erhebendes Gefühl, mit einer kleinen Blockflöte im großen Orchester mitzuwirken. Auch die Krönung Elisabeth II. im Juni 1953 war für uns ein großes Ereignis. Wir erarbeiteten eine Ausstellung, trugen alles zusammen, was „very british“ war. Wir lernten englische Lieder und Gedichte, fühlten uns selbst fast wie Briten. Jede Schülerin hatte eine englische oder irische Briefpartnerin. Leider konnte ich meine Schreibfreundin nicht besuchen, da ich sie meinerseits bei einer Gegeneinladung zu Hause nicht unterbringen konnte.

1957 beendete ich die Schule mit der Mittleren Reife und einem Handelsschulabschluß. Die ersten Schritte ins Leben waren geschafft. Anschließend nahm ich in einer großen Offenbacher Kleinlederwarenfabrik, in der mein Vater in den letzten Jahren vor der Rente nochmals eine Arbeit als Feintäschner gefunden hatte, eine kaufmännische Lehre auf. Mit meinen Schulabschlüssen hatte ich den Bonus, nur zwei Lehrjahre absolvieren zu müssen, vorausgesetzt, ich würde die Abschlußprüfung mit „Gut“ bestehen.

Kauffrau war nicht mein Traumberuf. Lieber wäre ich Kindergärtnerin geworden, doch das scheiterte leider am

Geld, denn die konfessionellen Erzieherinnen-Seminare hatten ihren Preis. So verschob ich meine pädagogischen Ambitionen auf später, auf das Erziehen eigener Kinder, falls ich mal heiraten sollte.

Unglücklich war ich mit meiner Berufswahl nicht, denn die Fächer Buchführung, kaufmännisches Rechnen und kaufmännischer Schriftverkehr mochte ich schon in der Handelsschule. Da ich als Handelsschulabsolventin keine Berufsschule besuchen mußte, blieb viel Zeit für die Praxis. So war ich in der jeweiligen Abteilung, die ich gerade durchlief, schnell integriert. Das steigerte mein Selbstwertgefühl ungemein.

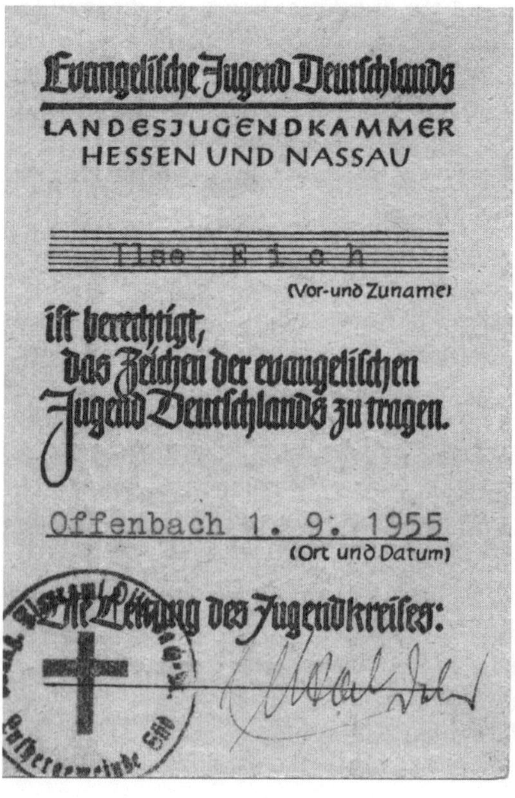

Evangelische Jugend Deutschlands
LANDESJUGENDKAMMER
HESSEN UND NASSAU

Ilse Eich
(Vor- und Zuname)

ist berechtigt, das Zeichen der evangelischen Jugend Deutschlands zu tragen.

Offenbach 1. 9. 1955
(Ort und Datum)

Die Leitung des Jugendkreises:

In der evangelischen Kirchengemeinde arbeitete ich aktiv mit. Meine Mitgliedskarte aus dem Jahr 1955.

Das Foto vom 7. Mai 1955 zeigt mich, vorn, zusammen mit Peter Alt, meinem Tanzpartner, beim Volkstanz.

Zu Ingrid hatte ich weiterhin guten Kontakt. In meiner knappen Freizeit engagierte ich mich in der evangelischen Kirchengemeinde. Eine Volkstanz- und eine Theatergruppe sowie der Tanzunterricht boten vielfältige Möglichkeiten, Vertreter des anderen Geschlechts näher kennenzulernen. Noch während der Handelsschule verliebte ich mich. Doch meine erste große Liebe endete nach zwei Jahren leider tragisch. Mein Freund suchte und fand eine andere, die in Liebesdingen nicht so schüchtern und zögerlich war wie ich.

Ich litt sehr darunter. Seitdem betrachtete ich die männlichen Wesen mit Skepsis. Auf dem Handelsschulabschlußball lernte ich durch Klassenkameradinnen, die ihrerseits in einer anderen evangelischen Kirchengemeinde tätig waren, eine Clique netter, junger Leute kennen. Bei einer späteren Tanzveranstaltung in der Offenbacher Messehalle, die wir

„Lämmerhupf“ nannten, traf ich einen Jungen aus dieser Clique wieder. Er hatte zwei Freunde dabei. Ich war in Begleitung von Ursula, einer Freundin aus der Nachbarschaft. Der Bursche verliebte sich Hals über Kopf in meine Freundin, suchte über mich den Kontakt zu ihr. An diesem Abend tanzte ich auch mit den beiden anderen Jungen, die mich aber kaum interessierten. Ursula „biß an“, und so verlor ich wieder eine Freizeit-Partnerin.

Als mich das Pärchen zu einer Silvesterfeier des Jahres 1959 mitnahm, lief mir als erster einer der Freunde vom „Lämmerhupf“ über den Weg. Diesmal war es Liebe auf den zweiten Blick, als hätten wir nur auf diese Begegnung gewartet. Fortan waren wir unzertrennlich, und schon bald schmiedeten wir Zukunftspläne. Drei Jahre später heirateten wir. Nun stand auch meinem Jugendtraum, Kinder zu erziehen, nichts mehr im Wege.

Meine Freundin Ingrid ist Oberstudienrätin geworden. Bis heute schreiben wir uns regelmäßig zu Weihnachten. Im vergangenen Jahr haben wir uns endlich wieder getroffen und vereinbart, das regelmäßig fortzusetzen.

(Weitere ZEITGUT-Beiträge dieser Autorin sind im Autorenverzeichnis am Ende des Buches vermerkt.)

[Nürtingen/Neckar, Baden-Württemberg – Rimini, Italien; 1950–1954]

Kurt Strohmeyer

Lehrjahre sind keine Herrenjahre

Nach Beendigung meiner Schulzeit auf dem Gymnasium im württembergischen Nürtingen 1950 sollte ich zunächst einen Beruf erlernen. Das vielzitierte Wirtschaftswunder unter Ludwig Erhard steckte noch in den Anfängen, und es war nicht einfach, eine geeignete Lehrstelle zu finden.

Für die Anstellung bei einer Bank interessierten sich mehrere Bewerber. Ich hatte Glück, die Wahl fiel auf mich. Im ersten Lehrjahr bekam ich monatlich 45, im zweiten 56 und im dritten 65 DM Lehrlingsentgelt.

Als erstes mußte ich an der Kasse Geldscheine nachzählen und bündeln. Ich hatte darauf zu achten, daß die Ecken der Scheine glatt gebügelt waren, denn schlecht gebündelte Geldpäckchen wurden von der Landeszentralbank nicht angenommen. Damals gab es auch für Beträge unter einer Mark Geldscheine. Sie hatten ein kleines Format, so daß sie zu ordnen eine wahre Sisyphusarbeit war.

Der Bankdirektor, ein ehemaliger Wehrmachtsoffizier, klein, korpulent und immer in strammer Haltung, überblickte alles mit wieselflinken Augen. Er gönnte niemandem, auch nicht zum Frühstück, eine noch so kleine Ruhepause. Jeden kleinen Fehler hielt er einem schonungslos vor.

Samstagvormittags wurde noch gearbeitet. In der Regel hatte ich an diesen Tagen aber nicht vor 15 Uhr Feierabend. Die ausgehende Post war zu erledigen, und meist händigte der Direktor mir einige Briefe aus, die ich mit seiner Empfehlung persönlich bei den Bankkunden abzugeben hatte. Da er sonntags zwischen 9 und 10 Uhr die Eingangspost sehen wollte, mußte ich an meinem freien Tag das Postfach leeren und ihm die Briefe nach Hause bringen.

Zudem hatte ich jeden Morgen eine halbe Stunde vor den Angestellten zu erscheinen und die Buchungsbelege nach Kontonummern zu sortieren. Außerdem mußte ich die Additions- und Schreibmaschinen, die ich am Abend zuvor in den Tresorraum geschafft hatte, wieder an ihre Plätze bringen. Diese Geräte, wahre Ungetüme, treppauf und treppab zu tragen war eine Schinderei.

Noch ärger empfand ich den Transport und das Anbringen der Doppelfenster in jedem Herbst sowie deren Abbau im Frühjahr. Die Fenster wurden im Speicher gelagert, der nur über eine schmale Treppe zu erreichen war.

Auch beim Geldtransport wurde ich eingesetzt. In einem Rucksack mußte ich die Geldpakete zum Auto tragen. Als ich wegen des großen Gewichts auf dem Rücken einmal beinahe nach hinten gekippt wäre, bekam ich, um die Balance nicht zu verlieren, noch ein paar Geldsäcke in die Hände.

Der Bankdirektor war gleichzeitig Testamentsvollstrecker. In dieser Funktion benötigte er von Zeit zu Zeit kräftige Helfer für den Möbeltransport. Sein Fahrer und ich schienen die billigsten Arbeitskräfte zu sein. Eines Tages mußten wir bei einer Wohnungsauflösung einen eisernen Ofen die Treppe hinabtragen. Das bewältigten wir nur Stufe für Stufe, er war unheimlich schwer. Ein Wunder, daß wir das überhaupt schafften! Noch Wochen danach schmerzten uns die Arme.

Zum Dank für die Schlepperei durfte ich den Chef und den Kreditabteilungsleiter bei einer Fahrt zur Bausparkasse begleiten. Unterwegs lud der Direktor uns beide doch tatsächlich zum Mittagessen ein. Ich zierte mich nicht und bestellte wie er ein nicht ganz billiges Menü samt einem Viertel Wein. Der Abteilungsleiter sah mich ob dieser Dreistigkeit entsetzt an. Er selbst ließ sich nur ein Paar Wiener Würstchen und ein Bier bringen. Für mich war dies die erste und zugleich die letzte Einladung vom Chef.

Da es noch keine bargeldlose Lohnzahlung gab, mußte ich die Lohngelder für eine größere Maschinenfabrik zu Fuß dorthin bringen. Bei den Sortierungen und dem vielen Kleingeld war das kein einfaches Unterfangen. Im allgemeinen erfolgte die Auszahlung der Löhne am Bankschalter. Dabei verzählte ich mich einmal in Anwesenheit des Direktors. Er wolle mir schon zeigen, wie man das richtig macht, schnauzte er mich im Beisein des Kunden an. Siehe da, er verzählte sich ebenfalls, doch jetzt gab er dem Kassierer die Schuld. Der überprüfte das Ganze – das Geld stimmte.

Der Kassierer, ein sportbegeisterter Mensch, las jeden Morgen als erstes die Sportberichte. Er legte die Zeitung ins Hauptbuch und schlug es, sobald der Herr Direktor zu hören war, rasch zu.

Ausflug mit der Berufsschulklasse. Der fünfte Schüler von links, mit der weißen Windjacke, bin ich.

Die Angst der Mitarbeiter vor dem Chef wirkte sich negativ auf das Betriebsklima aus. Manche Kollegen zogen beim Direktor über andere her. Eine Mitarbeiterin, die die Tagesumsätze verbuchte, tat sich dabei besonders hervor. Wenn ich in dieser Abteilung Belege und Kontokorrentkonten sortieren und ihr vorlegen mußte, passierte es schon mal, daß Karten herausgezogen worden waren und zur Zinsberechnung auf diversen Schreibtischen im Hause lagen. Bis ich die Karten fand, gab es natürlich Verzögerungen beim Buchen. Besagte Dame lief dann sofort ins Chefzimmer und beklagte sich, ich würde zu langsam arbeiten.

Der Urlaub für uns Lehrlinge war knapp bemessen. Nach den großzügigen Schulferien empfand ich die zwei Wochen im Jahr als Zumutung. Mein erster Auslandsurlaub sollte mich nach Italien führen. Mein Freund Heinz und ich hatten die Reise gemeinsam gebucht. Der Bus startete in Stuttgart. Ich war pünktlich an der Haltestelle, aber Heinz fehlte. Der Busfahrer wartete auf mein Bitten noch eine Viertelstunde, dann fuhr er los. Da, in allerletzter Minute, bog Heinz mit seinem Motorrad um die Ecke. Er stellte es einfach am Straßenrand ab und stieg in den Bus.

Gegen Mitternacht erreichten wir die Alpen. Der übermüdete Fahrer streifte mit dem Bus eine Felswand. Es hätte nicht viel gefehlt, und wir wären in den Abgrund gestürzt. Müde und kräftig durchgerüttelt erreichten wir am anderen Morgen unser Hotel in Rimini.

Zum Mittagessen wurde uns ein Tisch zugewiesen, an dem bereits ein Beamter aus Ludwigsburg saß. Der Mann trug einen dunklen Anzug mit Krawatte und versuchte gerade, seine Italienisch-Kenntnisse beim Personal anzubringen. Der Kellner zuckte erschrocken zusammen, denn die Worte des Gastes waren mehr schwäbisch als italienisch gefärbt. Als Junggeselle wußte er aber, was sich gehörte und unterstützte das Bedienungspersonal zum Ergötzen der anderen Gäste anschließend beim Tellerabräumen. Am Strand war seine größte Sorge, die Italiener könnten seine ausgetretenen Schuhe stehlen. Nachdem er sich umgezogen hatte, erkundigte er sich bei einer jungen Italienerin, ob man die Kabine nicht abschließen könne. Die Dame verstand jedoch sein Italienisch nicht. Als er es mit Hilfe der Zeichensprache noch einmal recht ungeschickt versuchte, unterstellte sie ihm wohl amouröse Absichten, denn sie schimpfte ihn gehörig aus. Der arme Kerl begriff nicht. Er fragte mich, was sie wohl meinte. Ich konnte mich vor Lachen nicht mehr halten, schließlich stimmte die junge Frau in mein Gelächter ein.

Beim Baden lernte ich ein hübsches Mädchen aus Genf kennen. Sie sprach nur französisch, zum Glück besaß ich einige Französisch-Schulkenntnisse. Das Mädchen war mir sehr sympathisch, wir unterhielten uns angeregt und vergaßen darüber die Zeit. Inzwischen war es Mittag geworden, jetzt waren nur noch wir beide am Strand. Wir verabschiedeten uns, und ich wollte mich rasch anziehen, um ins Hotel zum Essen zu gehen. Zu meinem Entsetzen fand ich meine Kleidung und meine Schuhe nicht!

Mir blieb nichts anderes übrig, als in Badehose und barfuß durch die Straßen von Rimini zu marschieren, wobei ich in der Aufregung die erstaunten Blicke der Passanten kaum wahrnahm.

Als ich im Hotel ankam, saßen die anderen Gäste schon beim Mittagstisch. Der Ludwigsburger winkte mich heran, und siehe da, er hatte meine Sachen schön ordentlich auf meinem Stuhl deponiert. Mit treuherzigem Blick erklärte er, daß er Angst gehabt habe, meine Kleidung könne am Strand gestohlen werden. Großes Gelächter ringsum. Da konnte ich ihm natürlich nicht gram sein.

Die Urlaubszeit verging leider viel zu schnell. Zurück in der Bank, bekam ich vom Chef gleich einen Brief diktiert. Ich schrieb in Langschrift, und mit der alten Schreibmaschine hatte ich meine Probleme. Ich solle gefälligst in Abendkursen endlich Stenografie und Maschineschreiben lernen, ermahnte er mich. Nun, zu Steno hatte ich keine Lust, aber das Maschineschreiben klappte bald.

Dennoch war der Chef nicht zufrieden, er ließ mich jeden Tag nach Dienstschluß eine DIN-A4-Seite tippen. Weil ich das als Schikane empfand, schrieb ich aus dem Betriebsverfassungsgesetz ab und legte ihm das Blatt auf den Schreibtisch. Er vermutete, daß der Personalrat dahintersteckte. Da es zwischen beiden Seiten schon mehrfach Spannungen gegeben hatte, trat der Personalrat daraufhin zurück.

Meine praktische Tätigkeit in der Bank beschränkte sich auf die Bereiche Kasse, Buchhaltung, Poststelle, Scheck und Wechsel. In der Kredit- und der Effektenabteilung erhielt ich keine Einarbeitungsmöglichkeit. Nachdem ich die Zinsstaffelrechnung beherrschte, wurden mir 150 Konten zugeteilt, für die ich, wohlgemerkt nach Dienstschluß, die Zinsen berechnen mußte.

Während der Lehre war meine Freizeit äußerst knapp bemessen. Sonntagnachmittags traf ich mich mit meinen Freunden Horst, Heinz und Harald. Um mein mageres Taschengeld aufzubessern, half ich Haralds Eltern, die eine Kleiderfabrik besaßen, bei der Buchführung. Das Salär von 50 DM, das ich dafür bekam, sparte ich für ein neues Fahrrad mit Dreigangschaltung.

Nach erfolgreichem Lehrabschluß bewarb ich mich bei einem anderen örtlichen Kreditinstitut und erhielt die Stelle. Mein bisheriger Chef war darüber ziemlich verärgert. Nachdem er mir vieles beigebracht habe, meinte er, würde ich einfach davonlaufen. Da er zum Teil unter Tarif bezahlte, war ich in dieser Bank nicht der erste Lehrling, der nach der Prüfung sofort kündigte. Ich habe es nie bereut.

*(Weitere **ZEITGUT**-Beiträge dieses Autors sind im Autorenverzeichnis am Ende des Buches vermerkt.)*

[Bremen-Grohn;
1943/1952]

Helga Mohrmann

Opa Paschke

Ich bin in Grohn aufgewachsen, einem Arbeitervorort von Bremen. Hier gründete Opa Paschke 1941 den Grohner Arbeiterturnverein. Leo Paschke war ungelernter Arbeiter und ein schöner, stattlicher Mann. Er war nicht mein richtiger Opa, denn meine Mutter war nur seine Stieftochter. Aber ich war seine Lieblingsenkelin. Das lag daran, weil mein Opa glaubte, solch ein kluges Kind, das schon mit fünf Jahren die Zeitung lesen konnte, gäbe es nur einmal. Er selbst konnte gar nicht lesen, weil er nur zwei Jahre zur Schule gehen durfte und bereits als Kind schwer als Landarbeiter schuften mußte. Er war der gutmütigste und hilfsbereiteste Mensch, den ich je kennengelernt habe – und er war ein überzeugter Kommunist.

Jedes Jahr am 1. Mai marschierten die Turner des Vereins in der verbotenen großen Mai-Parade mit. Voran, die rote Fahne schwenkend, im weißen Turnerdreß mit den langen weißen Hosen, die wie Unterhosen aussahen, mein Opa. Lauthals und mehrstimmig sangen sie:

Wenn wir schreiten Seit an Seit
und die alten Lieder singen ...

Ich stand mit meiner Mutter am Straßenrand und klatschte wie viele Leute Beifall. Plötzlich stürmten aus einem Haus braununiformierte Männer in die Parade, ergriffen meinen

Opa Paschke, hier mit seiner Familie 1930, war für mich ein Vorbild für Nächstenliebe, Gerechtigkeit und Zivilcourage. Hinten in der Mitte steht meine Mutter.

Opa, entrissen ihm die Fahne und schlugen ihn brutal zusammen. Dann schleppten sie ihn weg, und ich habe ihn fast zwei Jahre lang nicht gesehen. Als mein Opa im Frühjahr 1945 aus Buchenwald zurückkam, lag in seinen Augen großes Leid, aber er konnte nicht darüber reden.

Ich besuchte bereits das Gymnasium, als wir 1952 im Geschichtsunterricht über das Dritte Reich sprachen. Ich fragte Opa, was er im Konzentrationslager erlebt habe.

„Ich mußte das Gold aus den Zähnen der Toten sammeln." Mehr hat er nie dazu gesagt.

Aber er erklärte mir, daß der Nationalsozialismus eine böse Verblendung gewesen sei und erzählte von Marx und Engels und ihrer Lehre, die darauf zielt, daß eines Tages niemand mehr hungern müsse, daß es allen Menschen gutgehen und aller Besitz gerecht verteilt würde, die Arbeiter etwas wert wären, daß sie Schulen besuchen könnten, und daß alle Menschen Brüder sein sollten und keine Feinde. Das fand ich überzeugend.

[Bremen-Grohn;
1951/52]

Helga Mohrmann

Nylonverstärkt zur Jugendweihe

Nach der Volksschulzeit in meinem Heimatort Grohn besuchte ich die Oberschule für Mädchen in Bremen-Vegesack. Seit 1950 sparten meine Eltern für die Feier meiner Konfirmation, die im April 1952 stattfinden sollte.

Das Geld war damals in einer Arbeiterfamilie knapp, aber man wollte Bedürftigkeit nicht zeigen. Es war die Zeit des „Habens“, das „Sein“ war nicht mehr so gefragt. Seit der Währungsreform herrschten Wettbewerb und Konsum. Die Wohlstandsgesellschaft war groß im Kommen.

Mein Vater arbeitete zusätzlich schwarz, wie er es bereits im Kriege getan hatte. Damals hatte er Fenster, Türen und Einrichtungsgegenstände angefertigt, um sie bei Bauern gegen (Über-)Lebensmittel einzutauschen. Jetzt stand er am Feierabend, nach einem knochenharten Job bei der Bremer Vulkan Werft, bis Mitternacht in seiner kleinen Werkstatt, um diese vermaledeite Feier zu finanzieren.

Es war ja nicht nur die Feier, die viel Geld kostete, wenn man sich nicht lumpen lassen wollte und die umfangreiche Verwandt- und Nachbarschaft einlud, nein, ich mußte ja auch neu eingekleidet werden.

Bei all diesen Aktivitäten und Überlegungen passierte meiner Mutter ein folgenschwerer Irrtum. Als sie mich 1951 bei unserem Pastor zum Konfirmandenunterricht anmelden wollte, teilte dieser ihr mit, daß meine Konfirmation erst 1953 stattfinden könne. Ich müsse, wie alle Kinder, zwei Jahre lang zum Konfirmandenunterricht gehen. Auch der Verweis auf meine höhere Schulbildung half Mutter nicht.

Zu Hause wurde eine Krisensitzung abgehalten. Eine Verschiebung der Prozedur kam für meine Eltern überhaupt nicht in Frage, befürchteten sie doch, ins Gerede zu kommen. „Die Weißenborns können es sich wohl nicht leisten, ihr Kind konfirmieren zu lassen“, hörten sie schon Nachbarn und Verwandte tuscheln. Nein, die Blöße wollten sie sich nicht geben. Dann mußte das Ganze eben ohne Kirche stattfinden.

Meine fromme Großmutter traf bei dem Gedanken fast der Schlag. Mein altkommunistischer Großvater hatte eine phantastische Idee: „Dann geht unser Kind eben zur Jugendweihe!“

Alle sozialistisch angehauchten Mitglieder meiner Familie fanden diesen Vorschlag ausgezeichnet. Nur meine gottesfürchtige Oma und ich fühlten uns unbehaglich. Ich schämte mich vor meinen Mitschülern, denn ich war die Einzige in unserem Jahrgang, die nicht konfirmiert werden sollte. Außerdem war die Jugendweihe als ein Ritual der DDR bekannt und wurde bei uns im Westen ablehnend beurteilt. Trotzdem gab es Gruppen in Westdeutschland, die die Jugendweihe zelebrierten, und es gab Eltern, die ihre Kinder dorthin schickten.

Mein Opa versprach mir ein neues Fahrrad, wenn ich mich auf seinen Vorschlag „Jugendweihe“ einließe. Ein Fahrrad war ein sonst unerreichbarer Schatz. Als ich zustimmte, lobte er mich als einen fortschrittlich denkenden Menschen und erzählte mir viel vom Kommunismus, wie er ihn verstand, und von seinem Menschenbild; für mich damals eine Einstellung, die ich annehmen konnte.

Die Vorbereitungen für den großen Tag begannen im Januar 1952. Ich mußte fünfmal zum Unterricht, um die Jugendweihe erhalten zu können. Uns wurde erzählt, wie schön

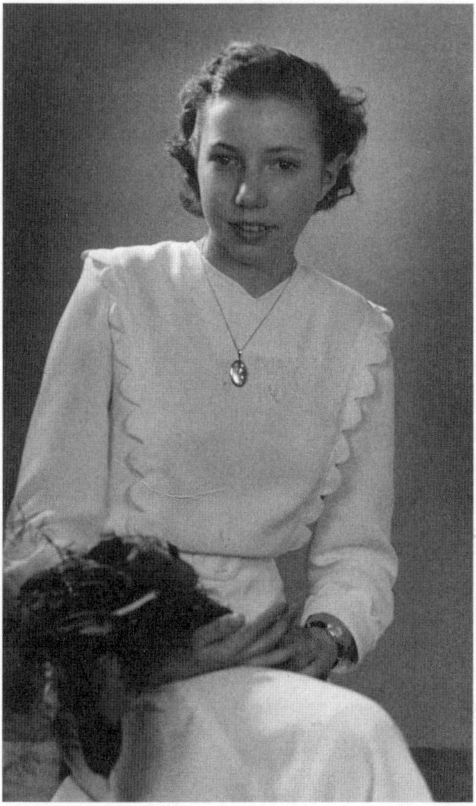

Zur Jugendweihe ging ich in einem erikafarbenen Kleid. Für die Feier daheim bekam ich ein weißes Kleid, eine Konzession an meine Großmutter, die traurig war, daß ihre Enkelin nicht konfirmiert wurde.

es in der DDR sei, daß dort alle gleich seien, es nicht Arm und Reich gäbe und keiner über den anderen bestimmen könne. Von Stalin und den Vorteilen des Kommunismus hörten wir. Wir wurden gelobt, weil wir uns entschlossen hätten, für die Gerechtigkeit einzutreten.

Die Einkleidungszeremonie, die meine Mutter bestimmte, ließ keinen Raum für meine Wünsche. Bei C & A erstand Mutter nach kritischen Preisvergleichen Mantel, Hut und Schal in einem so scheußlichen Braun, das mich aussehen ließ, als wäre ich Mitte Dreißig. Die Kleider nähte eine Bekannte von uns: ein weißes für die Feier, als Zugeständnis an meine Großmutter, die ja nun auf das christliche Ritual verzichten mußte, aber wenigstens das kirchliche weiße Gewand an ihrer Enkelin sehen sollte. Dann erhielt ich noch ein Prüfungskleid, erikafarben, der Lieblingsfarbe meiner Mutter, obgleich bei der Jugendweihe keine Prüfung stattfand.

Ein wichtiges Kleidungsstück waren derzeit die Strümpfe. Da man von diesem Tag an zum Kreis der Erwachsenen gehörte, trug man keine Kniestrümpfe oder Söckchen. Die meisten Mädchen aus meiner Klasse hatten Nylonstrümpfe bekommen und gaben damit sehr an. Nylonverstärkt mußten die Strümpfe auf jeden Fall sein, wollte man nicht zum Gespött der Klassenkameradinnen werden. Meine Mutter wollte das Geld für so teure Strümpfe nicht ausgeben. Es gab einen fürchterlichen Kampf zwischen uns, und ich konnte ihren Widerstand nur brechen, indem ich einfach „krank“ wurde. Zähneknirschend kaufte sie ein Paar Nylonverstärkte, die den kritischen Blicken meiner Klassenkameradinnen standhielten.

So ging ich an einem typisch norddeutschen Schlechtwetter-April-Sonntag im weißen Konfirmationskleid, an den Beinen nylonverstärkt, zur Feierstunde der Jugendweihe. Ich bekannte öffentlich, daß ich ein sozialistisch denkender Mensch sei, sang die „Internationale“ und bekam einen bunten Primeltopf mit Urkunde.

Die anschließende Familienfeier war laut und üppig. Man schenkte mir lachsfarbene Damenunterwäsche und Sammeltassen für meine Aussteuer. Mein bestes Geschenk war ein schönes neues Fahrrad Marke „Herkules“, das mein Opa drei Jahre lang abzahlte. Von meiner Oma erhielt ich ein vergoldetes Kreuz.

Allen Geschenken lag eine Karte bei, bebildert mit Bibel oder Kreuz, mir herzlich zur Konfirmation gratulierend.

[Altgeringswalde – Geringswalde, Kreis Rochlitz; Sachsen, damals DDR; Frühjahr 1951]

Manfred Vogel

Palmarum 1951

Wir Schüler der 8. Klassen bereiteten uns 1951 auf die Konfirmation vor. Für uns war es eigentlich selbstverständlich, daß alle, die die 8. Klasse erreicht hatten, auch am Unterricht in der Pfarrei, gleich neben der Schule, teilnahmen. Aber nicht jeder hatte dafür Interesse. In der großen Pause auf dem Schulhof konnte man in den mißmutigen Gesichtern einiger Klassenkameraden lesen, was sie dann auch lautstark und bestimmend aussprachen: „So ein Mist, heute Nachmittag wieder diese blöde Pastorstunde, ich gehe nicht."

Ich stand mit zwei Schülern aus der 8b zusammen. Sie kamen aus dem Nachbardorf Arras. Wir drei hatten vom Frühjahr bis weit in den Herbst hinein unsere ständige Nachmittagsbeschäftigung: Wir mußten Kühe hüten, das war unumstößlich. Deshalb war für uns die Pastorstunde eine willkommene Abwechslung. Aber wie sollten die Städter begreifen, womit sich gleichaltrige Jungen auf dem Dorf beschäftigen müssen? Hier standen harte Pflichten dem Spielen auf dem Sportplatz oder am Großteich der Stadt gegenüber.

Mir war es vor einiger Zeit gelungen, einen zwei Jahre jüngeren Nachbarsjungen für meine „Vertretung" zu gewinnen. Das ging auch zweimal gut, und ich konnte ohne weiteres zum Konfirmandenunterricht gehen. Als er aber merkte, daß man oft hinter den Kühen herlaufen mußte, besonders dann, wenn Nachbars Rübenfeld in der Nähe war, hatte er bald keine Zeit mehr. Diese Nachmittage mußte nun Mutter überbrücken. Sie schwärmte davon, wie schön das Kühehüten sei: „Ach, das ist doch herrlich, die frische Luft am Waldrand! Ich nehme mir dazu immer etwas zu stricken mit und gehe schön langsam um die Herde herum. Das könntet ihr doch auch machen! Nehmt euch nur etwas zu lesen mit, und die Zeit vergeht im Nu."

Das mag schon sein, aber niemand wird doch ernsthaft glauben, daß wir uns auch noch am Nachmittag mit den Schulaufgaben beschäftigen wollten. War es doch viel angenehmer, in der geringen Freizeit im Wald herumzutoben, nach brütenden Ringeltauben zu schauen oder die wenigen Rehe, die es nach dem Kriege gab, zu beobachten. Eßbare Pilze kannten wir kaum, aber wir haben immer irgend etwas gesammelt oder gefunden. Beim Baden oder Waschen am Abend machte Mutter mich darauf aufmerksam, daß ich mir wieder Zecken aufgelesen hatte. Mit meinen knapp 14 Jahren war ich natürlich schon selbst daran interessiert, die häufig befallenen Stellen abzusuchen, bevor Mutter hinter die Ohren schaute sowie Achselhöhle und Leistenbeuge nach den blutsaugenden Holzböcken untersuchte.

Unserem Pausengespräch hatte sich Herbert angeschlossen. Herbert war ein Flüchtlingsjunge aus der Klasse 4, altersmäßig gehörte er aber auch in die Pastorstunde. Damit hatte er keine Probleme. In den vergangenen Wochen hatte er immer wieder betont, daß er auf der Flucht vor den Russen keine Schule besuchen konnte. Jetzt wohnte er mit seinen Eltern und Großeltern im Wald. Sie hatten dort nach der Bodenreform sechs Hektar Land bekommen, von dem sie sich, wie alle Bauern des Ortes, selbst versorgen mußten. Der Waldboden brachte nur geringe Erträge, deshalb waren die Neubauern zu keiner Pflichtabgabe veranlagt. Das gab allerdings Anlaß zu Neid und Ärger. So auch, wenn Herbert sein Frühstücksbrot mit hausschlachtener Wurst oder frischem Schinken auspackte. Das reizte vor allem jene Bauernkinder, deren Eltern das Abgabesoll nicht erfüllt hatten, und denen es bei Strafe verboten war, ein Schwein für den eigenen Verzehr zu schlachten. Entsprechend sah deren Frühstücksbrot aus. Auch in unserer Klasse gab es einige „Zwillinge" wie Herbert. So nannten wir diejenigen, die mindestens eine Klasse zweimal besucht hatten. Scherzhaft wurde immer angefügt, daß ihnen wohl die Lehrerin besonders gut gefallen habe. Zu ihnen gehörte auch mein Freund „Schnüffel", der die Klasse 6 besuchte, aber bei solch wichtigen Gesprächen wie heute immer zugegen war. Er durfte ja nichts verpassen.

Das Klingelzeichen übertönte sogar den Tumult auf dem Schulhof, nach wenigen Minuten war er wie leergefegt. Wir mußten in das Zimmer 18 zum Russischunterricht einrükken, dem „Lieblingsfach" der meisten Schüler. Das wußte Herr Kunze, der nun den Klassenraum betrat. Niemand konnte ihn leiden, eben auch, weil wir diese verhaßte Sprache lernen mußten. Wir nannten ihn trotzdem „nascha Papascha" (unser Väterchen). Wie üblich, begann auch heute nach einem kräftigen „Strasdwuitje!“ (Guten Tag) und „Saditjes!" (Setzt euch) die neue Lektion. Während des Unterrichts wurde das Gespräch vom Schulhof mit vorgehaltener Hand fortgesetzt, zumal einer „aus sicherer Quelle" erfahren haben wollte, daß heute in der Pastorstunde eine schriftliche Arbeit geschrieben werden sollte.

Er hatte recht. Vier Stunden später saßen alle Kandidaten mit roten Ohren und bleistiftkauend in der Prüfungsstunde. Das hatte sich wohl keiner so recht vorstellen können, vor allem die schweren Fragen nicht.

Die Auswertung in der folgenden Woche wurde mit äußerster Spannung erwartet. Jeder wußte ja selbst, wie er sich in den vielen Konfirmandenstunden benommen und was er gelernt hatte. Die Überraschung war trotzdem perfekt: Von 16 Prüflingen waren zehn, wie der Herr Pfarrer verkündete, „mit Pauken und Trompeten durchgerauscht."

Keiner traute sich so recht, den anderen anzuschauen. Das listige Schmunzeln aus den ersten Reihen war einer essigsauren Mine gewichen. Heute konnte man sogar eine gespielte Aufmerksamkeit spüren. Eberhard, mit dem ich immer verwechselt wurde, und ich gehörten zu den sechs Glücklichen, die die schriftliche Prüfung bestanden hatten. Auch Herbert aus der 4. Klasse. Wie der das nur gemacht hatte? Hatten wir nur einfach Glück? Oder?

Bis zur mündlichen Prüfung, die in der Kirche vor dem Kirchenvorstand abgelegt werden mußte, hatten wir etwas Zeit gewonnen, und das Lampenfieber hielt sich in Grenzen. Ein Gefühl des Triumphes breitete sich aus, und das war doch viel mehr wert als alle Prüfungsangst! Die Dorfdusel aus der 8a hatten ohne große Mühe über die Städter gesiegt.

„Reißt euch gefälligst am Riemen“, werden die Eltern ihre Schützlinge mit Sicherheit ermahnt haben, denn die mündliche Prüfung bestanden alle, auch die, die ihre schriftliche Prüfung nachholen mußten.

Und endlich lange Hosen!

Nun kam bald der große Tag, die Konfirmation. Das große Rätselraten um die zu erwartenden Geschenke begann. Viel war sowieso nicht zu erwarten in einer Zeit, in der es auf dem Jahrmarkt als Hauptpreis oder zur freien Auswahl an den Losbuden lediglich eine kleine Schachtel Pralinen gab.

Von ganz besonderer Bedeutung für uns Jungen war, daß wir nach der Konfirmation endlich lange Hosen anziehen durften. Vorbei der Fitz mit den langen wollenen Strümpfen, dem Leibchen mit den Strumpfhaltern und dem Pfennig darin, der ständig verlorenging, aber doch eigentlich den Strumpf halten sollte. Vorbei auch der Spott der Erwachsenen, auch von Vater, der es nicht lassen konnte, mich auf meine dünnen Beine aufmerksam zu machen: „Es wird höchste Zeit, daß du lange Hosen anziehen kannst, es ist ja nicht mehr mit anzusehen. Du stehst ja in deinen kurzen Hosen drin wie die Ziege im Melkeimer!"

Damit hatte Vater sich selbst das Startzeichen gesetzt, etwas für die bevorstehende Konfirmation zu tun. Mutter wurde hellhörig und fing an zu klagen: „Nun fahr aber mal ein paar Säcke Weizen zur Mühle, ich habe ja nicht einmal Mehl zum Kuchenbacken."

Abgesehen von den anderen Zutaten, die Mutter zum Bäkker mitbringen mußte, war auch der Backtermin zu vereinbaren. An den folgenden Tagen stand Mutter neben anderen Frauen aus dem Dorf in der Backstube und bereitete die Backbleche und die Kuchen zum Backen vor.

„Ich finde es immer wieder spannend, wie die Bleche vom Vorgänger aussehen", erzählte sie. „Auf den ersten Blick kann man erkennen, welche Sorte Kuchen gebacken wurde." Diese Art des Kuchenbackens war in unserem sächsischen Dorf, der Not gehorchend, bereits zur Tradition geworden. Zu Familienfeierlichkeiten oder Feiertagen war die Backstube beim Dorfbäcker über mehrere Tage besetzt. Weihnachten setzte ein regelrechter Wettlauf um die beste Backstubenzeit ein und die Frage, welcher Haushalt wohl den besten Dresdner Stollen bäckt.

Neben diesen wichtigen Dingen war die letzte Woche vor dem großen Tag mit weiteren Höhepunkten ausgefüllt. Der Konfirmandenanzug mußte gekauft werden, die passende Wäsche, das Hemd und die Schuhe dazu. Die Generalprobe in der Kirche war für uns ein spannendes Ereignis. Jeder Schritt wurde geübt, festgelegt, wer mit wem in Zweierreihe in die Kirche eintritt und in alphabetischer Reihenfolge vor dem Altar eingesegnet wird. Alles wurde Schritt für Schritt geprobt, nach Mädchen und Jungen eingeteilt, auch nach der Körpergröße wurden die kleinen Gruppen ausgerichtet. Das Herzklopfen war wieder da und wurde von Stund an stärker und stärker. Es sollte ja auch alles klappen.

Der Hinweis von Vater, daß der Großbauer aus der Nachbarschaft im Kirchenvorstand und damit auf alle Fälle anwesend sein werde, kam wie ganz nebenbei, durfte aber nicht fehlen und auf keinen Fall überhört werden.

Vom ersten Schultag an maß der Schulweg vom Dorf in die Stadt drei Kilometer. Länger war er nur während des Krieges, als wir Schulkinder wegen Fliegeralarm schmale Wege und Gassen durch die Schrebergärten laufen mußten. Kürzer war er nie. Auch heute, an dem Tag, an dem der neue Lebensabschnitt mit der Aufnahme in die Kirchengemeinde begann, mußten wir zu Fuß in die Kirche gehen und natürlich zurück. Anders war nur, daß heute auf dem Heimweg Vater dabei war, und, ganz wichtig, ich in neuer Schale.

„Schmuck siehst du aus in deinem neuen Anzug!“ freute er sich und die Verwandtschaft stimmte zu.

„War ja auch teuer genug”, seufzte Vater. „Halte ihn nur gut, der Anzug hat mich elf Sack Getreide gekostet. Ich habe meinen ersten Anzug noch besessen, als ich 23 Jahre alt war.“

Was interessiert mich das heute?

Auf dem Heimweg aus der Kirche gab es schon die ersten Geschenke. Wie gelernt, bedankte ich mich artig, auch für die zahlreichen Geschenke, die ich zu Hause erhielt. Jeder, der ein Präsent brachte, das waren vorwiegend Kinder, bekam zwei oder auch vier Stück frischen Kuchen vom Blech. Oftmals war der Kuchen mehr wert als das Geschenk, aber anders verließ keiner unseren Hof. Hier war Mutter eisern.

Das eigentliche Fest begann mit dem Mittagessen und setzte sich bis zum Abend fort. Auch meine etwas jüngeren Cousins, die ich lange nicht gesehen hatte, waren diesmal sehr nett, gratulierten mir und beschenkten mich. Etwas neidisch schauten sie allerdings, als ich zu Mittag mein erstes Glas Wein trinken durfte.

Der Nachmittag gehörte uns und den Kindern aus der Nachbarschaft. Mit vielen Spielen aus Stadt und Land gestalteten wir ihn. Er wurde nur noch einmal unterbrochen, als Mutter zum Festtagskaffee rief. Die Kaffee-Ersatz-Mischung oder der aus gebrannten Getreidekörnern hergestellte

Muckefuck, auch „Negerschweiß“ genannt, interessierte uns sowieso nicht, aber Mutters Kuchen. Das war der eigentliche Höhepunkt des Tages. Sofort flogen alle Spielsachen und Geräte – das Fahrrad mit der Hartgummibereifung, der Fußball aus Lumpen zusammengeschnürt oder die im Garten benutzten Igelitschuhe – in die Ecke, um nicht die besten Stücke zu verpassen. Als wir die große Stube betraten, saßen schon alle an der Kaffeetafel. Wunderschön hatten Mutter und die beiden Tanten die Kaffeetafel vorbereitet. Um alle Gäste unterzubringen, mußten die Stühle sehr eng gestellt werden. Das wie ein Heiligtum gehütete Kaffeeservice von Oma stand auf dem Tisch, in der Mitte die fünf großen Teller mit den köstlichsten Kuchen der Welt. Wie hungrige Wölfe wollten wir uns, aus dem Garten kommend, auf den Kuchen stürzen. Vater konnte das gerade noch verhindern: „Aber, aber, meine Herren, erst ab in die Küche, Hände waschen und Haare kämmen!”

Auch der schönste Tag geht einmal zur Neige, die meisten Gäste waren abgereist. Nun hatte ich endlich etwas Ruhe, um meine Geschenke auszupacken und zu betrachten: sieben Taschenetuis Spiegel mit Kamm, fünf Paar Socken, viermal Ärmel- und Sockenhalter, Haarpomade, eine Nagelfeile und weitere so wichtige Sachen. Auch ein schöner dicker Pullover war dabei. Tante Marianne erklärte dazu: „Wir haben in diesem Jahr das Abgabesoll für Wolle übererfüllt, da habe ich gleich ein Kilo Wolle zum Spinnen zu unserer Nachbarin gebracht und dann von Weihnachten bis jetzt an diesem Pullover gestrickt. Gefällt er dir?”

Ein Paar warme Schafwollsocken gehörte noch dazu. Ich drückte die Tante ganz lieb und war sehr zufrieden.

Der neue Tag stellte mir die Frage: Was wirst du nach der Schule tun?

Der Berufswunsch und die Antwort darauf waren fällig.

[Reckum – Wildeshausen, Kreis Oldenburg – Delmenhorst, Niedersachsen 1950–1956]

Margitta Acker

Mein Schulweg

Im Frühjahr 1946 kamen wir als Heimatvertriebene von Hinterpommern in die Gemeinde Reckum, damals zur Kreis-Grafschaft Hoya in Niedersachsen gehörend. Dort hatte mein Vater nach kurzer amerikanischer Gefangenschaft bereits eine Arbeitsstelle in seinem Beruf als Landwirt gefunden. Das Geestdorf Reckum wurde unsere zweite Heimat.

Bald nach unserer Ankunft kam ich im Mai in die anfangs einklassige Reckumer Volksschule. Als ich in der vierten Klasse der inzwischen zweiklassigen Schule war, empfahl der Lehrer meinen Eltern, mich auf die Mittelschule in die nahe Kleinstadt Wildeshausen zu schicken. Meine Eltern waren einverstanden. Also wurde ich zur Aufnahmeprüfung angemeldet, obwohl irgend jemand – meine Oma vielleicht, oder auch der Bauer, bei dem wir wohnten – „Was soll der Unsinn? Die heiratet doch sowieso", murmelte.

Mit der Anmeldung kam sogleich eine wichtige Frage auf: Angenommen, ich bestehe die Prüfung, wie komme ich dann jeden Tag in die Schule?

Fünf Kilometer lagen zwischen dem Hof, auf dem wir wohnten, und der Schule am östlichen Ende der Stadt. Einen regulären Busverkehr gab es nicht, und wer verfügte 1950 schon über ein Auto?

Und selbst wer eins besaß, hätte zu der Zeit seine Kinder sicherlich nicht jeden Tag in die Schule kutschiert.

Ein Fahrrad mußte her, das war die einzige Möglichkeit. Radfahren hatte ich längst gelernt, denn ein Fahrrad besaß unsere Familie immerhin, wenn auch ein recht altes und klappriges. Ich brauchte ein eigenes Rad. Gespannt wartete ich auf das Ergebnis der Aufnahmeprüfung. Ein Fahrrad winkte – welch eine Belohnung für eine bestandene Prüfung!

Die Nachricht war positiv, und ein Fahrrad wurde bestellt – wahrscheinlich beim Versandhaus Quelle. Es war ein Traumfahrrad: weinrot mit viel spiegelblankem Chrom und flachem Lenker. Wer hatte damals auf dem Dorf schon ein Fahrrad mit einem flachen Lenker?

Sogleich mußte ich unter Anweisung meines Vaters lernen, einen Reifen zu flicken, und versprechen, das Rad regelmäßig zu putzen und stets sorgfältig mit ihm umzugehen. Bald danach, an einem Apriltag im Jahre 1950, war es soweit: Ich radelte los in Richtung Wildeshausen.

Radfahren wurde viele Jahre lang Teil meines täglichen Lebens, morgens zur Schule, mittags nach Hause, sechs Tage in der Woche, vierzig oder auch mehr Wochen im Jahr. Wie viele Fahrradkilometer habe ich wohl in den Jahren zurückgelegt? Ich habe es nie ausgerechnet.

Es gab zwei Wege in die Stadt. Der breite Sandweg führte durch Felder, Wälder und an der Flußniederung der Hunte entlang. Der andere, die Landstraße, war damals noch nicht asphaltiert, sondern mit groben Feldsteinen gepflastert – ein gefährliches Pflaster für aufgepumpte Reifen!

Beide Wege hatten ihre Vor- und Nachteile. Der Sandweg war kürzer, allerdings bei schlechtem Wetter nicht zu empfehlen. Bei Regenwetter stand er voller Pfützen, und Dreck spritzte in alle Richtungen. Er barg die Gefahr, daß man steckenblieb oder von unten her noch zusätzlich naß wurde und mit klatschnassen und schmutzigen Schuhen in der Schule erschien. Im Winter kam dieser Weg nicht in Betracht. Bei schlechtem Wetter, im Sommer wie im Winter, und auch bei Dunkelheit war die Landstraße der sicherere Weg, auch wenn man sich einen Kilometer länger in die Pedalen legen mußte. Zum Glück war ich nicht die einzige, die aus dem Dorf in die Stadt zur Schule fuhr. Zu meiner Freundin Anneliese, eine Klasse über mir, kam später noch eine Gudrun aus dem Nachbardorf hinzu, sie besuchte eine Klasse unter mir. Wir drei nahmen gerne den Sandweg zur Schule. Man konnte ungestört nebeneinander herfahren und sich dabei unterhalten. Wir hatten uns immer viel zu erzählen. Oft waren es Geschichten, die ich mir abends vor dem Einschlafen ausdachte, manchmal sogar in Fortsetzungen!

Wovon sie handelten? Mit Sicherheit waren es entsetzlich kitschige Liebesgeschichten, angeregt durch Groschenromane, und Geschichten und Fortsetzungen aus den Lesemappen, die wöchentlich ausgetauscht wurden.

Als Gudruns Familie wegzog und später auch Annelieses, wurde der Sandweg für mich weniger reizvoll. Ich nahm fortan fast ausschließlich die Landstraße. Hier traf ich morgens manchmal auf den einen oder anderen Mittelschüler aus der Gemeinde, und wir legten den restlichen Schulweg gemeinsam zurück. Aber Geschichten habe ich nicht mehr erzählt.

Die Landstraße hatte noch einen großen Vorteil: Hier fuhren gelegentlich Trecker mit vollbeladenem Anhänger. Daran konnte man sich so schön anhängen und ein ganzes Stück des Weges ziehen lassen. Der Treckerfahrer hatte meist nichts dagegen, falls er es überhaupt bemerkte. Irgendwann muß die Landstraße dann aber doch asphaltiert worden sein, zumindest von der Stadtseite her. Auf dem Nachhauseweg fuhr ich oft mit einem Schmökerheftchen vor der Nase durch den Wald, eine Hand lässig an der Lenkstange, mit der anderen das Heft haltend, die ganze Aufmerksamkeit auf dessen Inhalt gerichtet. Bei asphaltierter Straße war das keine Kunst, da hätte man auch freihändig fahren können. Ich las die „Sonni“-Hefte, eine Serie, in der eine Gruppe junger Mädchen, allen voran Sonni, wahnsinnig aufregende und fantastische Abenteuer erlebte. Bei meinem schmalen Taschengeld konnte

Das bin ich mit meinem weinroten Traumfahrrad im Sommer 1955.

ich mir diese Heftchen allerdings nicht leisten; eine Klassenkameradin lieh sie mir, aber nur, wenn sie bei mir Hausaufgaben abschreiben durfte.

Bestimmt hat das Radfahren zu unserer Gesundheit und zu unserer Fitneß beigetragen. Aber die Winter hätten wir nicht gebraucht. Herbststürme und Aprilregen, Sommergewitter und Hagelschauer waren schlimm genug, am unangenehmsten aber war es im Winter. Schneeverwehungen, Schneetreiben, Glatteis, klirrende Kälte und morgens die Dunkelheit. Wie haben wir das nur durchgestanden?

Wie oft bin ich auf Glatteis ausgerutscht und hingeschlagen, in einer Schneewehe am Straßenrand steckengeblieben und in das kalte Weiß gerutscht! Wie oft habe ich mit vor Kälte steifen Fingern einen geheizten Raum betreten und die Tränen nicht zurückhalten können, so sehr schmerzten die sich langsam erwärmenden Finger.

Um 8 Uhr begann der Unterricht. Im Sommer reichte es,

wenn ich mich gegen 7.30 Uhr auf den Schulweg begab. Aber im Winter! Da fuhr ich extra früh los, damit ich auch bei Stürzen, Stürmen, Glatteis und Nässe ja nicht zu spät zum Unterricht kam. Wie habe ich die Dunkelheit gehaßt!

Als ich in die 9. Klasse ging, hatte einer meiner Klassenkameraden das Glück, für einen Schüleraustausch in die USA ausgewählt zu werden. Amerika! Wie gerne wäre ich an seiner Statt in das Land der unbegrenzten Möglichkeiten gereist. Und was passierte?

In der 10. Klasse war ich die Auserwählte. Im Juli 1955 reiste ich mit 25 anderen Austauschschülern aus allen Teilen Deutschlands auf der „Italia" über den großen Teich. Ein Jahr verbrachte ich bei einer amerikanischen Farmerfamilie in einem kleinen Dorf im Bundesstaat Iowa im Mittleren Westen. Ich ging dort zur Schule, lernte fließend Englisch bzw. Amerikanisch sprechen und machte meine erste Bekanntschaft mit dem Fernsehen. Es war ein Jahr voller interessanter Erlebnisse und neuer Eindrücke.

Alles hat seine Sonnen- und Schattenseiten: Als ich ein Jahr später, im Juni 1956, zurückkam, gab es meine Mittelschulklasse nicht mehr. Alle hatten inzwischen die Mittlere Reife abgelegt und waren ins Berufsleben hinausgegangen.

Zurückversetzt werden wollte ich nicht, und nachdem sich das Gymnasium an der Wilhelmstraße in Delmenhorst trotz meines Nachholbedarfes in einigen Fächern bereiterklärt hatte, mich in die 11. Klasse aufzunehmen, wechselte ich nach dort über. Mein Schulweg wurde nun noch länger. Zu dem täglichen Radfahren kam eine 40minütige Bahnfahrt. Ich mußte morgens noch früher aus dem Haus. Manchmal fiel der Unterricht in die Nachmittagsstunden, so daß ich den Nachhauseweg im Winter oft in Dunkelheit zurücklegen mußte. Mitfahrer hatte ich nun nur noch im Zug; da wurden Hausaufgaben verglichen, Vokabeln gebüffelt, Schulprobleme diskutiert. Den Weg zum Dorf und umgekehrt legte ich von nun an immer allein zurück.

[Berlin – Kühlungsborn/Ostsee, Mecklenburg-
Vorpommern, damals DDR;
Juli–September 1951]

Liselotte Kubitza

1951 – ein aufregendes Jahr

Kurz vor unserer Lehrabschlußprüfung als Sozialversicherungskaufmann stehend, galt es für meine Zwillingsschwester Ursel und mich, viel zu lernen, um mit sehr gutem Ergebnis abzuschließen. Außerdem waren wir als Jugendliche unseres Verwaltungsbetriebes, der Versicherungsanstalt Berlin (VAB) im Chor und in der Volkstanzgruppe sehr aktiv. Singen und tanzen bereitete uns trotz des enormen Zeiteinsatzes großen Spaß.

Für die III. Weltfestspiele der Jugend und Studenten im August 1951 in Berlin mußten viele Lieder und Volkstänze aus unterschiedlichen Landesteilen einstudiert werden. Ursel und ich hatten den Vorteil, nach Feierabend zu Hause weiter gemeinsam üben zu können. Wir entwarfen Kostüme und kauften Stoffe ein. Nach mehreren Anproben saßen die Kleidungsstücke perfekt. Aus heutiger Sicht waren die Kostüme einfach, doch für die Nachkriegszeit waren sie etwas Besonderes. Ein Teil der Mädchen trug rote, weite Röcke, der andere blaue, komplettiert mit einer weißen kurzärmligen Bluse mit Puffärmeln und Rüschen am Halsausschnitt.

In der restlichen knappen Freizeit – wir arbeiteten damals bis Samstagmittag – halfen wir unentgeltlich und mit Hunger im Bauch bei der Trümmerbeseitigung, denn unsere Stadt sollte zum Empfang der internationalen Gäste ein ordentliches Bild bieten. Auch beim Einrichten der Schlafgelegen-

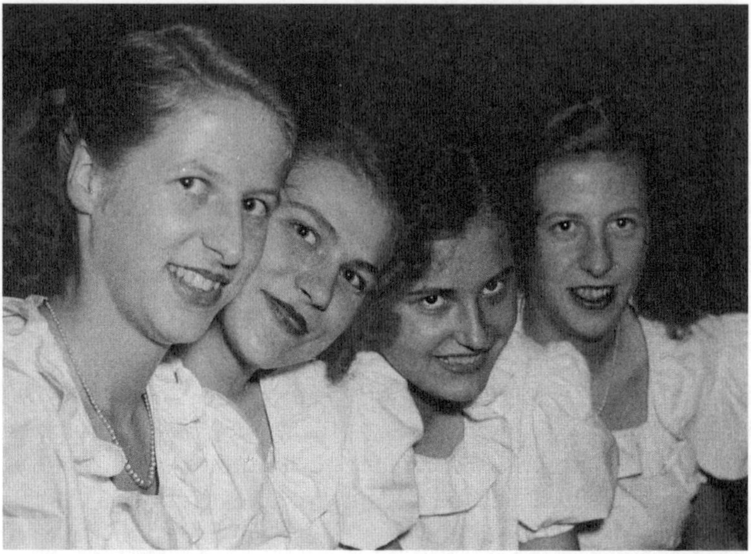

Für die III. Weltfestspiele der Jugend und Studenten im August 1951 in Berlin studierten unser Chor und die Volkstanzgruppe neue Lieder und Tänze ein. Ganz links bin ich, daneben Christa, Jutta und Ursel.

heiten für die Jugendlichen aus nah und fern in Schulen und Turnhallen sowie auf Dachböden packten wir kräftig mit an. Unser Fleiß wurde belohnt. Ursel und ich gehörten zu jenen, die als Festbekleidung neben dem üblichen dunkelblauen Rock sowie einer Bluse und Jacke ein Paar der begehrten schwarzen Lederschuhe guter Qualität gratis erhielten. Das war für längere Zeit unsere Rettung; denn nach drei Jahren Lehrzeit mit einem monatlichen Entgelt von netto 54 bis 108 Mark war unsere finanzielle Lage als Halbwaisen äußerst miserabel. Unsere wenigen Kleidungsstücke hatten wir zudem bei den zahlreichen ehrenamtlichen Arbeitseinsätzen auf Trümmern und in Schulen abgenutzt.

Während der Weltfestspiele waren wir ständig im Einsatz. Als solide, fleißige und saubere Mädchen waren wir dafür ausgesucht worden und von unserer Arbeit für 14 Tage freigestellt. Unter anderem servierten wir im großen festlichen Friedenssaal unserer Hauptverwaltung in der Rungestraße im Stadtbezirk Berlin-Mitte ausländischen Delegationen das Essen. Das bedeutete für uns eine besondere Ehre. Zwei Wochen kamen wir nicht nach Hause, so viel gab es zu tun. Nachts schliefen wir auf aufgeschüttetem Stroh in der großen Halle unserer Verwaltung.

Nachdem das aufregende Ereignis vorüber war, sollte für uns der Ernst des Lebens, die Verwaltungsarbeit als Sozialversicherungskaufmann in der von uns selbst ausgewählten interessanten Rentenabteilung, beginnen. Gerade 18 Jahre alt und somit volljährig, hatten wir das große Glück, von der Betriebsgewerkschaftsleitung einen der begehrten FDGB-Reiseschecks zu bekommen: vierzehn Tage Urlaub in Kühlungsborn an der Ostsee! Niemals zuvor waren wir dort hingekommen, ein verlockendes Angebot!

Nach der ersten Freude lehnten wir die Annahme dankend ab. Obwohl der Scheck nur 30 Mark kostete und die für Gewerkschafter ermäßigte Fahrkarte eigentlich erschwinglich war, konnten wir das Geld nicht aufbringen. Außerdem besaßen wir keine Reisegarderobe. Die Finanzlage unserer Mutter war genauso schlecht, sie konnte uns keinen Zuschuß geben. Die Kollegen der Betriebsgewerkschaftsleitung waren sehr nett und rieten uns, nach den Anstrengungen und Leistungen in diesem Jahr die Reise auf jeden Fall anzutreten. Wir waren körperlich mitgenommen, hatten erhebliches Untergewicht und eine Erholung dringend nötig. Nach langem Überlegen kamen wir zu dem Ergebnis, mit unserem ersten vollen Gehalt von netto 290 Mark abzüglich der Investition in einen Badeanzug leidlich auskommen zu können.

So reisten wir am 30. August 1951 mit den schwarzen Lederschuhen und ansonsten bescheidener, alter Kleidung aufgeregt in Richtung Ostsee, im Gepäck unsere neuen blauen Badeanzüge. Wie in unseren Kindertagen hatten wir den gro-

Im Ostseebad Kühlungsborn verbrachten Ursel und ich 1951 einen unvergeßlichen Urlaub. Wir wohnten im FDGB-Heim „Jochen Weigert".

ßen schwarzen Koffer dabei, nur, daß wir jetzt erwachsen waren. Das Wetter war uns hold. Wie schön! Die Eindrücke überwältigten uns. Niemals werde ich den ersten Anblick der Ostsee bei Sonnenschein vergessen. Wir spazierten durch den hübschen, sauberen Ferienort, gingen einen abwärts führenden Weg entlang, und plötzlich lag vor uns die See, wie im Bilderbuch, tiefblau mit weißen Schaumkronen auf den Wellen. Dazu das Meeresrauschen – aufwühlend und beruhigend zugleich. Einzigartig wirkten auf uns, die wir aus der grauen Berliner Trümmerlandschaft kamen, die Farben des Himmels, des Wassers und des Strandes, der grünen Kiefern und der bunten Strandkörbe. Einfach phantastisch!

Mit großem Interesse beobachteten wir den hotelähnlichen Tagesbetrieb im FDGB-Heim. Für abendliche Restaurantbesuche hatten wir weder das Geld noch die Garderobe. Die mäßigen Mahlzeiten im Heim mußten ausreichen. Ansonsten ließen wir die Seele baumeln und genossen überglücklich die sonnigen, unbeschwerten Tage.

Einmal fand im Dorf ein eintrittsfreier Tanzabend statt, bei dem wir uns die ganze Zeit mit einer Brause begnügten und uns dennoch toll amüsierten. Wir tanzten gerne und gut. Meine Schwester machte die Bekanntschaft eines jungen Mannes, der sie bis zum Urlaubsende nicht mehr aus den Augen ließ. Ich war stets dabei, lief nebenher. Anscheinend störte das den jungen Mann nicht, für ihn erhöhte sich wohl eher der Reiz durch unsere Ähnlichkeit. An den noch warmen Abenden saßen wir zu dritt im Strandkorb und bliesen Melodien auf dem Kamm.

Als wir gut erholt und braungebrannt wieder daheim waren, schwärmten wir vor unserer Mutter und den Kollegen noch lange von den unvergeßlichen Urlaubseindrücken und gingen mit frischem Elan an die Arbeit. Es sollten noch viele Ostseereisen folgen, so daß wir die Ostsee später als unsere zweite Heimat bezeichneten.

Meine Zwillingsschwester Ursel und ich in unseren neuen blauen Badeanzügen. Schlanksein war seinerzeit kein Problem,

[Wachtberg – Wachtberg-Adendorf und Klein-Altendorf
nahe Bonn, Nordrhein-Westfahlen;
1950–1960]

Rudolf Müller

Neue Freunde, neuer Lebensmut

Meine Mutter war 1940, als ich fünf Jahre alt war, in meiner Heimatstadt Elbing*) in Ostpreußen gestorben. Damals war mein Vater Soldat. Er wollte wieder eine Mutter für mich. 1941 war die Kriegstrauung. Bei Stalingrad geriet Vater in russische Gefangenschaft. Nach unserer Flucht über die Ostsee verschlug es meine Stiefmutter und mich zunächst nach Warin in Mecklenburg. Als es hieß, wir könnten wieder nach Hause, gelangten wir bis Steinberg in Pommern, wo alle Frauen auf einem großen Gut unter polnischer Verwaltung arbeiten mußten. 1946 kamen wir nach Rudolstadt in Thüringen. Dort ging ich wieder zur Schule, so schwer es mir auch fiel, von vorn anzufangen.

1949, ich war inzwischen 14 Jahre alt, beschloß meine Stiefmutter, in den Westen zu gehen. Im Durchgangslager Uelzen half uns das Rote Kreuz bei der Suche nach Verwandten. Hier trennten sich unsere Wege. Meine Stiefmutter wollte zu ihren Eltern, die nun in Ütersen wohnten, und ich machte mich zu Fuß auf den langen Weg zu meinen Großeltern, die nach der Flucht in der Nähe von Bonn untergekommen waren. Die Sehnsucht nach Liebe und Geborgenheit, die ich von meiner Stiefmutter nie bekommen hatte, trieb mich zu ihnen. Die Wiedersehensfreude war riesengroß, wenngleich die Schuhe voller Blut, die Sohlen durchgelaufen und die Socken zerfetzt waren. Leider konnten mich die Großeltern nicht

*) heute Elbląg in Polen

Mein Vater als Soldat. Wie oft schaute ich mir das Foto an und hoffte, daß er bald aus russischer Gefangenschaft entlassen würde.

auf Dauer aufnehmen und mit durchfüttern. 1950 wurden gerade die Lebensmittelkarten abgeschafft, und die alten Leute bekamen nur wenig Rente. Wie sollte ich wieder zu Kräften kommen?

Ich mußte mir eine Arbeit suchen, am besten in der Landwirtschaft, denn dort bekam man satt zu essen. Im Jahre 1950 begann ich auf einem großen Gut in Wachtberg meine landwirtschaftliche Ausbildung. Zweimal in der Woche besuchte ich die Berufsschule. Auf dem Gut bewohnte ich ein kleines Zimmer, das Essen schmeckte und war reichlich. Der Lohn war gering, die Arbeit sehr schwer. Abends fiel ich todmüde ins Bett.

Mein Vorgesetzter trank gerne Alkohol. In diesem Zustand schlug er mich mit der Mistgabel auf den Rücken, wenn ich mit der schweren Schubkarre nicht schnell genug den Berg hinaufkam. Aus Verzweiflung weinte ich abends oft in mein Kissen, manchmal war ich völlig ohne Hoffnung. Weil ich tief in meinem Inneren sehr alleine war, zog es mich zu den Tieren hin, die meine besten Freunde wurden.

An den Wochenenden fuhr ich mit dem Fahrrad zu meinen Großeltern nach Wachtberg-Adendorf. Großvater mühte sich, mir so viele Lebensweisheiten wie möglich zu vermitteln. Ich liebte ihn und hörte ihm gerne zu. Er wollte nicht länger zulassen, daß ich bei meiner schweren Arbeit auch noch geschlagen wurde und entschied, ich solle zu einem anderen Lehrherrn gehen.

Inzwischen war ich 17 Jahre alt. Auf einem großen Bauernhof in Klein-Altendorf, in der Nähe der Großeltern, fand ich bei Familie Heck eine neue Arbeitsstelle. Es war ein schönes, sauberes Anwesen. Mein Zimmer war gemütlich eingerichtet, und wenn die Sonne schien, schickte sie ihre Strahlen durch mein Fenster herein. Daß ich bei Hecks sogar Familienanschluß hatte, stimmte mich sehr froh. Was für ein gutes Gefühl, wieder so etwas wie ein Zuhause zu haben!

Es machte mir nichts aus, wenn morgens um 4 Uhr der Wecker klingelte, denn am Nachmittag hatte ja ich frei. Bevor ich auf einem der Pferde zu den Großeltern ritt, packte die freundliche Bäuerin mir manchmal Schmalz und Speck für sie ein.

Nach wie vor hoffte ich, mein Vater würde bald aus der russischen Gefangenschaft heimkehren. Er hatte in einem Uranbergwerk in Sibirien gearbeitet, war jetzt jedoch schwer erkrankt. Man stellte ihn vor die Entscheidung, sich freiwillig für fünf Jahre zur Arbeit in der Tschechoslowakei zu verpflichten, danach käme er frei. Vater schrieb, daß er sich zusammen mit uns dreien eine neue Zukunft aufbauen wolle. Ich war sehr glücklich darüber und freute mich so sehr auf den Tag, an dem er nach Hause kommen würde. Wie gern hätte er uns besucht, doch damals gab es kaum eine Ausreisegenehmigung.

Die Jahre vergingen. Pflichtbewußt erledigte ich weiter meine Arbeit auf dem Bauernhof. 1954 erhielt ich als Jüngster neben meinem Arbeitgeber vom Landeskontrollverband Rheinland e.V. für meine Arbeitsleistung in der Landwirtschaft eine Auszeichnung für die höchsten Herdendurchschnittsleistungen.

Bei Hecks auf dem Bauernhof hatte ich ein neues Zuhause gefunden.

Eines Tages meinte mein Chef zu mir: „Rudi, schau mal, drüben in der Scheune gibt es noch etwas zu tun!“

Ich lief hin. Als ich in die Scheune sah, stockte mir für einen Moment der Atem, und Freudentränen schossen mir in die Augen. Drinnen stand ein nagelneues, glänzendes Motorrad, eine NSU-Vox!

Mein Arbeitgeber hatte sie für mich gekauft. Er behielt jeden Monat einen Teil von meinem Lohn ein, die Differenz hatte er für mich ausgelegt. Ich war überglücklich. Jetzt mußte ich nur noch den Führerschein erwerben, dann konnte ich endlich die nähere Umgebung von Klein-Altendorf kennenlernen.

Als ich wieder einmal stolz mit dem Motorrad bei den Großeltern vorfuhr, empfingen sie mich mit schmerzvollen Gesichtern. Sie hatten eine Mitteilung aus der Tschechoslowakei bekommen, daß mein Vater am 21. Dezember 1957 an den Folgen eines Lungenleidens verstorben sei. Es wurde ein sehr trauriges Weihnachtsfest.

Die wunderbare Illusion, die ich mir all die Jahre hindurch erhalten hatte, war mit einem Schlag zerstört. Nie mehr würde ich meinen geliebten Vater, auf den ich so stolz war, wiedersehen. Dicke Tränen rannen mir übers Gesicht.

Oftmals gingen mir Bilder meiner Heimat durch den Kopf. Irgendwie fühlte ich mich hier immer noch als Fremder.

Ich wußte aber auch, daß ich jetzt nicht nur zurückblikken durfte, sondern vor allem nach vorne schauen und meine Zukunft selbst in die Hand nehmen mußte.

Als Großmutter starb, zog Großvater zu seinen anderen Kindern, wo ich ihn nach wie vor häufig besuchte.

Inzwischen war ich erwachsen geworden, lernte andere Menschen kennen und schloß Freundschaften. Durch meine fleißige Arbeit auf dem Bauernhof hatte ich das Motorrad bald abgezahlt. Leider konnte ich nicht für immer auf dem Hof bleiben, denn Familie Heck wollte ihn aus Altersgründen demnächst abgeben.

Freunde vermittelten mir eine Stelle als Gleiswerker. Ich mußte mich im Gleisbau natürlich erst einarbeiten. Die Kollegen waren nett, der Meister, der nebenbei Vorsitzender eines Fußballvereins war, zeigte Verständnis für mich. Später trat ich dem Sportverein bei. Mit der Zeit bekam ich wieder Freude am Leben.

Da ich meinen Lebensunterhalt allein bestritt, mußte ich jede Mark zweimal umdrehen, bevor ich sie ausgab. Miete, Essen, Kleidung, alles wollte bezahlt sein. Und mit meinen 22 Jahren wollte ich auch gerne mal ins Kino, zum Tanz oder zu anderen Veranstaltungen gehen. Dazu brauchte ich gute Kleidung, die ich mir kaufen mußte. Zudem fehlte mir das Geld, um meine Schuhe neu besohlen zu lassen. Oft habe ich Tag und Nacht gearbeitet. Meine Freunde, die noch ihre Eltern hatten, wußten nicht, wie schwer es war, für alles selbst aufzukommen. Doch eines Tages hatte ich so viel gespart, daß ich mir stolz ein Paar neue Schuhe leisten konnte. Früh lernte ich, daß man mit Anstand und Fleiß im Leben etwas erreichen kann.

An einem sonnigen Sonntagnachmittag, es war gerade Halbzeit in unserem Fußballspiel, schlenderten zwei hüb-

17 Jahr, blondes Haar … Auf dem Fußballplatz lernte ich 1959, damals 24 Jahre alt, meine spätere Ehefrau Brigitte Ragwitz kennen.

sche Mädchen an uns vorbei. Das eine dunkelhaarig, das andere blond. In der Halbzeit gingen meine Blicke immer wieder zu dem blonden Mädchen hin. Da ich es unbedingt wiedersehen wollte, lud ich das Mädchen nach dem Spiel – wir hatten verloren, aber das war in diesem Moment ganz unwichtig – kurz entschlossen zu einem Kinobesuch in der folgenden Woche ein.

Später gingen wir oft und gerne spazieren, erfreuten uns an der Natur. Für junge Menschen gab es damals wenig Mög-

1960. Jung und verliebt mit unserem ersten Auto, einer „Isetta".

lichkeiten, etwas zu unternehmen. Nachdem wir uns näher kennengelernt hatten, wußte ich: Das ist die Frau fürs Leben! Ihre verständnisvolle Art, ihre Zuversicht und ihr fröhliches Lachen machten mich glücklich. Unsere Schicksale glichen sich. Brigitte stammte ebenfalls aus Ostpreußen.

(Weitere ZEITGUT-Beiträge dieses Autors sind im Autorenverzeichnis am Ende des Buches vermerkt.)

[Alzen bei Morsbach, Oberbergischer Kreis,
Nordrhein-Westfalen;
Weihnachten 1952]

Bernadette Schnüttgen

Vergebliche Liebesmühe

Eine Verlobung unterm Weihnachtsbaum ist für viele ein Traum. Auch ich wollte mich mit dem mir bis dahin liebsten Menschen Weihnachten 1952 verloben.

Mein Freund hatte die Fahrt mit seinem Motorrad aus dem Sauerland bis ins Rheinland bei Schnee und Kälte gut überstanden. Er war schon am frühen Morgen bei uns angekommen, für mich ein Zeichen, daß er mich liebte und es nicht erwarten konnte, bis wir endlich ein Paar waren.

Als kleine Aufmerksamkeit überreichte er mir ein gutes Stück Seife, in Form, Farbe und Duft einem Boskop-Apfel zum Verwechseln ähnlich. Das war schon etwas Besonderes nach all den Hamster-, Tausch- und Schwarzmarktjahren. Ich legte das Stück Seife zu den anderen Weihnachtsgeschenken auf den Gabentisch.

Für Zärtlichkeiten blieb uns wenig Zeit. Das Mittagessen sollte pünktlich aufgetragen werden, also mußte ich in der Küche mithelfen. Jeder hatte seine Aufgabe. Ich war für Salat und Gemüse zuständig, meine Tante für den Gänsebraten, und Mutter hielt uns alle auf Trab. Die Tante mußte ihre Brille oft absetzen, weil die Gläser in der dunstigen Küche immer wieder beschlugen. Sie wollte die Gans besonders pikant füllen: Gehacktes, Gänseleber, Rosinen, Zwiebeln und Kräuter kamen hinein. In die übrigen Hohlräume steckte sie Äpfel, dann nähte sie dem Tier die Haut mit Nadel und

Faden zu und schob den Braten in den heißen Backofen. Während immer wieder Fett über sie gegossen wurde, brutzelte die Gans vor sich hin.

Mein Freund hatte seine Eltern, die mit ihrem eigenen PKW kamen, pünktlich um 11 Uhr empfangen. Beide Eltern sahen sich an diesem Tag zum ersten Mal.

Das Schicksal nahm seinen Lauf. Während der Hausbesichtigung und der angeregten Gespräche roch es plötzlich nach gekochter Seife. Es verging einige Zeit, bis wir die Ursache herausgefunden hatten: der Gänsebraten. Die Tante hatte in ihrer Kurzsichtigkeit den Seifenapfel für echt gehalten und der Gans als Füllung in den Bauch gesteckt!

Die gebratene Gans, unser Verlobungsfestessen, landete nun leider auf dem Misthaufen, wo Vater sie eigenhändig vergrub.

Die Eltern meines Freundes hatten für das Mißgeschick keinerlei Verständnis, sie unterstellten uns Absicht. Pikiert die Nase rümpfend, zogen sie, den Sohn im Schlepptau, davon. Ich hoffte auf seine Liebe und bat ihn: „Bitte bleib! Wenn du jetzt weggehst, brauchst du nie mehr wiederzukommen."

Seine Mutter antwortete für ihn: „Ihr seht euch sowieso nicht wieder!"

Meine Traumwelt zerbrach, ich hätte auf der Stelle in ein Kloster gehen mögen.

Meine Eltern trösteten mich: „Lieber eine nicht gegessene Gans als ein Leben lang einen Mann, der im entscheidenden Moment wegläuft!"

Als nach einiger Zeit die gewohnten blauen Liebesbriefe kamen, hatte ich meinen Stolz wiedergefunden. Ohne Herzweh schickte ich sie ungeöffnet an den Absender zurück.

Später habe ich über diesen Tag oft gelacht.

(Weitere **ZEITGUT**-*Beiträge dieser Autorin sind im Autorenverzeichnis am Ende des Buches vermerkt.)*

[Schleiden, Eifel;
1952–1960

Marlies Schröder

Rote Schuhe

Die Nachkriegszeit, in der es vor allem darum ging, die Menschen ausreichend mit Wohnraum, Nahrung und Kleidung zu versorgen, wurde ab der zweiten Hälfte der 50er Jahre Schritt für Schritt überwunden. Auf den Straßen sah es jetzt bunter, lebendiger aus. Immer mehr junge Burschen fuhren statt Fahrrad nun Motorroller, die Freundin im weiten, im Fahrtwind wehenden Rock auf dem Rücksitz.

Unter größten Anstrengungen hatte unsere Mutter, die Kriegswitwe war, das mit Vater vor Jahren geplante Haus gebaut. Den Baugrund hatten meine Eltern bereits vor Vaters letztem Heimaturlaub 1944 erworben. 1952 zogen wir in unser neues Heim. Zunächst waren nur die Küche und das Schlafzimmer bewohnbar, das Wohnzimmer hatte noch kahle Wände. Mutter konnte nicht alles auf einmal kaufen, es mußte erst wieder Geld für Tapete gespart werden.

Nach einiger Zeit fuhren wir mit dem Bus über ausgefahrene Landstraßen nach Aachen, um dort einen neuen Wohnzimmerschrank zu erstehen. War das eine Freude, als der wunderschöne Schrank endlich zu Hause an der Wand stand! Ich besitze ihn noch heute. Immer wieder erzählte ich später meinen Töchtern, unter wieviel Verzicht ihre Großmutter das hübsche Möbelstück angeschafft hatte.

Sonntag vormittags besuchten wir gemeinsam den Gottesdienst. Unsere Pfarrkirche lag von unserem Haus etwas entfernt, das war ein weiter Weg. Dann und wann hielt ein Auto an und nahm uns mit. Für mich war es ein ganz besonderes Gefühl, in einem Auto zu sitzen. Die meisten Leute fuhren Fahrrad, kaum einer hatte Übergewicht. Unvorstellbar, daß ich eines Tages selbst ein Fahrzeug würde lenken können. „Was nicht ist, kann ja noch werden", meinte ein Bekannter zu mir.

Nach dem Gottesdienst wurde das Kleid gewechselt, und ein altes Kleid mit einer Schürze getragen. Da Mutter zur Arbeit ging, sie war bei einer belgischen Arztfamilie angestellt, mußte ich im Haushalt helfen. Am Wochenende scheuerte ich den schönen alten Herd mit dem Wasserschiff an

Die Ausflüge zum Deutschen Eck und zum Drachenfels am Rhein, von letzterem hier ein Foto, waren für alle Klassenkameradinnen ein unvergeßliches Erlebnis. Das Mädchen ganz links in der vorderen Reihe mit dem Samtband im Haar bin ich.

der Seite. Häufig ermahnte mich Mutter: „Marliese, vergeude nicht so viel Herdputz, spucke lieber einmal mehr auf die Herdplatte und wische kräftig darüber!"

Ich rieb den Herd so lange mit Zeitungspapier, bis er auf Hochglanz war.

Durch den Umzug von Oberhausen nach Schleiden hatte ich auch die Schule wechseln müssen. Meine neue Klasse unternahm im Jahr 1953 einen wunderschönen Ausflug zum Deutschen Eck nach Koblenz und zum Drachenfels am Rhein.

Mit vierzehn Jahren beendete ich die Schule und nahm eine Schneiderlehre auf. Schon nach einem Jahr konnte ich mir alle Kleider selbst nähen. Hosen waren für Mädchen noch tabu, nur beim Sport trugen wir Trainingshosen. Mit Stoff mußte man äußerst sparsam umgehen. Ich trennte alte Kleidungsstücke auf und setzte die Teile neu zusammen. An den Hemden meines Bruders Josef wendete ich die Kragen. Waren diese schon an beiden Seiten verschlissen, schnitt ich vom Ende des Rückenteiles ein Stück heraus und nähte daraus einen neuen Kragen. Das fehlende Teil ergänzte ich mit einem alten, ähnlichen Stoffstück. Fast wie neu, konnte er das Hemd noch eine Zeitlang tragen.

Eines Tages waren in unserem Schuhgeschäft rote Damenschuhe mit einer passenden Handtasche ausgestellt. Immer wieder blieben wir jungen Mädchen bewundernd vor dem Schaufenster stehen. Waren die Schuhe schön!

Sie würden prima zu meinem weißen Sommerkleid mit den roten Schiffchen passen, dachte ich. Dieses Kleid, das mir inzwischen zu klein geworden war, hatte ich ganz allein wieder passend gemacht. In der Taille war noch etwas Stoff zum Herauslassen, ebenfalls im Rocksaum. Ich trennte das Ober- vom Unterteil und nähte beide Stücke am äußersten Rand wieder zusammen.

Ich war besessen von dem Wunsch, die ausgestellten Schuhe zu besitzen. Mutter als Alleinverdienerin mußte mit ihrem Geld sehr haushalten, das wußte ich, und ich selbst hatte noch nicht so viel gespart. Trotzdem lenkte ich ganz vorsichtig das Gespräch auf das gewisse Thema.

„Aber Marliese, du weißt doch, daß wir nichts übrig haben, wir müssen doch das Haus abzahlen“, erklärte Mutter mehrmals.

Eines Abends, beim Spaziergang durch die Stadt, kamen wir am Schuhladen vorbei. Ich zeigte auf die roten Damenschuhe und wollte von Mutter wissen, wie sie ihr gefielen. Doch sie antwortete nicht.

Später, als ich schon nicht mehr damit rechnete, meinte Mutter zu mir: „Du brauchst wirklich neue Schuhe, ich sehe es ein.“

Wir kauften die roten Schuhe. Überglücklich behielt ich sie gleich im Laden an. Nach jedem Tragen polierte ich sie fast zärtlich.

Als zu Fastnacht im „Pötze Schimmel“ ein Kostümball stattfand, wollten wir Freundinnen unbedingt daran teilnehmen. Mutter hatte auf dem Speicher noch alte Kleider zu liegen, die sie in den Nachkriegsjahren getragen hatte. Mit meinem Talent zum Schneidern stellte ich mir daraus eine hübsche Verkleidung sowie eine Stoffmaske für die Augen her. Das Kostüm saß wirklich gut. Ich zog dazu Mutters Schuhe mit den etwas höheren Absätzen an, setzte einen alten Hut auf den Kopf und nahm eine abgegriffene Handtasche unter den Arm. Zufrieden mit meinem Werk drehte ich mich vor dem Spiegel. Ja, so konnte ich mich auf dem Kostümball sehen lassen.

Auch die anderen Jugendlichen trugen tolle Verkleidungen. Wir Mädchen tanzten miteinander, tranken Limonade und zogen nach Mitternacht gemeinsam nach Hause. Noch lange schwärmten wir von dem gelungenen Kostümfest.

Als in den Schaufenstern der Schleidener Geschäfte grüne Plakate eine „Tanzschule“ ankündigten, stand für mich fest: Ich werde mich zum Tanzkurs anmelden. Mit meinen Freundinnen hatte ich schon öfter zu Hause in der Küche getanzt. Wir rückten einfach den Tisch in die äußerste Ecke und stellten die Stühle darauf. Nach Musik aus dem Radio konnte man wunderbar das Tanzbein schwingen. Aber einen Kurs zu besuchen, das war doch etwas anderes.

Meine Mutter hatte keine Einwände, im Gegenteil, es sei gut, meinte sie, wenn ich richtig tanzen lernen würde. Ich hatte etwas Geld gespart, den Rest gab sie mir dazu.

Endlich war es soweit, die Tanzstunde begann. Wir Anfänger versammelten uns in einem Lokal mit einer kleinen Tanzfläche. Der Lehrer stellte sich vor, jede Teilnehmerin,

Auch das Kleid für den Abschlußball der Tanzschule habe ich aus einem hellblauen Wollstoff mit weitem Rock und Schößchen selbst genäht.

jeder Teilnehmer wurde mit Namen aufgerufen und mußte aufstehen. So lernten wir uns schneller kennen. Wir wurden mit „Sie“ angeredet und kamen uns richtig erwachsen vor.

Die Jungen durften sich eine Tanzpartnerin wählen. Zuerst übten wir die Grundschritte, danach lernten wir die Standardtänze, später sogar lateinamerikanische Tänze.

Zum Zwischenball wurden die Eltern eingeladen. Nur meine Mutter wollte alleine nicht mitkommen. Bei solchen Gelegenheiten litt sie immer noch sehr darunter, daß mein Vater seit dem Zweiten Weltkrieg als vermißt galt.

Ich trug ein hübsches, selbstgenähtes Kleid. Doch ich konnte mich nicht recht freuen. Wie schön wäre es gewesen, wenn auch ich Mutter und Vater an meiner Seite gehabt hätte. Abseits stehend mußte ich zusehen, wie die Eltern der anderen Jugendlichen vom Tanzlehrer begrüßt wurden. Ich flüchtete mich zur Garderobe und wischte mir heimlich die Tränen vom Gesicht. Ich mußte endlich lernen, mit meiner Sehnsucht nach dem vermißten Vater umzugehen.

Vor dem Abschlußball ließ ich mir kurzerhand die Zöpfe abschneiden, halblanges, gelocktes Haar war jetzt angesagt.

Zum Tanz oder zur Kirmes ging man als Mädchen damals besser in Begleitung der Eltern oder eines Bruders. Allein zu erscheinen schickte sich nicht, es schade dem guten Ruf, hieß es. Es war Tradition, zu jeder Kirmes ein neues Kleid zu tragen. Da die meisten Menschen sehr mit dem Geld rechnen mußten, wurde besonders bei der Bekleidung vieles improvisiert. Man war erfinderisch. Fast in jedem Haushalt stand eine Nähmaschine, und Schneiderkenntnisse waren im Gegensatz zu heute weit verbreitet.

(Weitere ZEITGUT-*Beiträge dieser Autorin sind im Autorenverzeichnis am Ende des Buches vermerkt.)*

[Hamburg-Langenhorn;
1950]

Agnes Setzepfand

Bei uns zu Haus

Bei uns sieht es so aus wie in allen Haushalten in den Nachkriegsjahren. Die schadhaften Stellen der Polstermöbel werden mit Deckchen kaschiert, Teppiche sind abgetreten, der Inhalt des Wäscheschrankes ist der Schneiderin zum Opfer gefallen, die aus den Bettlaken Kleider genäht hat. Auch beim Geschirr und bei den Gläsern klaffen Lücken; in den ersten Nachkriegsjahren hat Mutter alles aus dem Haus geschleppt, was sich im Dithmarschen auf dem Lande gegen Speck und Butter eintauschen ließ.

Zu kaufen gibt es nach der Währungsreform wieder alles, aber den meisten mangelt es am Geld. Mein Vater zehrt von seinen Vorkriegsanzügen, die sechs Kriegsjahre lang geschont worden sind. Aus dem unteren Teil der Oberhemden sind Stücke herausgeschnitten, mit denen Kragen und Manschetten erneuert wurden, aber das sieht man ja nicht in der Hose. Nach Abschluß des Entnazifizierungsverfahrens hat mein Vater seine alte Stellung als Abteilungsleiter bei der Iduna-Nova-Versicherung wiederbekommen. Sein sicher nicht schlechtes Gehalt muß Frau und drei Kinder ernähren sowie seine Schwester, die nach der Flucht 1945 zu uns gekommen ist. Tante Friedas Pensionsansprüche aus Schlesien werden erst viel später anerkannt.

Meine Mutter kann sich mit den nötig gewordenen Einschränkungen noch immer nicht abfinden und negiert sie kurzerhand, nach Kräften unterstützt von Tante Frieda. Halbe Tage lang sitzen die beiden zusammen und stellen lange Reihen ihrer Verbindlichkeiten auf, wenn sie sich nicht gerade durch eine Illustriertenmappe hindurcharbeiten, um sich über Soraya und Ingrid Bergmann auf dem laufenden zu halten. Trotz des Altersunterschieds von sechzehn Jahren verstehen sich die Schwägerinnen prächtig.

Bei den Lebensmittelkäufen wird grundsätzlich „angeschrieben“, am Monatsersten wird die Ware des Vormonats bezahlt. Das ist nichts Ungewöhnliches. Da meiner Mutter solche Einkäufe unangenehm sind, erledigt sie ihre Besorgungen telefonisch und läßt die Ware per Boten ins Haus bringen, was die Kosten natürlich erhöht.

Zu meiner Konfirmation hat sie sich für mich etwas Besonderes ausgedacht. Als einzige Konfirmandin erscheine ich im langen schwarzen Taftkleid. Das taillierte Oberteil hat einen weißen, kratzenden Spitzenkragen und ebensolche Manschetten. Die Inspiration hierzu hat meine Mutter sich wohl bei einem Gemälde Dürers, Rembrandts oder einer spanischen Infantin geholt. Ich fühle mich unbehaglich darin, zumal ich mich kurz vor dem Aufbruch in die Kirche mit dem Kleid in eine Torte gesetzt habe, die jemand auf dem Küchenstuhl abgestellt hat. Mit heißem Essigwasser ist der Schaden zwar fast behoben, aber trotz eifriger Bügelei fühlt sich der Rock noch feucht an.

Auch für die anderen Familienmitglieder hat die Schneiderin fleißig genäht. Würdevoll im neuen Zwirn erscheint die Familie pünktlich in der Ansgar-Kirche, sogar mein Vater, der sonst nie pünktlich fertig ist und immer hinter uns herrennen muß.

Für das Essen ist eine Kochfrau engagiert worden, die im weißen Schürzchen serviert, ganz so, wie die Damen des Hauses es lieben. Um diesen Aufwand treiben zu können, haben die beiden Schulden gemacht. Eine besonders große Summe haben sie beim alten Franz geliehen, dem Schwiegervater meines vermißten Onkels Jonni, dem Bruder meiner Mutter. Der alte Franz ist ein ungepflegter und geiziger Typ, der von Abfällen lebt und sein Geld zu Wucherzinsen verleiht. Seine Frau Selma ist nach der Flucht nicht zu ihm zurückgekehrt. Sie zieht es vor, mit meinem netten Großvater zu leben, was den Alten natürlich ärgert und zu gelegentlichen Wutanfällen reizt.

Als der mißliebige Gläubiger ungeduldig wird und sein Geld zurückhaben will, entschließt sich meine Mutter schweren Herzens, einen Bittbrief an meinen Großvater zu schreiben. Er war früher Kapitän und dann bei der Hafenpolizei, wes-

Bei meiner Konfirmation am 26. März 1950 trug ich als einzige ein langes schwarzes Taftkleid. Neben mir stehen meine beiden jüngeren Schwestern Christa und Margret.

halb er eine gute Pension bekommt. Ich werde beauftragt, diesen Brief zu überbringen.

Kaum hat mein Großvater die ersten Zeilen gelesen, beginnt er zu toben, daß ich am liebsten weglaufen würde. Er ist außer sich darüber, daß sich „die Weiber“ ausgerechnet an seinen Rivalen gewendet haben. Peinlich ist ihm die Geschichte nicht nur vor seiner Lebensgefährtin, sondern auch vor seiner Schwiegertochter Margot, die nach der Flucht ebenfalls bei ihm wohnt.

Stehenden Fußes geht Opa zur Bank und hebt 600 DM ab, das sind etwa zwei Durchschnittsgehälter. Ich muß ihm meine Trainingshose geben. Ohne Kommentar steckt er die Scheine in meine Hosentasche und näht diese zu. Ich wage nicht aufzublicken. Wortlos werde ich entlassen.

Inzwischen ist es dunkel. Ich habe von Langenhorn-Nord einen etwa vier Kilometer weiten Heimweg vor mir. Solange ich auf der Tangstedter Landstraße gehe, spenden die Laternen Licht, und ich begegne anderen Menschen. Als ich aber den kleinen Feldweg erreiche, der parallel zur U-Bahn an einem abgeernteten Kartoffelfeld entlang verläuft, bricht mir der Angstschweiß aus. Krampfhaft drücke ich meine Hand auf die Hosentasche. Hinter jedem Busch vermute ich schwarze Männer, die mich bedrohen. Noch schlimmer wird es, als ich im Park bin. Während ich am Sportplatz vorbeigehe, gibt es nochmal das Licht einer vorüberfahrenden U-Bahn, aber im Wäldchen ist es stockdunkel, so daß ich immer wieder vom Weg abkomme. Ich merke es, weil meine Füße in Laub und weiches Gras treten, und ich habe Mühe, den festen Untergrund wiederzufinden. Fast gebe ich die Hoffnung auf, jemals aus diesem Wald herauszufinden.

Endlich bin ich in der Heinfelder Straße. Zuhause stürzen sich meine Mutter und Tante Frieda auf die Trainingshose und trennen hastig die Naht auf. Mir ist schlecht von den durchlebten Ängsten, vor Bauchschmerzen kann ich nichts essen.

Nach diesem Debakel fängt meine Mutter wieder an zu arbeiten. Ihr obliegt es, für die Nova Versicherungsnehmer aufzusuchen, deren Versicherungen wegen nicht geleisteter Beiträge storniert worden sind. Es gelingt ihr, viele Kunden zurückzugewinnen. Ferner schreibt sie Doktorarbeiten für den Druck ab und tippt das Buch eines Forschungsreisenden für den Verlag. So bessert sich unsere finanzielle Lage, und wir können aufatmen.

Unser Hausmädchen ist bereits nach der Währungsreform 1948 entlassen worden, und auch die Putzfrau kommt nicht mehr. Dafür erscheint Tante Änne, die mit Onkel Waldemar, dem Cousin meiner Mutter, verheiratet ist, wenn Hausputz oder Waschtag angesagt sind. Solche „Großkampftage" werden zu geselligen Ereignissen.

Tante Änne ist etwa 1,50 Meter groß, mollig und hat kastaniengetöntes Haar mit bravem Mittelscheitel. Ihre großen dunklen Augen versprühen ein funkelndes Feuerwerk, sobald ein Hosenbein in Sicht kommt. Weder Postboten, Vertreter noch Stromableser sind vor ihr sicher.

Wir lieben Tante Änne. Sie ist eine Ulknudel und verbreitet Lachen und gute Laune, wo immer sie erscheint. Besonders witzig ist ihr sächsischer Dialekt. Sie stammt aus Dresden und lebt mit „Brummel", ihrem Angetrauten, in einem möblierten Zimmer, was bei der großen Wohnungsnot ganz normal ist für ein kinderloses Ehepaar.

Sie wird auch herbeigerufen, als sich Frau Dr. Pfohl, meine Klassenlehrerin, zum Hausbesuch angesagt hat. Wegen meiner schlechten Leistungen in Mathematik bekommen meine Eltern regelmäßig „blaue Briefe". Das ist normal und wird akzeptiert. Wenn aber so ein Lernfach wie Latein hinzukommt, wird es brenzlig. Mein Vater hilft mir zwar ohne Murren bei den Hausaufgaben, aber er hat keine Lust, mit mir Vokabeln und unregelmäßige Verben zu üben.

Nun ist der kritische Fall eingetreten, schwache Leistungen in Mathematik und Latein. Dank des Einsatzes von Tante

Änne gestaltet sich der Hausbesuch für die etwas blaustrümpfige, ältliche Frau Dr. Pfohl zu einem abwechslungsreichen Nachmittag. Tante Änne brilliert sächselnd, würzt ihre munteren Reden mit französischen Brocken und klassischen Zitaten und glänzt mit ihrer Lette-Haus-Bildung. Die pikanten Histörchen läßt sie dem Anlaß entsprechend natürlich im Nähkästchen.

Frau Dr. Pfohl wird so eingewickelt, daß sie schließlich den Grund ihres Besuches vergißt. Am nächsten Morgen erhalte ich für meine Eltern einen Brief, in dem sie sich für den sehr schönen Nachmittag bedankt. Sie hätte aber ganz vergessen, darauf hinzuweisen, daß meine Versetzung gefährdet sei. Nun, das ist nichts Neues.

Meine Mutter und meine Tante belustigen sich damit, Heiratsanzeigen aufzugeben, um ein wenig Pep in Friedas Leben zu bringen. Steht ein Termin für ein „blind date" an, machen sich die beiden auf den Weg. Treffpunkt ist immer der Wartesaal erster Klasse im Dammtor-Bahnhof. Als Erkennungszeichen liegt ein Briefumschlag auf dem Tisch.

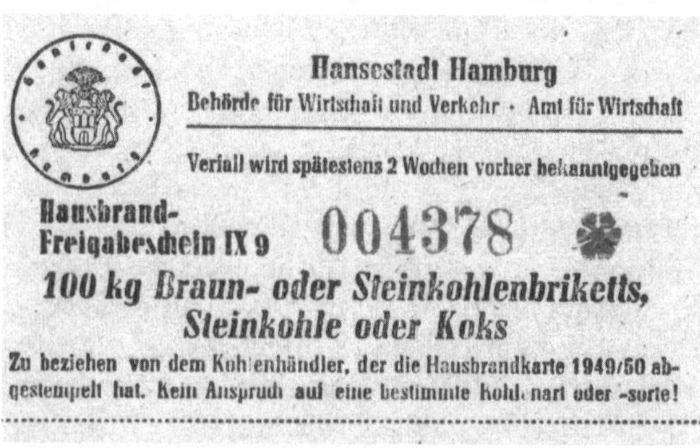

Hansestadt Hamburg
Behörde für Wirtschaft und Verkehr · Amt für Wirtschaft
Verfall wird spätestens 2 Wochen vorher bekanntgegeben
Hausbrand-Freigabeschein IX 9 004378
100 kg Braun- oder Steinkohlenbriketts, Steinkohle oder Koks
Zu beziehen von dem Kohlenhändler, der die Hausbrandkarte 1949/50 abgestempelt hat. Kein Anspruch auf eine bestimmte Kohlenart oder -sorte!

Bis 1949/50 waren die Kohlen rationiert. Lange Zeit konnten in unserer 3½-Zimmer-Wohnung mit Zentralheizung nur ein Raum mit einem winzigen Ofen und die Küche beheizt werden.

Meine Mutter setzt sich so, daß sie die Szene voll im Blick hat. Vom Nachbartisch aus verfolgt sie das Geschehen und amüsiert sich dabei köstlich.

Später wird die Spreu vom Weizen getrennt. Übrig bleibt Onkel Lothar, Lo genannt. Er hat zwei Aufgaben zu erfüllen: erstens, Tante Frieda den Hof zu machen und zweitens, meine mathematische Bildung zu übernehmen. Ich erinnere mich an Algebraprobleme mit Klammern, x und y. Tante Frieda liegt währenddessen auf der Couch. Wo immer sie sich parkt, schläft sie ein, und bald hört man ihr sonores Schnarchen. Onkel Lo verliert dann schnell an Dynamik und Eindrücklichkeit bei seinen Erklärungen. Er schreibt glühende Liebesbriefe an meine immerhin schon über sechzigjährige Tante, kalligraphische Elaborate mit Herzen und Blumengirlanden verziert. Als ehemaliger Wandervogel streift Lo gern kreuz und quer durch Hamburg, ein munteres Wanderlied auf den Lippen. So erscheint er immer sehr spät und reichlich echauffiert. Da Tante Frieda ihre Bequemlichkeit liebt, lange Wanderungen nicht schätzt und auch in Bezug auf Volkslieder nicht textsicher ist, und da er ihr viel zu feurig wird, erhält er den Abschied.

Ihm folgt Onkel Dieter, adelig und ehemals Fregattenkapitän. Das macht sich gut. Er verbringt zwar jetzt seine Nächte als Wachmann im Hafen, aber es sind nun mal schlechte Zeiten. Er wird in der Familie willkommengeheißen, und es entwickelt sich eine Freundschaft bis zu seinem Tode.

Im Herbst 1950 werde ich in der Tanzschule Wendt angemeldet, Hamburg's erste Adresse: eine Jugendstilvilla in der Rothenbaumchaussee, ein Salon mit stuckverzierter Decke, hoch, sehr hoch, gebohnertes Parkett. Ausrutschen kann man hier leicht. An allen Wänden hängen hohe Spiegel. Junge Herren in dunklen Anzügen, Mädchen in feinen Kleidern, und ich mit meinem raschelnden Taftkleid. Herr Wendt fordert seine junge Frau zum Tanz auf. Formvollendet bewegen sich die beiden über das Parkett, zeigen uns die Schritte. Dann kommt für mich der schreckliche Augenblick, wenn es heißt: „Die Herren bitten die Damen zum Tanz!“

Meine Hände werden feucht. Wer wird mich auffordern? Werde ich zu den letzten gehören? Beherrsche ich die Schrittfolge überhaupt?

Schon bewegt sich einer aus der Gruppe der Herren auf mich zu, verbeugt sich etwas steif. Sympathisch ist er mir nicht, aber ich bin dankbar, daß er mich aus der Isolation erlöst und in die Gruppe der Tanzenden hineinzieht.

„Eins, zwei, Wechselschritt!“ Im Kreis bewegen wir uns vorbei an den hohen Spiegeln. Ich schließe die Augen, will nicht sehen, wie ich da an diesem jungen Mann hänge, verkrampft, tolpatschig, zu dick, mit einem hilflosen Lächeln, das mein Sosein entschuldigen möchte – der Anblick eines gequälten Kindes, das jetzt so viel lieber mit den vertrauten Jungen auf dem Fußballplatz herumkicken, bei den wilden Spielen dabeisein würde, wo es sich sicher fühlt, zugehörig, gemocht und anerkannt. Aber nein, ich soll hier lernen, wie man sich graziös bewegt, wie man anziehend wirkt, Konversation betreibt, wie man eine Dame wird.

Der Abschlußball wird im Atlantik-Hotel stattfinden. Ich trage ein hellblaues Taftkleid mit weitem Rock und weißem Tüll darüber und versuche, auf den ungewohnten hohen Absätzen das Gleichgewicht zu behalten. Ungeschickt, wie ich nun mal bin, verfange ich mich auf der Treppe mit dem Absatz in dem Tüllüberrock und – ratsch, das war's!

Meine gute Laune ist dahin. Den halben Abend lang versuche ich krampfhaft, den Dreiangel im Rock zu verbergen, bis ich ihn total vergesse, und die Freude darüber, daß die Tanzstundenqual nun ein Ende hat, gesiegt hat.

(Weitere ZEITGUT-Beiträge dieser Autorin sind im Autorenverzeichnis am Ende des Buches vermerkt.)

[Altgeringswalde – Geringswalde, Kreis Rochlitz; Sachsen, damals DDR; 1951–1953]

Manfred Vogel

Landwirt – in dieser Zeit?

Mit den bevorstehenden großen Ferien kam auch der Tag immer näher, an dem wir Schulabgänger uns für einen Beruf entscheiden mußten. Einige hatten sich noch gar keine Gedanken gemacht, was sie werden wollten, andere meinten, es sei am besten, gleich zu einem Bauern zu gehen, dann sei wenigstens das Verpflegungsproblem gelöst – eine Anspielung auf die weitverbreitete Meinung, die Bauern hätten doch alles, vor allem genug zu essen. Die Bauernkinder unter uns schwiegen dazu, auch ich.

Ich sprach mit meinem Vater darüber. Theoretisch stimme das schon, ein Bauer müsse bei der schweren Arbeit natürlich genug zu essen haben, sagte er. Aber wie sieht das denn heute in der Praxis aus?

Ausführlich erklärte er mir die Bodenreform, die auf Befehl der Sowjetischen Militäradministration in der Sowjetischen Besatzungszone alle Bauern entschädigungslos enteignet hatte, die mehr als 100 Hektar besaßen, ebenso die Ritter- und Kirchengüter. Die Felder waren notdürftig neu vermessen und an Interessenten und Umsiedler, die jetzigen Neubauern, verteilt worden. Die Gebäude der Großbauern wurden teilweise abgerissen, die Gutshäuser als Wohnraum für die Umsiedler genutzt, auch als Heime, Schulen und staatliche Verwaltungen. Um weiteren Repressalien zu entgehen, flohen die meisten Betroffenen in den Westen.

Die Bauern wurden, je nach Umfang ihrer Nutzflächen, in Gruppen eingeteilt und zu unterschiedlichen Abgabesolls verpflichtet. Bei gleichem Ertrag, angenommen 20 Doppelzentner Getreide je Hektar, mußte der Kleinbauer 10 Doppelzentner zum Niedrigpreis an die staatliche Aufkaufstelle abgeben, der größere Bauernhof war zu 15 Doppelzentnern verpflichtet. Das gleiche galt für Kartoffeln, Zuckerrüben, Milch, Rind- und Schweinefleisch, für Eier und Obst.

„Das ist doch ungerecht!" empörte ich mich. Ich war ziemlich irritiert, hatte ich doch in der Schule gelernt, Einigkeit macht stark. Jedenfalls wenn es darum ging, daß Arbeiter in kapitalistischen Ländern gemeinsam mit den Gewerkschaften Lohnforderungen durchsetzen wollten. Und jetzt war unser Bauernstand staatlicherseits in Gruppen gespalten worden, der einzelne Landwirte in unterschiedlicher Höhe benachteiligte. Nicht selten führten diese neuen Arbeitsbedingungen zu Mißgunst, Neid und sogar Haß im Dorf.

Etliche Bauern konnten schon wegen ihrer Familiengröße das Abgabesoll nicht erfüllen, auch bei uns zu Hause wollten erstmal fünf hungrige Mäuler gestopft sein. Auch die Erntehelfer wollten essen. Warum bekamen diese Bauern keine Genehmigung zur Hausschlachtung? Schließlich sind Bauern doch Selbstversorger! Galt dieses Prinzip jetzt nicht mehr?

Zweifel kamen in mir auf. Ist das der vielgepriesene Arbeiter-und-Bauern-Staat? Ist unter diesen Umständen der landwirtschaftliche Beruf für mich der richtige?

Meine Eltern bewirtschafteten 16 Hektar Land. In aller Frühe ging es auf unserem Hof los. Um 4.30 Uhr standen Vater und Mutter auf. Sodann spannte Vater Pferde ein, um zum Feld zu fahren und Grünfutter zu holen. Die Mastschweine, Zuchtsauen, Rinder und Pferde, Hühner und Tauben waren zu versorgen. Mutter hatte inzwischen die Kühe gemolken, pünktlich um 6.30 Uhr mußten die gefüllten Milchkannen auf der Rampe zur Abholung bereitstehen.

Mutter, Vater, Oma und wir drei Kinder 1941/42. Meine Eltern besaßen 16 Hektar Land und waren stolz auf ihren Hof, den ich als ältester Sohn einmal übernehmen sollte.

Nahezu alle Tätigkeiten verrichteten wir ohne hilfreiche Technik. Zweimal am Tag mußten die 12 Milchkühe per Hand gemolken werden. Das war eine sehr schwere Arbeit. Seit dem 7. Schuljahr gehörte das zu meinen täglichen Pflichten. „Du mußt mir schon ein wenig helfen“, sagte Mutter, „Vater kann das mit seiner kranken rechten Hand nicht machen.“

Sollte ich ein Leben lang hinter dem Ackerpflug herlaufen, dem schon mein Vater gefolgt war? Eine Kartoffel wurde von der Aussaat bis auf den Teller achtmal angefaßt, eine Saatkartoffel für das nächste Jahr um ein vielfaches mehr.

„Manchmal fühle ich mich eingespannt wie ein alter Ackergaul“, seufzte mein Vater. Im allgemeinen klagte er nicht, denn er war froh, daß er seinen Hof über die schweren Kriegsjahre hinweg aufrechterhalten konnte. „Du weißt doch", sagte er, „ich habe viele Jahre als Knecht gearbeitet, und wir werden auch diese schwere Zeit überstehen. Eines Tages möchte ich den Hof an dich weitergeben. Alles, was wir bis

Mein Vater mit unseren beiden Pferden.

jetzt getan haben, ist einzig und allein für dich. Das sollst du wissen, wenn wir morgen zur Berufsberatung gehen."

Aufgrund meiner schulischen Leistungen hätte ich mich als Bauer oder Gärtner bewerben können. Russisch-Dolmetscher wurden dringend gesucht, aber das kam für mich nicht in Frage. Längst war in mir das Interesse für den landwirtschaftlichen Beruf geweckt worden, der große Sachkenntnis und Vielseitigkeit verlangte. Das Sprichwort „Der dümmste Bauer hat die größten Kartoffeln" traf nur selten zu. Und Vater brauchte mich dringend auf dem Hof. Die Würfel waren schnell gefallen, ich wollte, sollte und durfte Landwirt werden.

Inzwischen hatten wir mit großer Mühe und viel Schweiß die Getreideernte eingebracht. Nun waren die Vorbereitungen auf die Aussaat von Raps- und Wintergerste in vollem Gange. Trotz der geringen Düngemittel-Zuteilung durften wir eine gute Kartoffelernte erwarten. Nur regnen müßte es mal. Die Kartoffeln hatten noch nicht ihre durchschnittliche Größe erreicht, ebenso die Zuckerrüben. Wir hofften auf einen schönen, sonnigen Herbst, der den Zuckergehalt der Rüben erhöht.

Erwartungsvoll und mit Achtung vor meinem künftigen Beruf zog ich am 1. September 1951 als landwirtschaftlicher Lehrling in das Klassenzimmer der LW 1 in Geringswalde ein. Ich traf hier auf viele neue Gesichter, aber auch auf bekannte. Sicher hatten einige meiner jetzigen Mitschüler diesen Beruf vor allem wegen der zu erwartenden Verpflegung gewählt, andere, wie Eberhard, mein Doppelgänger, und ich hatten von Haus aus eigentlich keine andere Wahl.

„Weißt du was", meinte Eberhard zu mir, „damit das Kraut richtig fett wird, setzen wir uns gleich nebeneinander."

Frau Blume, unsere Lehrerin, deren Name so gut zu ihrem Unterrichtsfach paßte, hatte wirklich Mühe, uns auseinanderzuhalten.

Nach und nach wurden wir in die Geheimnisse der Tierhaltung, Fütterung, Pflege und Zucht eingeweiht, so auch in die Rinderzucht. Frau Blume erläuterte uns, welche Möglichkeiten der Nachzucht es gebe. Mancher Bauer hätte einen eigenen Bullen auf der Weide, der dort auf die paarungsbereiten Kühe treffe, sozusagen „im freien Sprung". Der andere müsse seine Kuh zum Bullen auf den Nachbarhof zum „Sprung aus der Hand" führen.

Frau Blume mußte zunehmend lauter reden, denn die Mädchen fingen furchtbar an zu kichern. Die Lehrerin hatte zu tun, um wieder Ruhe in die Klasse zu bekommen.

Für uns Bauernkinder war das alles nichts Neues. Schon oft hatte ich zugeschaut, wenn mein Vater mit einer Kuh an der Leine zum Nachbarn ging, wo der genossenschaftseigene Zuchtbulle stand. Aus sicherer Entfernung, hinter der Scheune oder einem Gebüsch versteckt, beobachtete ich das Schauspiel. Vater führte die Kuh in den vorbereiteten Deckstand und band sie dort an. Danach holte der Nachbar den Bullen. Der einzige Unterschied zur Weide war, daß der Bauer einen Führungsstock benutzte, der am Nasenring des Bullen angebracht war.

Bei diesem Thema mußte ich unwillkürlich an meinen alten Freund Schnüffel denken, der bei jeder Gelegenheit einen passenden Witz auf Lager hatte. Nun war es schon zwei Jahre her, daß seine Mutter und er während der Schulferien in den Westen gegangen waren. Dabei hatten sie hier keine Not gelitten. Was mag wohl aus ihm geworden sein?

Einige Zeit später überraschte uns Frau Blume mit der Botschaft, daß wir die ersten Lehrlinge seien, die nur zwei Jahre zu lernen brauchten. Der Begeisterungssturm legte sich sehr schnell, als uns klar wurde, daß wir die gleiche Prüfung wie die „Dreijährigen“ würden ablegen müssen.

Die Schüler kamen aus dem gesamten Kreis Rochlitz, und ihre Anzahl veränderte sich nahezu von Woche zu Woche. Das war schon zur Gewohnheit geworden. Weniger bekannt hingegen waren die Ursachen hierfür.

Im Frühjahr 1953 betrat eines Tages gemeinsam mit Frau Blume der Schulleiter unser Klassenzimmer und baute sich wichtigtuend vor der ersten Reihe auf. Bevor er zu reden begann, atmete er tief ein, die Unterlippe vorschiebend. Dann sagte er: „Eure Mitschüler Klaus und Inge nehmen ab heute nicht mehr am Unterricht teil, sie sind mit ihren Eltern zum Klassenfeind übergewechselt.“

Ein Raunen ging durch die Bankreihen. In der Pause entbrannte eine heftige Diskussion. Warum waren sie weggegangen? Wieso hatte niemand etwas bemerkt? Warum hatten sie alles, was man nicht anziehen oder tragen konnte, stehen- und liegenlassen?

Aber wir wußten auch, daß die Eltern der beiden als Großbauern 20 Hektar Land bewirtschafteten und damit erhebliche Schwierigkeiten bei der Erfüllung des hohen Abgabesolls hatten. Nun also auch sie.

Am Morgen des 12. April 1953 kamen Vater und ich gerade vom Feld, wo wir Grünfutter geholt hatten, als es auf dem Nachbarhof ungewöhnlich laut zuging. Die Schweine quiekten aufgeregt, aber auch aus den anderen Ställen drang Unruhe. Wir blickten uns fragend an. Was war dort los?

„Die sind doch nicht etwa auch abgehauen?" mutmaßte Vater. Der Bauer habe doch gestern noch Jauche aufs Feld gefahren, und die Kinder hätten den Weidezaun repariert.

Wir gingen hinüber. Einige andere Bauern standen schon auf dem Hof. Sie diskutierten hitzig darüber, wie man dem Nachbarn hätte helfen können, denn am Tag zuvor, so hörten wir jetzt, seien Arbeiterkontrolleure zur Inspektion auf dem Hof gewesen. Sie hätten nach „Beweisen" gesucht, daß der Bauer, der sein Milchsoll nicht erfüllt und auch keine Austauschprodukte abgegeben hatte, der Arbeiterschaft in der Stadt landwirtschaftliche Produkte vorenthalte.

Unser Nachbar hatte nichts abgeben können, das Soll war einfach zu hoch für ihn. Die gefundenen „Beweisstücke", zehn Kilo Mohn, acht Würste und ein Schinken aus der Hausschlachtung sowie fünf Liter Milch für seine drei Kinder waren kurzerhand beschlagnahmt worden. Man hatte ihn aufgefordert, sich beim Bürgermeister und beim Abschnittsbevollmächtigten, also der Polizei, zu melden.

Das hieß nichts Gutes, wie die jüngsten Erfahrungen lehrten. Hatte ihm die Verhaftung gedroht?

Es wäre nicht die erste in unserer Gegend.

Ob Landwirt, Arbeiter oder Angestellter – für fast jeden, der sich in jenen Jahren in ähnlicher Lage befand, gab es zumeist nur einen Ausweg: die Flucht in den Westen.

[Engelsdorf bei Leipzig – Leipzig, Sachsen, damals DDR; 1949–1953]

Hermine Geidel

Hurra, ich habe eine Lehrstelle!

Im Frühjahr 1949 hatte ich die Schule abgeschlossen. Ich war schon über 15 Jahre alt, da ich als Flüchtlingskind aus der Bukowina und dann aus Oberschlesien etwas länger die Schulbank drücken mußte. Aus diesem Grund war ich etwas schüchtern, Minderwertigkeitsgefühle drückten mich. Die anderen Mädchen und Jungen in meiner Klasse, ein bis zwei Jahre jünger als ich, dachten, ich sei eine Sitzenbleiberin, und ließen es mich spüren. Das ärgerte mich sehr, denn ich hatte gute Noten. Meine Klassenlehrerin machte mir Mut, mich um eine Lehrstelle zu bemühen. Meine Vorstellungen gingen in Richtung Kaufmannslehre.

Jene Schulabgänger, die nicht in die Lehre gehen wollten oder konnten, mußten eine Arbeit aufnehmen. Die anderen kamen in sogenannte Berufsfindungsklassen. Auch ich. Hier wurden wir weiterhin in allen Grundschulfächern unterrichtet. Nebenbei nahm ich an einem Stenografie-Kurs teil, den ich mit guten Noten abschloß.

Zwischendurch suchte ich immer wieder nach einer Lehrstelle, viele Male vergebens. Die damals noch zahlreich vorhandenen privaten Leipziger Betriebe nahmen mich als Flüchtling nicht für voll. Als eine Vorzimmerdame mich gar nicht erst zu Wort kommen ließ, brach ich in Tränen aus und suchte wie ein geprügelter Hund das Weite. Dennoch verlor ich nicht den Mut.

Das Arbeitsamt bot mir eine Lehre als Schlosser an. Daran hatte ich als Mädchen kein Interesse.

Schließlich gab mir die Bearbeiterin eine Adresse, die ich umgehend aufsuchte, denn sie war nur ein paar Meter entfernt. Es handelte sich um die Deutsche Versicherungsanstalt (DVA), seinerzeit noch auf dem Dittrichring.

„Na“, dachte ich, „ob es hier klappt?“

Ich meldete mich im Personalbüro und bekam tatsächlich einen Termin für eine Aufnahmeprüfung genannt.

Es war schon Anfang Januar 1950, als ich mich zum besagten Termin vorstellte. Da ich mit der Straßenbahn von Engelsdorf kam und am Brühl aussteigen mußte, führte mein Weg an der „Runden Ecke“, einem großen Eckgebäude, der Stasi-Zentrale des Bezirkes Leipzig vorbei, in dem früher die russische Kommandantur untergebracht war.

Am Eingang zur DVA traf ich ein Mädchen in meinem Alter. Sie blickte mich fragend an. Ob ich auch zur Prüfung wolle und ob ich Angst hätte, wollte sie von mir wissen.

„Warum sollte ich Angst haben?“ entgegnete ich forsch, aber in Wahrheit zitterten mir die Knie.

Als wir den Raum, der uns genannt worden war, betraten, saßen bereits fünf Mädchen und zwei Jungen dort. Erstaunt sahen wir uns alle an. Jeden plagten wohl die gleichen bangen Gedanken.

Plötzlich ging die Tür des Nebenzimmers auf und eine Dame Mitte dreißig kam auf uns zu. Sie hatte einen durchdringenden Blick, begrüßte uns aber recht freundlich und drückte jedem von uns ein Heft und einen Bleistift in die Hand. Die Prüfung begann mit einem Diktat. Anschließend mußten wir zu einem vorgegebenen Thema einen Aufsatz schreiben. Mir wurde bald heiß und kalt zugleich. Was würde noch alles folgen?

Nach dem Schreiben war natürlich das Rechnen an der Reihe. Mehrere Aufgaben, darunter auch Textaufgaben, waren innerhalb einer bestimmten Zeit zu lösen.

Anschließend wurde alles eingesammelt. Wir saßen wie auf Kohlen, während wir warteten, hofften wir doch, bald das Ergebnis zu erfahren.

Eine ganze Weile geschah nichts. Dann wurde jeder einzeln zur Personalchefin gerufen. Sie blickte sehr streng, musterte mich vom Scheitel bis zur Sohle, als wollte sie mich durchschauen. Ich nahm an ihrem Schreibtisch Platz.

Als sie die ersten persönlichen Fragen stellte, glaubte ich schon, das sei alles. Doch weit gefehlt. Ich sollte noch einige Kopfrechenaufgaben lösen, möglichst in kürzester Zeit. Damit war die Prüfung endgültig beendet. Die Vorzimmerdame erklärte mir, daß ich Bescheid bekäme.

Ich übte mich in Geduld. Inzwischen war es Ende Januar, und ich kannte mein Prüfungsergebnis immer noch nicht. Langsam schwand meine Hoffnung.

Wir wohnten damals in den Baracken der Auensiedlung im Fasanenweg 11. Eines Abends, es war schon spät, wir hatten zu Abend gegessen und ich lag bereits im Doppelstockbett und las einen dicken Wälzer, stand plötzlich ein junger Mann im Raum und wollte mich sprechen. Ich war so sehr in meine Lektüre „Die Stiere von Rom“ von Ludwig Huna vertieft, daß ich zunächst nichts mitbekommen hatte. Da der Raum gleichzeitig Wohn- und Schlafzimmer war, mußte meine Mutter den Fremden hier hereinbitten.

Ehe der Mann etwas sagte, erschien ein verschmitztes Lächeln auf seinem Gesicht. Körperlich nicht gerade unterentwickelt und nur mit einem kurzen Leinennachthemd bekleidet, hatte ich das Gefühl, daß er mich mit den Augen auszog.

Er fragte, ob ich mich unlängst bei der DVA beworben hätte. Ich bejahte. Aber was sollte die Fragerei?

Nun wurde auch meine Mutter ungeduldig. Was er uns denn auszurichten hätte, drängte sie.

Daraufhin zog der Mann ein großes Kuvert aus seiner Aktentasche und übergab es mir. Darin befand sich mein Lehrvertrag. Ich konnte es kaum glauben: Am 13. Februar 1950 durfte ich eine dreijährige Lehre bei der DVA antreten! Hurra, ich habe eine Lehrstelle!

Später erfuhr ich, daß der Mann ebenfalls in Engelsdorf wohnte und beim Außendienst als Inspektor tätig war.

Alle neun Bewerber, die zur Aufnahmeprüfung angetreten waren, hatten eine Lehrstelle erhalten. Wir neuen Lehrlinge waren gegenüber denen, die ein halbes Jahr zuvor, im September 1949, mit der Ausbildung begonnen hatten, benachteiligt. Wir mußten uns mächtig anstrengen, um den Unterrichtsstoff aufzuholen und mitzuhalten. Im Prakti-

Der damalige Karl-Marx-Platz, heute wieder Augustusplatz, in Leipzig 1958. Im Hintergrund ist meine Lehr- und Arbeitsstelle, die Deutsche Versicherungsanstalt, zu sehen, in der seit 1990 die Allianz-Versicherung residiert.

schen merkten wir das nicht so sehr, aber in der Berufsschule, die wir dreimal in der Woche besuchten.

Besonders das Fach Buchführung machte mir zu schaffen. Wenn es in einer Aufgabe hieß, das Konto solle belastet werden, stand bei mir der Betrag meist auf der falschen Kontoseite. Es dauerte lange, bis ich den Zusammenhang von Soll und Haben verstanden hatte.

In den ersten Monaten mußten wir im Archiv Belege sortieren und ablegen, was ich ziemlich langweilig fand. Dann zog die DVA vom Dittrichring zum damaligen Karl-Marx-Platz, dem heutigen Sitz der Allianz-Versicherung.

Unser Lehrgeld betrug im ersten Jahr 50, im zweiten 60 und im dritten 90 Mark. Während meine Mitschülerinnen ihr Entgelt für sich behalten durften, mußte ich bis auf das Geld fürs Mittagessen im Betrieb und für die Monatsfahrkarte alles zu Hause abgeben. Meine Mutter war darauf angewiesen, denn sie hatte ja außer mir noch meine beiden jüngeren Geschwister zu versorgen. Wollte ich mit meinen Freundinnen mal ins Kino gehen, mußte ich meine Mutter fragen, ob sie mir das Eintrittsgeld geben könne. Oft genug mußte ich verzichten.

Jeden Morgen fand vor Arbeitsbeginn für alle Kollegen die Zeitungsschau statt. Um mitreden zu können, mußten wir über das politische Geschehen informiert sein. Die Beteiligung an diesen Gesprächen wurde dann im Zeugnis als gesellschaftliche Mitarbeit bewertet. Und die war gefragt.

Als im Mai 1950 in Berlin das erste Deutschlandtreffen der Jugend stattfand, durften alle Lehrlinge der DVA teilnehmen. Mit LKWs wurden wir nach Berlin gefahren, wo wir in einem Betrieb des damaligen RFT, Werk für Rundfunktechnik, in Baumschulenweg untergebracht wurden. Mit unserem Teilnehmerausweis hatten wir überall freien Eintritt, auch die Benutzung der Verkehrsmittel war für uns kostenlos. Wir sahen viel von der Stadt und hatten interessante Begegnungen mit anderen Jugendlichen. Zurück fuh-

Jugendferienlager in Ammelshain bei Leipzig. Ich bin die Dritte von links in der zweiten Reihe.

ren wir mit der Bahn. Noch lange beschäftigten uns die vielen Eindrücke, von denen wir auch den Kollegen daheim berichten mußten.

Im Sommer zogen wir mit unserem Ausbilder in ein Ferienlager an einem Autobahnsee im Kreis Leipzig. Bei Sport und Spiel verbrachten wir erlebnisreiche und erholsame Tage.

Im Herbst ging es zum Kartoffeleinsatz. Mit einem großen Korb liefen wir der Erntemaschine hinterher und lasen die Knollen auf. Manchmal spürten wir abends vor Schmerzen den Rücken nicht mehr. Das Leiden war bald vergessen, schließlich waren wir noch jung. Wie mußte es erst den Bäuerinnen ergehen, die ihr Leben lang so schwer arbeiteten?

Wir Lehrlinge halfen auch bei der Trümmerbeseitigung. Hand in Hand mit den Trümmerfrauen säuberten und stapelten wir Ziegel. An einem Großeinsatz beim Bau des „Stadions der Einhundertausend“, des Zentralstadions, waren ebenfalls alle Lehrlinge der DVA beteiligt. Als Vorarbeiten füllten wir Schutt für die Errichtung der Dämme auf.

Auf diese Weise vergingen die drei Lehrjahre wie im Fluge. Im Februar 1953 bestand ich erfolgreich meine Abschlußprüfung. Niemand wußte, daß ich schon im vierten Monat schwanger war, denn man sah nicht viel. Meinen ersten Mann hatte ich im September 1952 kennengelernt. Er war Offizier der Kasernierten Volkspolizei (KVP) und sollte in eine andere Stadt versetzt werden. Aus diesem Grunde habe ich mein Arbeitsverhältnis bei der DVA nach der Lehre aufgegeben.

Wir heirateten im April 1953 und blieben in Engelsdorf. So mußte ich den Aufstand am 17. Juni 1953 nicht mehr in Leipzig erleben. Wie mir meine Freundin hinterher erzählte, haben alle Angestellten der DVA große Ängste ausgestanden. Das Versicherungsgebäude am Karl-Marx-Platz wurde gestürmt und alle Bilder der damaligen Politiker und sozialistischen Führer wurden aus den Fenstern geworfen. Die meisten Mitarbeiter konnten sich im Archiv, das mit großen Eisentüren versehen war, in Sicherheit bringen bis der Spuk zu Ende war.

Mein Mann war acht Jahre älter als ich. Im Juli 1953 wurde unser Sohn geboren. Leider ging die Ehe nicht gut. Nach drei Jahren ließ ich mich scheiden. Mein Mann setzte sich, nachdem er die KVP verlassen hatte, in den Westen ab.

1956 kehrte ich nach Leipzig zurück und nahm meine Tätigkeit bei der Versicherung wieder auf. Ich war sehr froh, daß mich meine Kolleginnen und Kollegen in jeder Hinsicht unterstützten. Nun konnte ein neues Leben beginnen.

[Riesa/Elbe, damals DDR – Ost-Berlin;
Anfang der 50er Jahre]

Gertraud Berg

Der Test

Eines Tages wurde ich zu meinem Abteilungsleiter gebeten: „Kollegin, wir haben eine ehrenvolle Aufgabe für Sie. Wir haben beschlossen, daß Sie die geänderten Pläne nach Berlin ins Ministerium bringen.“

Dienstreisen waren schon damals beliebt. Die Aufwertung, die ich mit diesem Kurierdienst erfuhr, schmeichelte mir und gab mir das Gefühl, im VEB Reifenwerk Riesa nicht mehr die allerkleinste Angestellte zu sein. Trotzdem fragte ich mich, warum gerade ich, das jüngste Mitglied der Abteilung, solchermaßen „geehrt“ wurde?

Zuhause schaute meine gute Mutter recht besorgt drein, als ich ihr davon erzählte. In beschwörendem Ton sagte sie zu mir: „Fahr um Gottes Willen nicht nach West-Berlin, wenn du dort bist! Erledige deine Arbeit und schau dir meinetwegen die Stalinallee an, bis dein Zug wieder zurückfährt.“

Als die Erfahrenere vermutete Mutter, daß diese Fahrt für mich eine Art Prüfstein sein sollte.

Ich vertrieb mir die Zeit wirklich nur in Ost-Berlin, besichtigte tatsächlich die Stalinallee, von der die Zeitungen wie von einem neuen Weltwunder schwärmten, während ich mit meinen Gedanken mehr im KaDeWe war. Das Gefühl, beobachtet zu werden, versuchte ich zu verdrängen. Aber die Angst saß mir im Nacken. „Wirtschaftsspionage“ war ein schweres Vergehen. Doch was hatte ich damit zu tun?

Einige Tage später wurde ich erneut zu meinem Chef gerufen. Er legte mir nahe, doch einen Antrag auf Mitgliedschaft in der SED zu stellen. Die Katze war also aus dem Sack! Was sollte ich bloß tun?

Ich erbat Bedenkzeit.

Niedergeschlagen berichtete ich Mutter von der Neuigkeit. Lange überlegten wir gemeinsam und suchten nach einem Ausweg. Mir selbst war klar, daß ich nie Mitglied dieser Partei, die diesen Staat trug, werden würde.

Meine selbstbewußte und energische Mutter trat jetzt in Aktion. Da sie Hinz und Kunz kannte, klemmte sie sich ans Telefon, sprach mit Bekannten, die in privaten Firmen tätig waren oder deren eigener Betrieb vor der Verstaatlichung bisher verschont geblieben war.

Nach einigen Telefonaten hatte sie Erfolg. Die Firma Gebr. Schönherr, eine renommierte Walzenmühle, stand zu dieser Zeit noch unter privater Leitung. Ich wechselte die Arbeitsstelle und war vorerst vor der Partei, die immer recht hatte, sicher.

Ein Kampflied der „Freien Deutschen Jugend" lautete:

„Die Partei, die Partei, die hat immer recht!
Und, Genossen, es bleibet dabei ..."

Auch wenn das Lied bei allen möglichen Gelegenheiten erklang, änderte das nichts an unseren Zweifeln. Wer hatte schon immer recht?

[Hannover, Niedersachsen;
1952–1955]

Renate Strebel

Was willst du eigentlich werden?

Eine feine Adresse, Villa mit Vorgarten in der Südstadt. Ein Tag voller Erwartungen im März 1952.

„Jetzt stell dich aber mal vernünftig an“, raunte mir meine Mutter noch schnell zu, ehe sie an der Gartenpforte klingelte. Ein paar Schritte noch und schon standen wir einer älteren Dame gegenüber.

Meine Mutter ergriff das Wort: „Guten Tag, wir kommen auf Ihre Anzeige. Sie suchen ein Dienstmädchen?“

Dabei schob sie mich ein wenig nach vorn. Wir wurden in einen Vorraum gebeten und warteten dort hoffnungsvoll, bis die Dame des Hauses uns begrüßte. Im nun folgenden Gespräch befleißigte sich meine Mutter, mich hinsichtlich meiner hauswirtschaftlichen Fähigkeiten in ein gutes Licht zu rücken. Ich war fast 15 Jahre alt.

„Ein gutes Zeugnis“, bemerkte die Dame des Hauses freundlich und fragte mich, ob es denn mein Wunsch sei, eine Stelle als Dienstmädchen anzutreten?

Dabei sah sie mich erwartungsvoll an.

Woher wußte sie von meinen Zweifeln?

Augenblicklich fand ich den Mut und dachte, jetzt, jetzt muß ich es sagen.

„Eigentlich möchte ich nicht so gern Dienstmädchen werden, aber meine Mutter wünscht das so“, antwortete ich und erschrak über meine Worte.

Ein ungläubiger Blick meiner Mutter streifte mich. Sie holte tief Luft, zog dabei ihre Augenbrauen hoch, öffnete ihren Mund und brachte doch kein Wort heraus. Sie verstand die Welt nicht mehr. Warum sagte ich das erst jetzt?

In Sekundenschnelle gefror die freundliche Gesprächsatmosphäre zu einer eisigen. Wir verabschiedeten uns mit ein paar hektischen Worten. Den ernsten, wie ich meine, aber auch verständnisvollen Blick der Dame des Hauses vergaß ich lange nicht. Kurzerhand eilten wir schweigend und schnellen Schrittes nach Hause.

Am Abend bemerkte mein Vater natürlich die Mißstimmung zwischen Mutter und mir. Mutter warf mir einen vorwurfsvollen Blick zu, der hieß, nun rede! Bis dahin hatten wir geschwiegen. Eltern setzten in jener Zeit selbstverständlichen Gehorsam ihrer Tochter voraus. Also redete ich mir fast die Seele aus dem Leib, um mein Verhalten zu rechtfertigen und meinen „Ungehorsam" zu erklären.

Meine Eltern riefen aufgeregt dazwischen: „Alles schlägst du aus, du kannst doch nicht ewig zur Schule gehen! Du hättest längst eine Lehrstelle als Hutmacherin oder Schneiderin haben können, wenn du nur wolltest. Und heute das! Was denkst du dir dabei?" Und: „Was willst du eigentlich werden?"

Unter Tränen schniefte ich: „Das weiß ich doch auch noch nicht. Auf jeden Fall nicht so etwas!"

Die Anmeldung zum Besuch der Hauswirtschaftlichen Berufsschule war schon perfekt und wurde nicht rückgängig gemacht. Ich fügte mich und lernte nun all das, was eine gute Hausfrau und spätere Hauswirtschafterin in Theorie und Praxis können muß. Zu Hause durfte ich meine neu erworbenen Kenntnisse selbstverständlich nutzbringend in die Tat umsetzen. Doch heimlich träumte ich jetzt von einer Lehre im Büro.

Anfang der fünfziger Jahre gab es noch mehr als zwei Millionen Arbeitslose. Es war nicht so leicht, unter den vielen

Bewerberinnen als Siegerin hervorzugehen. Mein Besuch auf dieser Schule war da eher hinderlich.

Letztendlich gelang es mir mit Hilfe von Freundinnen, die ebenfalls eine Bürolehre anstrebten, meine Eltern zu überzeugen, daß auch ich gerne einen Abendkurs in Stenografie und Schreibmaschine belegen würde.

Inzwischen war es Spätsommer geworden. Die Lehrstellenangebote in den Zeitungen waren rar. Doch als ich eines Tages von der Schule nach Hause kam, machte mich meine Mutter auf eine Annonce in der „Hannoverschen Allgemeinen Zeitung“ aufmerksam. Ich las:

Lehrling für Rechtsanwalts- und Notariatsbüro gesucht ...

Privattelefone gab es kaum und so lief ich gleich zur Post und wählte am dortigen Telefon die Nummer 22574. Schon für den nächsten Tag bekam ich einen Vorstellungstermin. Diesmal ging ich allein.

Das Bewerbungsgespräch verlief sehr erfolgreich. Nur, daß ich die Hauswirtschaftliche Berufsschule besuchte und ins Büro strebte, war meinem zukünftigen Chef, Dr. Heinz Bortfeld, doch etwas suspekt. Als er aber von meinen abendlichen Stenografie- und Schreibmaschinenkursen hörte, fiel die Entscheidung schnell. Ich bekam die Lehrstelle und war glücklich. Auch meine Eltern waren versöhnt und zeigten sich sehr zufrieden.

Ende September verließ ich triumphierend die Hauswirtschaftliche Berufsschule, weil ich einen Lehrvertrag vorweisen konnte. Für den Abgang benötigte ich eine Genehmigung des Rektorats der Schule.

Meine dreijährige Lehrzeit bei Rechtsanwalt und Notar Dr. Bortfeld begann am 1. Oktober 1952. Mein Lehrvertrag enthielt die Verpflichtung, „... dem Lehrherrn und dessen Vertreter Gehorsam und Achtung zu erweisen, die im Büro bestehende Ordnung genau einzuhalten, die mir übertragenen Arbeiten treu und gewissenhaft auszuführen und ein einwandfreies Verhalten innerhalb und außerhalb des Büros zu zeigen."

Mein Lehrlingsentgelt betrug im ersten Jahr 25 DM, im zweiten 35 und im dritten 45 DM monatlich. Als Lehrling stand mir ein zusammenhängender Jahresurlaub von 24 Tagen zu. Bürozeiten waren von 9 bis 17 Uhr, mittwochs und samstags von 9 bis 14 Uhr.

Kriegsbedingt – Hannover war zu 85 Prozent zerstört worden – bestand unser Büro zunächst nur aus einem großen Raum. Da es in einem anderen Stadtteil lag, fuhr ich für 10 Pfennige pro Fahrt mit der Straßenbahn dorthin. Die Fahrtkosten wurden erstattet.

Ebenfalls 10 Pfennige kostete die Reparatur einer Laufmasche in den hochbegehrten hauchzarten Nylon- oder Perlonstrümpfen, die es für 12 DM, später für 10 DM, zu kaufen gab. Diese neue Mode war für mich als Lehrling höchster Luxus. Und hatten die kostbaren Strümpfe Laufmaschen – selten war es nur eine einzige –, nahm ich sie morgens mit zum Laufmaschen-Schnelldienst in der Lavesstraße. Am Abend waren sie repariert und abholbereit. Die Laufmaschen-Schnelldienste in der Stadt beschäftigten je nach Größe des Geschäfts sechs bis zehn Fräuleins mit der Berufsbezeichnung Repassiererin. Diese jungen Mädchen saßen während ihrer Tätigkeit direkt im Schaufenster des Geschäftes mit Blick auf den Bürgersteig. Eine stets präsente Aufsicht sorgte jedoch dafür, daß sie sich von den Passanten nicht ablenken ließen.

Das Jahr, in dem ich meine Lehre begann, war in vielerlei Hinsicht ein sehr ereignisreiches Jahr, in dem es rasant aufwärts ging. So startete im Juni 1952 *das* Medien-Ereignis des Jahres: die BILD-Zeitung. Sie war ein völlig neuer Zeitungstyp, hatte nur vier Seiten, und ihr Inhalt bestand überwiegend aus großen Fotos mit knappen Texten darunter. Die

BILD kostete ebenfalls 10 Pfennige. *„Mit BILD immer im BILD"*, lautete der Werbeslogan. Die Erstausgabe kaufte ich mir, aber täglich konnte ich sie mir nicht leisten.

Im Juli desselben Jahres gab es noch ein spektakuläres Ereignis, das als „Telefon-Revolution" bezeichnet wurde: die erste Selbstwahlverbindung zwischen den Städten Düsseldorf und Frankfurt/Main. Wer also am Rhein die Vorwahl 0611 und die Nummer des Teilnehmers am Main wählte, konnte für 15 Pfennige 12 Sekunden sprechen, ohne sich vom Fräulein vom Amt verbinden lassen zu müssen. „Adieu, Fräulein vom Amt", hieß es dazu in der Zeitung.

1952 begann auch mit der „Revolution aus der Röhre" ein neues Zeitalter. Die Hamburger Sendezentrale, wohnzimmergroß im ehemaligen Flakbunker auf dem Heiligengeistfeld, übertrug zum Weihnachtsfest, am 25. Dezember 1952, das Fernsehspiel „Stille Nacht, Heilige Nacht". Genau eine Stunde und 58 Minuten dauerte diese erste Fernsehsendung.

Der damalige Intendant des Nordwestdeutschen Rundfunks (NWDR), Dr. Pleister, leitete den ersten Fernsehabend um 20 Uhr mit folgenden Worten ein:

Wir versprechen Ihnen, uns zu bemühen, das neue geheimnisvolle Fenster in Ihrer Wohnung, das Fenster in die Welt, auf Ihren Fernsehempfänger mit dem zu erfüllen, was Sie interessiert und was Ihr Leben schöner macht.

Es kommt auf uns an, ob dieses technische Mittel schadet oder nutzt. Ich meine, wir können mit ihm Ausdrucksmöglichkeiten der Menschen vermehren, und wir sollten es dazu benutzen, das große Wunder des Lebens im Reichtum seiner Formen und Inhalte anzuschauen und zu erkennen. Das Fernsehen schlägt Brücken von Mensch zu Mensch, von Völkern zu Völkern.

Einen Tag später lief die erste „Tagesschau" mit der Sprecherin Irene Koss. Das Fernsehen startete seinen regelmäßigen Programmbetrieb mit einer Stunde am Nachmittag und zwei Stunden am Abend. Zu Sendebeginn gab es genau 4664*) registrierte Bildschirme, auf denen das Programm empfangen werden konnte. Auch der beliebte Bundespräsident Theodor Heuss, im Volksmund auch „Papa Heuss" genannt, besaß ein Fernsehgerät. Solch ein Gerät kostete damals unerschwingliche 1150 DM, das waren dreieinhalb Monatsgehälter eines Durchschnittsverdieners.

Wenn wir an dieser Sensation teilhaben wollten, mußten wir entweder in eine der Gaststätten gehen, die ein Gerät aufgestellt hatte, oder uns mit vielen anderen Schaulustigen in winterlicher Kälte vor die Elektroläden stellen, in denen am Abend das Programm mit dem nach draußen geleiteten Ton lief. Wir holten uns beim abendlichen Fernsehvergnügen in der Kälte nicht nur kalte Füße, oft auch Husten und Schnupfen. Dieser Preis war uns letztlich zu hoch.

So wurde zu Beginn des neuen Fernsehzeitalters das Leben mit diesem „Wundermedium" für uns noch nicht schöner. In den Genuß eines eigenen Fernsehapparates kamen meine Eltern erst Anfang Dezember 1959. Dieses Gerät der Marke Grundig thronte in der Wohnküche meiner Eltern auf einem etwas erhöhten Fernsehtisch stolz und glänzend wie eine Trophäe. Ich war inzwischen verheiratet und Mutter von zwei kleinen Buben. Wir wohnten dem Elternhaus gegenüber, und wenn wir es ermöglichen konnten, besuchten wir gern das neue „Heimkino".

Besonders freuten wir uns auf das gemeinsame Sehen der „Familie Hesselbach". In dieser Familienserie, in der der Vater das Geld verdiente und die Mutter den Haushalt und die Kinder versorgte, ging es vor allem um die großen und kleinen Sorgen und Nöte des Alltags. Fernsehzeit empfan-

---

*) Bereits ab 1950 gab es Testsendungen. 1954 wurden 22000 Fernsehbesitzer gezählt, 1955 waren es bereits 376 000. Produzierte die Industrie 1952 gerade mal 4000 TV-Apparate, waren es 1957 bereits 783000. Im gleichen Jahr wird der einmillionste Zuschauer ermittelt.

den wir damals stets als Krönung des Tages und unsere Stimmung war daher immer ein bißchen feierlich.

Zurück zu meiner Lehre. Im Jahr 1954 mietete mein Chef im „Schünemann-Bau“ ein modernes Büro. Dieser Häuser-

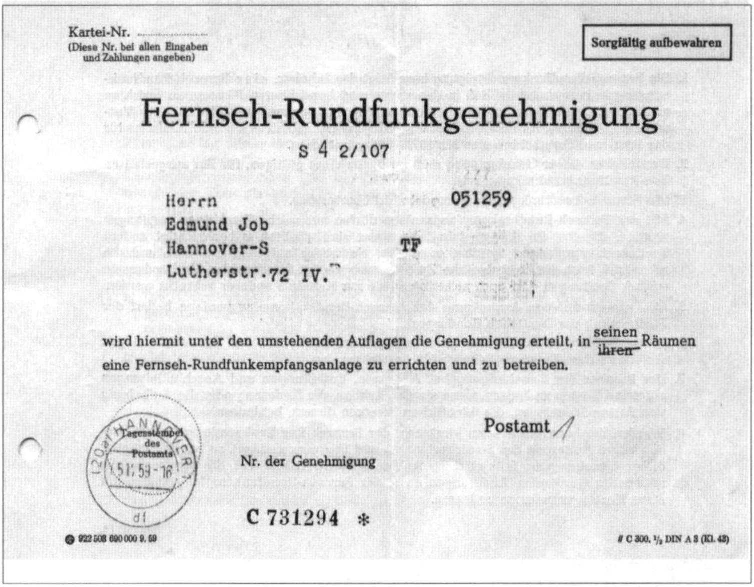

Kartei-Nr. ....
(Diese Nr. bei allen Eingaben und Zahlungen angeben)

Sorgfältig aufbewahren

Fernseh-Rundfunkgenehmigung

S 4 2/107

Herrn 051259
Edmund Job
Hannover-S TF
Lutherstr. 72 IV.

wird hiermit unter den umstehenden Auflagen die Genehmigung erteilt, in seinen ~~ihren~~ Räumen eine Fernseh-Rundfunkempfangsanlage zu errichten und zu betreiben.

Tagesstempel des Postamts

Postamt 1

Nr. der Genehmigung

C 731294 *

Die Fernseh-Rundfunkgenehmigung meiner Eltern aus dem Jahr 1959 für unseren ersten Fernseher. Die Grundgebühr betrug anfangs 5 DM.

komplex war von seinem Schwager, Baumeister Christian Schünemann, in der Stadtmitte, Luisenstraße, neu errichtet worden. Jetzt gab es für uns ein Chef-, Arbeits- und Wartezimmer. Für meine Kollegin und mich brach eine neue Zeit an, als wir aus unserem beengten Einraumbüro in dieses schicke Haus und neue Büro mit Komfort wie Fahrstuhl und Zentralheizung einzogen. Nun machte die Ausbildung doppelt Freude. Sie war interessant und abwechslungsreich. Wir kannten noch keine elektrische Schreibmaschinen und auch

Das bin ich im Sommer 1955.

keine Diktiergeräte. Rief der Chef zum Diktat, bewaffneten wir uns mit Stenoblock und Bleistift und setzten uns zur Aufnahme des Diktates vis-à-vis an den Chefschreibtisch. Eilige Texte diktierte uns Dr. Bortfeld direkt in die alte manuelle Triumph-Adler-Schreibmaschine.

Erst 1956 zog die neue Technik in Form eines Diktiergerätes in unser Büro ein. „STENOCORD" hieß das Wunderwerk. Die Textspeicherung erfolgte auf einer Manschette, die zur Rückgabe in das Gerät eingelegt werden mußte. Der

Ton kam über Lautsprecher. Das zeitsparende Gerät wurde zunächst aber nur bedingt eingesetzt. Überwiegend nahmen wir die Diktate noch wie gewohnt per Steno auf.

Unser Chef war ein fürsorglicher und väterlicher Typ. Dr. Bortfeld war Kriegsversehrter und hatte im Zweiten Weltkrieg seinen linken Arm verloren, den nun eine Holzprothese ersetzte. Er kümmerte sich sehr um meine Ausbildung. Nach zweieinhalb Jahren Lehrzeit wurde ich auf Antrag meines Lehrherrn zur Prüfung zugelassen und bestand diese Ende März 1955. Ein wichtiger Zeitabschnitt war für mich zu Ende. Ich hatte meine Berufsausbildung erfolgreich abgeschlossen, und meine Eltern freuten sich mit mir, daß ich nun mein eigenes Geld verdiente. Das bedeutete für sie eine große Entlastung. Es war noch nicht viel, als ausgelernte Rechtsanwalts- und Notargehilfin bekam ich ein Monatsgehalt von 150 DM.

Die Zeit meiner Lehre war die Zeit, in der wir fest an das Wirtschaftswunder glaubten. Wir wünschten uns zwischen schwungvollem Nierentisch, schalenförmigen Cocktailsesseln und schicken Tütenlampen sowie einem Gummibaum im Wohnzimmer nur noch eins: Die Welt möge heil bleiben!

(Weitere **ZEITGUT-** *Beiträge dieser Autorin sind im Autorenverzeichnis am Ende des Buches vermerkt.)*

[Essen;
1953–1962]

Erika Tappe

Keine Ausnahmen

Mein Elternhaus in Essen verließ ich 1962 mit sehr gemischten Gefühlen. Ich war gerade 23 Jahre alt geworden und hatte seit acht Jahren nur den einen Wunsch: wegzugehen und nie mehr wiederzukommen. Sobald ich 21 Jahre alt würde, am Tag meiner Volljährigkeit, wäre ich fort, das hatte ich mir immer geschworen und mir selbst als Trost zugesprochen – und hatte es dann doch nicht über's Herz gebracht!

Ich hatte meine kleinen Geschwister, inzwischen sieben und neun Jahre alt, einfach nicht in Stich lassen können. Meine Zwillingsschwester Ingrid studierte bereits in München, und auch mein Bruder Hans-Gerhard war Student an einer auswärtigen Universität. Die kleinere Schwester Ruth, sieben Jahre jünger als ich, machte nun bald ihr Abitur und war in einem fröhlichen Kreis von Freundinnen gut aufgehoben. Aus den beiden Kleinen waren Schulkinder geworden, die glücklich mit Gleichaltrigen herumtobten. Das gab mir endlich die Chance, mein Leben, auch gegen den Willen meiner Mutter, in die eigenen Hände zu nehmen.

Ich freute mich sehr auf München, wo ich in die Nähe meiner Zwillingsschwester wollte, und die Sehnsucht nach Bayern war nach den dort verbrachten Kinderjahren immer in meinem Herzen. Und doch war ich voller Abschiedsschmerz und schlechtem Gewissen. Ich wußte, daß ich viele Jahre nicht mehr nach Hause zurückkehren würde.

Mein letztes Schulfoto am Städtischen Mädchen-Gymnasium in Essen-Steele 1953. Wir Zwillinge stehen rechts, ich ganz rechts.

Bevor die beiden Jüngsten geboren wurden, waren wir eine Familie mit vier Kindern. 1953 und 1955 kamen noch einmal zwei Nachzügler, Antje und Ulrich. Ich war nicht glücklich darüber, denn wir hatten bereits viele Sorgen und Probleme. Ich fühlte mich nicht wohl daheim und wäre zu gerne in ein Internat gegangen, wie meine Freundin Karin. Dafür war aber kein Geld da. Es könne keine Ausnahme gemacht werden, hieß es, die Familie müsse zusammenhalten.

Wir Großen mußten immer viel helfen, aber nur wir Mädchen, was mich oft ärgerte. Am meisten aber bedrückte mich die depressive Stimmung, die zu Hause alles ausfüllte und das Atmen schwermachte. Meine Mutter war fast immer krank. Vater bekamen wir meistens erst spät abends zu sehen, er war Arzt für Allgemeinmedizin und Geburtshilfe und mit seinen Patienten beschäftigt, für uns hatte er nie Zeit. Ich war ein fröhliches, gut lernendes Kind und fühlte mich in der Schule, einem Mädchengymnasium, wohl. Ich war Klassensprecherin, und je mehr Freundinnen um mich herum waren, desto glücklicher war ich.

Als Antje geboren wurde, war ich gerade 14 Jahre alt. Ich mochte sie sofort, wickelte sie, fuhr mit ihr spazieren und badete sie voller Begeisterung. Mir ging das alles so gut von der Hand, daß meine Eltern beschlossen, mich Ostern, nach der Versetzung, von der Schule zu nehmen, um Mutti zu unterstützen. Ich bekam vom Kultusministerium eine Sonder-

Das bin ich, 15jährig, mit meiner kleinen Schwester Antje 1954.

beurlaubung für ein Jahr wegen dringend benötigter Hilfe im Haushalt. Nach dem Jahr mußte ich in eine tiefere Klasse, die inzwischen aufgeholt hatte, meine Freundinnen besuchten alle eine höhere Klasse. Ich hatte sie in dem vergangenen Jahr kaum gesehen. Das alles machte mir sehr zu schaffen.

Nun wurde meine Zwillingsschwester mit der gleichen Begründung für ein Jahr aus der Schule genommen. Sie war aber nicht so praktisch veranlagt wie ich und hatte auch noch nicht die Übung im Haushalt und in der Kinderpflege. Kaum kam ich aus der Schule nach Haus, hieß es gleich: „Erika mach mal, Erika tu mal ..."

Mir wuchs das alles ziemlich über den Kopf, denn durch das lange Fehlen in der Schule hatte ich anfangs ziemliche Anschlußschwierigkeiten, ganz besonders in Latein.

Nach Ingrids Hilfejahr durfte sie wieder die Schule besuchen, und ich mußte erneut zu Hause bleiben. Ich war 16 Jahre alt, als unser Bruder Uli geboren wurde. Ich konnte mir nicht vorstellen, wie das alles weitergehen sollte. Vater sprach nie mit uns über die Situation und ließ uns mit der kranken Mutter allein. Ihm waren die Probleme zu Hause wohl zuviel, er stürzte sich lieber in die Arbeit.

Sicher, finanziell lief alles so einigermaßen, wenn auch sparsam gelebt werden mußte, aber ich hätte so dringend seelischen Beistand gebraucht. Ich versuchte, meiner Mutter zu helfen – ihre Zustände ängstigten mich – und versorgte die Kleinen mit großer Liebe in der Hoffnung, daß sie von meiner Verzweiflung nichts mitkriegen würden. Ich wollte alles Schlimme und Traurige von ihnen fernhalten und war Muttterersatz für sie, während sich unsere Mutter immer mehr von der realen Welt zurückzog.

Es gab soviel zu tun! Die Schulkinder wollten ihr Essen haben, wenn sie nach Hause kamen, der ganze Haushalt mußte versorgt, Anrufe von Patienten entgegengenommen und weitergeleitet werden. Ab und zu gab es auch einen Notfall, der außerhalb der Sprechstunde versorgt werden mußte. Zweimal in der Woche kam eine Putzfrau zur Hilfe. Ich hatte die Kleinen immer um mich, und auch später durften sie nicht in den Kindergarten.

„Du läßt sie doch nicht allein, sie haben doch nur dich!" flehte meine Mutter, wenn sie mal mit mir darüber sprach, und ich nickte unter Tränen.

Als ich endlich meinen 21. Geburtstag feierte, war ich innerlich so mit meinen kleinen Geschwistern verbunden und fühlte mich so voller Liebe und Fürsorge für sie, daß ich es nicht fertigbrachte, wegzugehen.

Ich war in den letzten beiden Jahren allerdings zunehmend widerborstig geworden und löste gegenüber meinen Eltern Riesenkräche aus. Ich wollte auch etwas lernen, Spaß haben und nicht zu Hause versauern! Obwohl ich, wie meine Geschwister, einmal im Jahr in die Ferien fahren durfte, fühlte ich mich dennoch wie das Aschenputtel der Familie. Bekam ich meinen Tobsuchtsanfall, taten mir die Kleinen unendlich leid, trotzdem konnte ich in diesem Moment nicht anders. Aber es waren hoffnungslose Auseinandersetzungen.

Mein Aufbegehren blieb erfolglos. Die Eltern appellierten an meine Verantwortung und Verpflichtung. Ja, sie drohten mir sogar. So gab ich unter Weinkrämpfen nach und versuchte, bei meinen Kleinen alles wiedergutzumachen. Durch meine Aufsässigkeit erreichte ich aber unbewußt, daß sich meine Mutter, wie aus einer Trance erwachend, wieder mehr dem Geschehen um sich herum und dem Leben zuwandte.

Nach einem erneuten Wutanfall durfte ich ab sofort halbtags in Vaters Praxis mitarbeiten, damit ich unter Menschen käme. Mir machte das viel Freude, obwohl die Belastungen sehr groß waren. Einkaufen, Mittagessenkochen, Saubermachen und vieles mehr waren weiterhin meine Pflichten. Ich stellte mich in der Praxis sehr geschickt an, und so ließen mich meine Eltern ein halbes Jahr eine Arzthelferinnen-Schule in Essen besuchen und dort eine Kurzausbildung machen. Gleich anschließend suchte ich mir eine Stelle bei einem Internisten in der Innenstadt.

Zuhause war ich immer noch sehr eingespannt. Antje und Uli wurden jedoch selbständiger, und unsere Mutter kümmerte sich in meiner Abwesenheit immer mehr um sie. Abends aber sprangen sie mir freudestrahlend entgegen, erzählten mir ihre Abenteuer, wollten schmusen und von mir ins Bett gebracht werden.

Doch der Weg der Trennung war bereits beschritten.

Meine Schwester Ingrid, links, und ich 1956 bei einer Fahrradtour nach Buxtehude. So ein Auto müßte man haben, träumen wir und posieren davor, während unser Bruder Hans-Gerhard fotografiert.

[Hamburg – Leezen, Schleswig Holstein – London – Brighton – Paris – St. Etienne – Delfzijl und Amsterdam, Holland; 1949–1958]

Agnes Setzepfand

Unterwegs

Ferienreisen – an solche Vergnügen denkt man Ende der vierziger Jahre noch nicht. Viele Familien sparen für den häufih verlangten Baukostenzuschuß, um nach dem langen Untermieterdasein endlich eine Wohnung mieten zu können. Mutige träumen von den eigenen vier Wänden und schließen einen Bausparvertrag ab, zu dem es eine jährliche Prämie gibt, denn Wiederaufbau und Wohnungsbeschaffung werden staatlich gefördert. Im übrigen sind überall Anschaffungen für den Haushalt nötig.

Uns Jugendlichen wird diese Welt zu eng. Wir sind 15, 16 Jahre alt und träumen von Reisen und Abenteuern, vor allem davon, mal von zu Hause weg, ganz unter uns zu sein. Nach vielen Bitten hat Tante Frieda mir einen langgehegten Wunsch erfüllt. Auf ein Inserat hin hat sie mir ein amerikanisches Armeezelt gekauft. Jetzt werden Touren geplant.

Unsere erste kleine Reise führt uns im Sommer 1949 nach Leezen in Schleswig Holstein, nur 26 Kilometer von zu Hause entfernt. Eigentlich sollte meine Freundin Lilo mitkommen, aber wie immer wird ihr das, was Spaß macht, in letzter Minute verboten. So fahre ich allein mit dem blonden Klaus und mit Peter, den ich schon Weihnachten als Herodes im Krippenspiel der Schule bewundert habe, mit dem Lastwagen unseres Kohlenhändlers an den Neversdorfer See zum Zelten.

Die erträumten Abenteuer bestehen im Zigarettenrauchen, ersten zaghaften Küssen und wohldosierten Schlucken aus einer Eierlikörflasche, die die ganze Woche nicht leer wird. Die übrige Zeit verbringen wir mit Kochversuchen auf einem Spirituskocher, mit Schwimmen und Ballspiel und mit dem Lernen von lateinischen Vokabeln und Konjugationen, in der Hängematte liegend.

In eben dieser Hängematte treffen uns meine Mutter und Tante Frieda an, als sie uns, kaum daß wir fort sind, in der Idylle aufstöbern, um „nach dem Rechten" zu sehen. Die Jungen werden rot, als ihnen ins Gewissen geredet wird, und ich schäme mich für die Phantasie von Mutter und Tante. Sobald die ungebetenen Besucherinnen weg sind, werden Likörflasche und Zigaretten wieder ausgegraben.

Wir drei besuchen die Oberschule im Alstertal in Hamburg-Fuhlsbüttel. Da es an Räumlichkeiten fehlt, ist vormittags und nachmittags Unterricht, im wöchentlichen Wechsel, einmal mit den Mädchenklassen, einmal mit den Jungenklassen beginnend.Es entwickelt sich ein reger Briefwechsel zwischen Jungen und Mädchen, der vor den Lehrern natürlich streng geheim bleiben muß.

„Ab oder an?" – mit dieser Frage wird ergründet, ob das Mädchen, das an diesem Platz sitzt, an einer Freundschaft interessiert ist. Ich habe mich bisher immer für „ab" entschieden. Das ändert sich nach der Zelttour. Peter gefällt mir am besten von allen Jungen, die ich kenne. Klaus wird bittere Tränen weinen, aber ich auch, denn Peter interessiert sich für meine Freundin Lilo. Erster Liebeskummer und einsame Wanderungen bei Wind und Wetter, mit Lenau-Gedichten auf den Lippen.

In diese Zeit fällt ein Ereignis, das mich mit Angst und Panik erfüllt. Ich laufe zu meiner Mutter: „Ich muß sterben, o Gott, ich muß sterben, ich verblute!"

Meine Mutter nimmt die Nachricht gelassen auf. Sie rüstet mich mit einem rosa Gummigürtel und Binden aus und erklärt mir, wie mit diesen Dingen zu verfahren ist. Anschließend hält sie mir eine Predigt über die „hohe Minne“. Mit der Ankündigung, daß sich dieses Vorkommnis nun alle vier Wochen wiederholen wird, werde ich entlassen. Ich fühle mich schlecht, von meinem Körper verraten.

Per Rad fuhren meinen beiden Freundinnen und ich 1951 nach Scharbeutz an die Ostsee. Auf dem Schnappschuß komme ich gerade aus dem Zelt, Lilo steht daneben.

Im nächsten Jahr fahren meine Freundinnen Moppel, Lilo und ich mit dem Dampfer von Hamburg nach Cuxhaven. Wir zelten in Duhnen, bis bei Sturm und Regen unsere Behausung über uns zusammenbricht und wir keinen trockenen Fetzen mehr am Leib haben.

1951 folgt eine Radtour mit Zelt nach Scharbeutz mit Lilo und Elke, und 1952, ebenfalls per Rad, nach Grömitz. Im selben Sommer bietet sich mir eine weitere Chance: Meine Freundin Maja will mit vier Unterprimanern aus ihrer evangelischen Jugendgruppe in den Schwarzwald radeln. Da sie nicht das einzige Mädchen sein möchte, soll ich mitkommen. Meine Eltern wollen erst die Jungen kennenlernen, die, wie es sich gehört, am folgenden Sonntag geschniegelt, in Anzug und Krawatte, erscheinen. Die Unterhaltung gipfelt im Appell meines Vaters: „Meine Herren, ich vertraue darauf, daß Sie mir meine Tochter so wieder nach Hause bringen, wie ich sie Ihnen mitgebe."

Eifriges Nicken, betretenes Schweigen. Väter können wirklich peinlich sein.

Wir nehmen den Zug bis Lehrte und fahren mit dem Rad weiter über Hildesheim und Göttingen. Übernachtet wird in der Jugendherberge Burg Ludwigstein. Am nächsten Morgen stürze ich mit dem Fahrrad und verletze mich am Knie. Maja und ich beschließen, nur noch bis Bebra mitzufahren. Hier in der Nähe hat sie Verwandte, die uns sehr nett aufnehmen. Nach schönen Ferientagen trete ich die Rückreise mit dem Zug an.

Im Sommer 1953 geschieht etwas ganz Besonderes. Ich bin von meiner Londoner Brieffreundin Jean als „paying guest" eingeladen. Welche Aufregung! Ich erhalte meinen ersten Paß. Ein Durchreisevisum für Belgien muß besorgt werden und ein Visum für England. Dann halte ich britische Pfundnoten in der Hand und große braune Penny-Münzen. Mit einem Schülersonderzug fahre ich nach Ostende, dann per Fähre nach Dover und von dort aus mit dem Zug nach London. Als ich an der Victoria-Station aussteige, kann ich kaum glauben, daß ich das wirklich erlebe.

Meine Freundin Jean erwartet mich, und wir nehmen die „Tube" nach Pinner, einem Vorort von London. Hier werde ich von Mr. und Mrs. Davis herzlich empfangen. Ich verbringe bei ihnen drei herrliche Wochen. Jean zeigt mir das historische London und nimmt mich mit in die Schule, denn zunächst hat sie noch keine Ferien. Wir haben viel Spaß miteinander. Da mir bis zur Rückfahrt des Schülerzuges noch eine Woche bleibt, besuche ich auch meine zweite Brieffreundin June in Brighton und genieße dort Sonne und Meer.

Wieder in Hamburg, fühle ich mich wie eine Weltreisende und entsprechend wichtig, denn Auslandsreisen sind noch etwas sehr Ungewöhnliches.

Im Herbst 1953, ich bin jetzt 19 Jahre alt, lerne ich Autofahren. Geübt wird morgens vor der Schule mit einem guten Freund auf dem Ohlsdorfer Friedhof. Manchmal schwänze ich dafür auch den Unterricht. Nach einem Minimum an Fahrstunden lege ich im November meine Führerscheinprüfung ab. Die reinste Angeberei, denn in unserer Familie gibt es weit und breit kein Auto.

Gegen Ende des Jahres bekomme ich gesundheitliche Probleme und verbringe vier Wochen im Krankenhaus. Aufgrund meiner Fehlzeiten und der entsprechend schlechten Leistungen erstmals in Latein, kann ich Anfang 1954 nicht zum Abitur antreten. Ich nutze die Zeit und fahre im Februar mit dem Zug nach Frankreich. Mein erstes Ziel ist Paris, wo ich in der Jugendherberge absteige. Sie ist preiswert, aber sehr primitiv. Die Schlafräume sind nicht zu heizen und dürfen tagsüber nicht betreten werden. Es gibt nur einen Raum mit einem Kanonenofen, in dem man sich aufhalten und wärmen kann. Hier trifft sich ein buntes Völkchen, darunter eine alte Schaustellerin mit einem kleinen Jungen, den ich dabei ertappe, wie er in meinem Rucksack wühlt. Daß die vermißten Geldscheine auf sein Konto gehen, wird von der Alten vehement zurückgewiesen. Beweisen kann ich es nicht. Nur gut, daß ich mein Geld auf mehrere Verstecke verteilt habe. Außerdem treffe ich eine schwedische Touristin, einen Basken und zwei Nordafrikaner.

Die kalten Tage verbringe ich mit der Besichtigung von Paris, fahre mit der Metro kreuz und quer durch die Stadt und wärme mich von Zeit zu Zeit im Louvre auf. Französisch ist eines meiner Lieblingsfächer, aber leider muß ich feststellen, daß mir die auswendig gelernten Racine'schen und Moliere'schen Monologe jetzt nicht viel helfen.

In Paris gibt es Kinos, in denen von morgens 10 Uhr bis spätabends ununterbrochen Filme gezeigt werden. Ich unterziehe mich einer regelrechten Kur, verlasse meinen Platz im Kino erst, wenn ich den Film genau verstanden habe. So verbringe ich eine Woche.

Dann folge ich der Einladung meiner Brieffreundin Denise nach St. Etienne. Ich begleite sie in die Schule, lese ihre Bücher oder gehe mit ihrer Mutter einkaufen. Auch hier tut

In Frankreich 1954. Mit meiner Freundin Denise, links im Bild, besuche ich den Zoo von Lyon.

sich mir eine fremde Welt auf. Zu Denise entwickelt sich eine Freundschaft, die mir bis heute wichtig ist.

Nach den Osterferien 1954 beginnt mein letztes Schuljahr. Ich kenne Fräulein Dr. Amann, die meine Klassenlehrerin wird, schon aus dem Geschichtsunterricht. Wir haben bei ihr Deutsch und Geschichte. Sie ist 32 Jahre alt, klein und zierlich und kommt, im Unterschied zu den ältlichen, blaustrümpfigen Kolleginnen mit schiefen Strumpfnähten und abgetretenen Absätzen, immer chic und modisch gekleidet, geschminkt mit dezentem Make-up zur Schule.

Auf unserem Lehrplan stehen zwar klassische Dramen, aber Fräulein Dr. Amann schafft es trotzdem, uns moderne Literatur nahezubringen. Dafür bleiben wir auch gern mittags mal eine Stunde länger. Sie stellt uns lange Listen zeitgenössischer Werke zusammen, die wir zu Hause freiwillig durcharbeiten. Ich habe immer viel gelesen, aber jetzt bin ich ständiger Gast in der Staatsbibliothek.

Für die Pfingstferien habe ich wieder Reisepläne. Unvorsichtigerweise erzähle ich überall, daß ich nach Holland fahre, während meine Eltern mir nur eine kleine Heidetour erlauben. Mit meinem Drahtesel, Baujahr 1920, radle ich über Groningen in drei Tagen nach Delfzijl an die Nordseeküste. Auf dem Rückweg will ich unsere ostfriesischen Verwandten besuchen. Kurz vor Großefehn habe ich eine Panne und muß das Rad die letzten zehn Kilometer schieben. Tante Anna schlägt die Hände über dem Kopf zusammen. „Mit dem Rad würde ich noch nicht mal zum Melken fahren!" ist ihr Kommentar. Ich werde hier wie immer gut aufgenommen, und Onkel Johann hat den Schaden bald behoben.

Zu Hause erlebe ich einen schlimmen Empfang. Nicht einmal der gute holländische Kaffee kann meine Mutter besänftigen. Wie hätte ich auch ahnen können, daß sie meine Freundin treffen würde, die natürlich nach dem Verlauf meiner

Hollandreise fragte? Am meisten ist sie aber darüber erbost, daß ich bei den ostfriesischen Verwandten mit meinem museumsreifen Fahrrad solch peinliches Aufsehen erregt habe. Ein Gutes hat die Blamage: Ich bekomme ein neues Fahrrad, eins mit Gangschaltung. Ein unerhörter Luxus.

Bald darauf bin ich wieder in Holland, denn unsere letzte Klassenreise führt uns nach Arnheim, Amersfoort und Amsterdam. Wir haben viele schöne Touren unternommen, aber diese ist die allerschönste. Am nachhaltigsten beeindrucken mich die Bilder des Malers van Gogh.

In den Sommerferien 1954 fahre ich noch einmal nach England, diesmal mit dem Fahrrad. Mit der aus dem Atlas herausgerissenen Westeuropaseite mache ich mich unter lautem Protest von Tante Frieda und meiner Mutter bei strömendem Regen allein auf den Weg. Zum ernsten Problem wird Lüttich. Ich kann die Stadt nicht finden, die, anders als in meinem Atlas, als Liège ausgeschildert ist. So fahre ich einen großen Umweg. Aber das bleibt nicht das einzige Mißgeschick. Plötzlich bricht eine Pedale ab. Ich schiebe das Rad bis ins nächste Dorf und frage mich zum Bürgermeister durch. Ihm zeige ich mein Mißgeschick und erkundige mich, ob es hier ein Gefängnis oder eine Ausnüchterungszelle gibt. Er lacht und bietet mir ein Nachtlager im Kuhstall an.

Am nächsten Tag wird mein Rad repariert, und ich setze die Reise nach Calais fort. Dort geht es auf die Fähre nach Folkestone, und dann folgt die letzte Etappe, die Nachtfahrt nach Brighton. Es fällt mir schwer, mich an den Linksverkehr zu gewöhnen. Zirka 120 Kilometer radle ich durch hügelige Küstenlandschaft. Als ich in der Frühe bei June ankomme, ist das Erstaunen groß. Acht Tage habe ich für die gesamte Fahrt gebraucht!

(Weitere **ZEITGUT**-*Beiträge dieses Autors sind im Autorenverzeichnis am Ende des Buches vermerkt.)*

[Piesteritz bei Wittenberg/Elbe – Halle/Saale, Sachsen-Anhalt, damals DDR – Frankfurt/Main – Darmstadt; 1949–1958]

Ursula Fiessler

Die Nachricht von Stalins Tod

Im Jahre 1949 wurde ich konfirmiert. In diesen schlechten Zeiten mußte alles Nötige für eine kleine Feier organisiert werden. Den Stoff für mein Kleid bekam ich von einer Tante, das Kleid nähte meine Mutter. Ein Kaninchen wurde für die Konfirmation am Palmsonntag im April geschlachtet. In der Nacht zuvor war die Uhr um eine Stunde vorgestellt worden. Alle hatten daran gedacht, nur die Familie einer Schulfreundin nicht. Deshalb kam meine Freundin eine Stunde zu spät zur Kirche, ihre Einsegnung wurde am Schluß des Gottesdienstes nachgeholt.

Nach meiner Konfirmation zogen wir von Piesteritz nach Halle/Saale, wo mein Vater eine neue Arbeitsstelle als Diplom-Ingenieur gefunden hatte. Dort besuchte ich die Oberschule bis zur mittleren Reife 1951. Danach hätte ich gern eine Ausbildung in einer Apotheke begonnen oder eine Banklehre absolviert, aber leider war die Nachfrage nach diesen Lehrstellen größer als das Angebot. Darüber hinaus haftete an mir der „Makel“, kein Arbeiter- oder Bauernkind zu sein, meine Eltern waren auch nicht Mitglied der SED. Beides war in der DDR für den gewünschten beruflichen Werdegang neben guten Leistungen häufig ausschlaggebend.

Meine Eltern redeten mir zu, eine Ausbildung bei der Deutschen Post aufzunehmen. Meine Mutter meinte, ihr Vater sei auch Postbeamter gewesen, es sei ein krisensicherer und ehrenhafter Beruf. Mir war es schließlich egal. Also begann ich im September 1951 beim Hauptpostamt C 2 in Halle eine Lehre im Postbetriebsdienst. Zu Beginn mußte ich gleich in die Freie Deutsche Jugend (FDJ), die Deutsch-Sowjetische Freundschaft (DSF) und den Freien Deutschen Gewerkschaftsbund (FDGB) eintreten. In diesen Organisationen war die übergroße Anzahl der Jugendlichen Mitglied.

Die fachliche Arbeit bereitete mir wider Erwarten Freude. Die Lehrlinge wurden in Lernaktive eingeteilt mit dem Ziel, daß die besseren den schwächeren Schülern helfen sollten. Da ich schnell und gut lernte, wurde ich bald zur Leiterin unseres Lernaktivs „befördert". Auch war ich „Bester Lehrling" des Jahres. Voraussetzung dafür war auch eine

Mein Vater, mein Bruder Helmut und ich, stolz in meiner Postuniform. Im September 1951 hatte ich beim Hauptpostamt C 2 in Halle/Saale meine Lehre begonnen.

aktive gesellschaftliche Tätigkeit, zu der wir alle verpflichtet waren. Ich engagierte mich auf kulturellem Gebiet, im Betriebschor und in einer Volkstanzgruppe. Dadurch konnte ich mich den politischen Schulungen weitgehend entziehen. Die ständig wiederkehrenden Loblieder und Parolen auf den Sozialismus gingen mir zwar auf die Nerven, aber ich war noch zu jung, um den Einfluß auf die Erziehung der Jugend durch den Staat differenzierter zu erkennen.

Parallel zur praktischen Ausbildung besuchten wir die Betriebsberufsschule der Deutschen Post in Halle. Anfang März 1953 begann Fräulein Fabian, unsere nette Deutschlehrerin, ihren Unterricht mit der Mitteilung, daß der große Führer der Sowjetunion, Genosse J. W. Stalin, verstorben sei. Wir waren überrascht, niemand hatte etwas geahnt. Da die Person Stalins in unserer gesellschaftspolitischen Erziehung eine überragende Rolle spielte, war sein Tod für uns ein denkwürdiges Ereignis. Meine Freundin Helga und ich hatten nichts Eiligeres zu tun als die Neuigkeit noch am selben Tag weiterzuverbreiten, erst im Betrieb, später zu Hause. Doch außer uns wollte niemand davon gehört haben.

Tags darauf sollte die Bombe platzen. Fräulein Fabian eröffnete uns, daß sie sich gestern mit der Nachricht von Stalins Tod geirrt habe, ihre Informationsquelle sei falsch gewesen. Sie hoffe inständig, wir hätten es niemandem weitererzählt. Mir war klar, sie hatte die besagte Information aus Westsendern, deren Abhören in der DDR verboten war. Ich war total genervt, fing an zu heulen. Der Gedanke, meine von mir verehrte Lehrerin wegen vermeintlicher Westpropaganda vielleicht ins Gefängnis zu bringen, war unerträglich. Natürlich konnte ich das nicht sagen. Fräulein Fabian, die von meiner Seelennot nichts ahnte, befreite mich vom Unterricht, weil sie dachte, mir sei schlecht geworden.

Erlöst wurde ich von meiner seelischen Qual ein paar Tage später, als auch die DDR-Sender vom Ableben Stalins berichteten. Derartige Verzögerungstaktiken waren im sozia-

Mein Lernaktiv von der Berufsschule 1952. Ich bin die Zweite von rechts.

listischen Lager nicht unüblich, als Mao Tse-tung starb, war es ähnlich. Der Volksmund sagte, die Toten lägen erst eine Weile „auf Eis". Die Erklärung hierfür ist einfach: Man wollte verhindern, daß der politische Gegner eine momentane Schwäche in der Führung des betreffenden sozialistischen Staates ausmachte.

Während der Lehre mußten wir fast alle Abteilungen des Postamtes durchlaufen, angefangen von der Postzustellung bis zum Schalterdienst. Dazu gehörte auch eine kurze Ausbildungszeit in der Paket- und Päckchenverteilstelle, die im Keller des Hauptpostamtes untergebracht war. Hier sah ich zum ersten Mal mit eigenen Augen, wie in einem großen Nebenraum, den wir Lehrlinge nicht betreten durften, an langen Tischen Frauen Pakete und Päckchen auf- und zuknüpften, weshalb sie auch „Knüpperweiber" genannt wurden. Alle Pakete und Päckchen von und nach dem Westen wurden damals kontrolliert. Besonders geschultes Personal begutachtete den Inhalt und drückte dann einen Kontrollstempel auf die Sendung. Verbotene Artikel verschwanden, wohin, wußte niemand. Die Vorschriften, was und wieviel vom Westen in den Osten und umgekehrt geschickt werden durfte, waren lächerlich.

Als es am 17. Juni 1953 zum Volksaufstand in der DDR kam, verließen die „Knüpperweiber" spontan ihre Arbeitsplätze und weigerten sich, weiterhin die Postsendungen zu öffnen. Wir Lehrlinge wurden vorübergehend nach Hause geschickt, dann in eine andere Abteilung versetzt. Ich denke, das „Knüppern" ging danach weiter.

Nach meiner Lehre arbeitete ich in verschiedenen Postbereichen, bis ich eines Tages gefragt wurde, ob ich nicht Lust hätte, in die Lehrlingsausbildung an der betriebseigenen Berufsschule zu wechseln. Daß ich keine studierte Lehrerin war, spielte zunächst keine Rolle, ich konnte mich in Wochenend- und Abendkursen qualifizieren. Innerhalb von zwei Jahren habe ich die erste und zweite Prüfung für Berufsschullehrer abgelegt.

Anfangs machte mir die neue Tätigkeit Freude. Bald jedoch nahm der politische Druck auf mich zu. Mehrmals fand ich auf meinem Schreibtisch ein Formular zum Eintritt in die SED, das ich ohne Kommentar verschwinden ließ.

Die Wende in meinem Leben kam im Jahre 1957. Zu dieser Zeit durfte man noch, wenn der Betrieb und die Betriebsgewerkschaftsleitung die Genehmigung erteilten, auf Einladung von Verwandten in den Westen reisen. Ich hatte einen Vetter mit Familie in Erlangen, meine Freundin Helga Verwandte in Heidelberg. Beide bekamen wir die Besuchserlaubnis, und es wurden die schönsten drei Ferienwochen unseres bisherigen Lebens. Nach unserer Rückkehr stand für Helga und mich fest: Wir wollen weg!

Wie die meisten DDR-Flüchtlinge einfach „abhauen" durften wir nicht. Unsere Eltern waren sehr besorgt und rieten, diesen Schritt sorgfältig vorzubereiten. Im Februar 1958, ich war wegen einer Grippe krankgeschrieben, und meine Freundin sollte zu einem Lehrgang fahren – wir würden also beide nicht gleich vermißt werden –, bestiegen wir mit je einem kleinen Koffer in der Hand aufgeregt den Zug nach Berlin. Falls die Vopos uns erwischten, wollte ich die Adresse meiner Tante in Ost-Berlin als Reiseziel angeben.

Zum Glück ging alles gut. Als wir am Bahnhof Zoo in den Bus stiegen, sah uns der Schaffner wohl unsere Erleichterung am Gesicht an und meinte: „Na, Meechens, wieda zwee davonjemacht, wa?"

In West-Berlin legten wir bei einer anderen Tante von mir ein paar Tage Zwischenstation ein. Von da ging es mit dem Flugzeug gen Westen. Es war der erste Flug unseres Lebens und das bei stürmischem Wetter!

In der viermotorigen „Pan Am" wurde uns schlecht. In Frankfurt/Main gelandet, verließen wir auf wackligen Beinen und ganz „käsig" aussehend das Flugzeug. Ein entfernter Onkel aus Darmstadt, den ich bis zu diesem Zeitpunkt persönlich noch nicht gekannt hatte, nahm uns in Empfang. Bei ihm konnten wir dankenswerterweise für einige Zeit bleiben. Obwohl uns an diesem Tag, es war zufällig der Rosenmontag, eher zum Heulen als zum Lachen zumute war, ließen wir uns vom Faschingstreiben anstecken, so daß uns kaum Zeit blieb, über die große Veränderung in unserem Leben, die wir soeben vollzogen hatten, nachzudenken.

Die Tränen kamen erst später. Immer dann, wenn wir Heimweh nach den Menschen verspürten, die wir zurückgelassen hatten: die Eltern, Geschwister und Freunde. Letztlich jedoch siegte unser jugendlicher Optimismus. Wir fanden Arbeit im Postscheckamt Köln und boxten uns durch.

Als im August 1961 die Tür zur Heimat mit dem Bau der Mauer und der unseligen Grenze ganz zugemacht wurde, waren wir sehr froh und dankbar, in unserer neuen Heimat in Freiheit leben zu können.

[Riesa/Elbe, damals DDR;
17. Juni 1953]

Gertraud Berg

„Fra Diavolo"

Meine ersten Schritte ins Berufsleben begannen im VEB Reifenwerk Riesa. Am 17. Juni 1953 kam ich wie gewohnt zur Arbeit. Ein Vorgesetzter sagte: „Kollegin, Sie haben heute Einsatz in der Landwirtschaft. Die Amerikaner haben schon wieder Kartoffelkäfer über den Feldern der Landwirtschaftlichen Produktionsgenossenschaften abgeworfen!"

Wie schön! An diesem Tag hatte ich für die Arbeit auf dem Feld gerade die richtige Kleidung an: einen schwarzen Faltenrock, eine neue, rote Bluse aus dem Westen, dazu niegelnagelneu angefertigte Kaninchenleder-Sandalen mit Fesselspange und Keilabsatz! Diese Schuhe waren für mich der Inbegriff der Eleganz. Beim Laufen mußte ich immerzu auf das rote, weiche Leder hinabsehen. Im hochgezwirbelten Pferdeschwanz wippte eine schwarze Schleife. Wahrlich, mir hätte nichts Besseres passieren können als der verdammte Einsatz auf dem Acker!

Da ich längst gelernt hatte, daß Widerstand zwecklos war, kletterte ich gottergeben zu den Leidensgenossen auf die Ladefläche eines Lastkraftwagens. Die anderen waren wie ich überrumpelt worden.

Dort, wo die Welt am schönsten ist, stand ich nun voller Wut vor „meiner" Furche. Spontan beschloß ich, keinen einzigen Kartoffelkäfer zu finden!

Die Sonne brannte gnadenlos vom Himmel, nichts stellte

sich dem Auge in den Weg, weder Gebüsch noch Baum noch Kirchturmspitze. Die dunkelgrünen Kartoffelfurchen reichten bis an den Horizont und noch ein paar Meter weiter.

Barfuß hielt ich anfangs mit den anderen rechts und links von mir Schritt, den Blick nach unten gerichtet. Vor allem mußten die Unterseiten der Blätter geprüft werden, da die gelb-schwarz gestreiften Käfer lichtscheu waren.

Nach und nach ließ ich mich zurückfallen. Ich brauchte keine Zeugen für den Ernstfall, daß mir doch ein Kartoffelkäfer über den Weg gekrabbelt wäre! Er und seine Nachkommen sollten ein langes Leben haben!

Verdreckt, verschwitzt, hungrig, durstig und immer noch mit Wut im Bauch kam ich gegen 18 Uhr zu Hause an. So demoralisiert ich auch war, es gab einen Lichtblick an diesem Tag, der für mich doch noch versöhnlich enden würde! Ich hatte nämlich eine Eintrittskarte für die Komische Oper „Fra Diavolo" (Bruder Teufel) des französischen Komponisten Daniel Auber geschenkt bekommen,.

Aber eine Nachbarin sagte zu mir: „Ich weiß es ganz genau, die Opernaufführung ist wegen einer Demonstration abgesagt worden."

Auch das noch! Wofür oder wogegen wurde dieses Mal demonstriert? War vielleicht eine der Politgrößen gestorben? Stalin war doch schon tot!

Niemand wußte etwas Genaues, die Gerüchteküche brodelte. Der DDR-Rundfunk brachte Schlagermusik. Der RIAS war nicht zu empfangen, weil die Störsender an diesem Tag besonders stark waren.

Hinter vorgehaltener Hand wurde gemunkelt, daß in Ost-Berlin schon am Tag zuvor die Bauarbeiter auf die Straße gegangen seien. Ungeheuerliches sei geschehen, etwas, was man überall in der westlichen Welt für möglich hielt, nur nicht im „demokratischen Teil" Deutschlands!

Unruhe! Streik! Demonstration gegen die eigene Regierung! „Nieder mit den Verrätern!" hatte es geheißen.

Mein Bruder erzählte an diesem Abend mit Begeisterung, daß er im Wartesaal des Leipziger Hauptbahnhofs miterlebt habe, wie Männer von einer Leiter aus das übergroße Stalin-Porträt an der Wand hinunterfallen ließen. Scherben! Nieder mit dem Verräter!

War es ein Versehen, daß mein Abteilungsleiter am nächsten Tag kein Parteiabzeichen trug?

Als die russischen Panzer die Situation in Berlin wieder im Griff hatten, prangte am Revers meines Chefs wie üblich der „Bonbon“, wie das Parteiabzeichen im Volksmund genannt wurde. Mit den Panzern in Rufweite war auch seine Linientreue zurückgekehrt.

Aus dem „Neuen Deutschland“, dem Zentralorgan der SED, erfuhren wir, daß wieder einmal die Amerikaner die Hand im Spiel gehabt hätten, daß sie ein paar Arbeiter dazu verführt hätten, gegen die eigene Regierung zu demonstrieren!

Seit diesem Tag besteht für mich zwischen Kartoffelkäfern, „Fra Diavolo“ und dem Volksaufstand vom 17. Juni 1953 eine direkte Verbindung.

[Leipzig, Sachsen, damals DDR;
17. Juni 1953]

Helmut Rammel

Ausnahmezustand in Leipzig

Die ersten Kirschen leuchten rot, und am blauen Himmel zieht nicht eine Wolke, als wir am Morgen des 17. Juni das Haus verlassen. Wir, das sind Wolfgang und ich, Studierende am Lehrerseminar, zwei ehemalige Schreinergesellen, die den Wunsch haben, Berufsschullehrer zu werden. Als Alternative hatte man uns Natur- oder Gesellschaftswissenschaften angeboten. Wir haben uns für die Naturwissenschaften entschieden. Die sozialistische Planung entdeckt den Mangel an Fachlehrern im Tischlerberuf erst nach Beendigung unserer Ausbildung.

Doch heute wird nicht studiert. Am Stadtrand ist ein Sport- und Kulturfest unseres Instituts angesagt. Wir sind lediglich als Zuschauer bestellt, denn Wolfgang hat Plattfüße und ich bin, von zwei dritten Plätzen ausgenommen, die ich überraschend bei einem Volkslauf und einem Radfahren für jedermann erreicht habe, ein absolut unsportlicher Typ.

Die Wettkämpfe quälen sich über die Runden, es ist ein stinklangweiliger Tag. Recht früh fassen wir den Entschluß, Essen zu gehen. Irgendwo müßte doch in dieser weitläufigen Sportanlage ein Imbißstand das „DDR-Nationalgericht“ Bockwurst mit Kartoffelsalat anbieten.

Als wir in einen Zufahrtsweg zum Sportplatz einbiegen, kommen uns aufgeregt und zornig einige linientreue Kollegen in der Kluft der GST, Gesellschaft für Sport und Tech-

Fröhlicher Umtrunk mit meinen Kommilitonen vom Leipziger Lehrerbildungsinstitut 1953. Ich bin der vierte von rechts.

nik, entgegen und berichten uns, sie seien in der Stadt verprügelt worden, die Arbeiter würden streiken.

Das ist eine ungeheuerliche Nachricht, Streik in der DDR! Das klingt so unglaubwürdig wie: Der Mond ist aus Käse oder am Nordpol blühen Orchideen. Doch die Verprügelten bleiben bei ihrer Behauptung, und wir lassen die Bockwurst platzen und das Sportfest sausen.

Wir eilen zur Straßenbahnhaltestelle. Dort hat sich bereits eine Anzahl Menschen eingefunden, aber die Straßenbahn kommt nicht. Wir warten sehr lange, bis die erste Bahn aus der Stadt eintrifft, ihr folgen in kurzen Abständen zwei weitere. Auf den Längsseiten der Wagen sind die Embleme der DDR und der Gesellschaft für Deutsch-Sowjetische Freundschaft mit Farbe durchkreuzt. Statt dessen prangen Forderungen: „Freie Wahlen!“, „Raus mit den Russen!“ und „Gebt die Gefangenen frei!“

Wenig später fiebern wir in der Straßenbahn den Ereignissen entgegen. Wir fahren an langen Kolonnen von Arbeitern vorbei, die Transparente mit sich führen und in das Zentrum der Messestadt ziehen. Überall strömen Menschen aus den Fabriktoren und schließen sich dem Zug an. Auf einem Schild steht: „Wir erklären uns mit Berlin solidarisch."

Also auch in Berlin gehen die Menschen auf die Straße, denken wir.

Schnell ist die Fahrt zu Ende, die Menschenmenge blokkiert die Schienen. Wir steigen aus und folgen den Demonstranten. Am Gefängnis sind die Eingänge mit Gittern versperrt; dahinter stehen Vopos, starr, finster, bewaffnet. Die Menschen davor drohen und fordern in Sprechchören die Freilassung der politischen Gefangenen. Die Situation verändert sich nicht.

Wir laufen mit einer anderen Kolonne weiter, die am Parteihaus der SED in der Karl-Liebknecht-Straße zum Stehen kommt. Junge Männer sind in das Innere des Gebäudes gelangt, erscheinen in den Fenstern und werfen Akten und Bücher auf die Straße. Dann zeigen sie große Bilder, Drucke von Parteibonzen: Grotewohl, Ulbricht, Stalin und immer wieder den Spitzbart. „Pfui!", ruft das Volk, buht und pfeift, wenn ein Bild erscheint, dann wird es hinabgestoßen, zerschellt am Boden, wird verbrannt.

Geordnet, diszipliniert, ziehen immer wieder andere Demonstrationszüge vorbei: friedlich, planlos, ohne Führung.

Wieder stehen wir vor der Strafanstalt. Die Lage hat sich zugespitzt. Mit einem wuchtigen Balken versuchen ein paar Männer, das Gitter aufzustoßen. Kraftvoll rammen sie dagegen, bis es in Schräglage kommt und fällt. Die Vopos haben sich längst nach innen gerettet. Die Arbeiter stürzen hinterher. Wolfgang, der gute sanfte Wolfgang, ist nicht mehr zu halten. Er will dabeisein, mithelfen, die politischen Gefangenen zu befreien. Er eilt nach vorn. Ich versuche, ihn zu halten: „Wolfgang, das ist zu gefährlich, die schießen!"

Da fallen auch schon die ersten Schüsse, die Menge wogt zurück. Auf den Schultern getragen bringt man einen Jungen heraus, er blutet, eine Hand ist durchschossen.

Neben mir beginnt eine Frau Geld zu sammeln. Sie hält eine kleine Kiste in den Händen. Jemand fragt: „Wofür?“

„Für die Verwundeten, wir brauchen Verbandsmaterial.“

In Sekunden türmen sich die Scheine. Tage danach hat man die Verletzten aus den Krankenhäusern in die Gefängnisse verschleppt.

Ein kleiner schmächtiger Mann wird gestoßen, bekommt Keile. Ein anderer mischt sich ein: „Was hat der euch getan?“

„Der hat meinen Mann ins KZ gebracht“, behauptet eine Frau. Der andere wendet sich ab.

Wo sind die Hüter des Staates?

Die Staatsmacht liegt am Boden – weggeworfene SED-Parteibücher, Abzeichen, Ausweise.

Plötzlich erscheint ein Offizier der Volkspolizei am Eingang des Gefängnisses. Er will etwas sagen, wird ausgepfiffen, beginnt dennoch zu reden, wird niedergeschrien. Ein Arbeiter stellt sich neben ihn, hält eine Rede, bekommt Beifall. Dann kommt der Offizier doch noch zu Wort. Er verkündet den Ausnahmezustand.

Was bedeutet das?

Noch sitzt der Staat im Versteck, noch haben die Arbeiter das Sagen.

Dann kommen die Russen. Auf LKWs sitzen einfache Soldaten, alte wassergekühlte MGs zwischen sich.

Die Arbeiter drohen mit den Fäusten. Ein langer Arbeiter reckt sich hoch, ruft der Menge zu: „Nicht gegen die Russen, wir haben keine Waffen!“

Er jubelt ihnen zu und beginnt zu winken.

Verhalten folgt man seinem Ruf. Die Russen winken zurück, sie sind verunsichert, wissen nicht, warum man sie aus den Kasernen geholt hat. Die LKWs kommen zum Stehen, Diskussionen setzen ein. „Wir wollen mehr Brot, besser leben."

Die Russen nicken, doch ihre Gesichter drücken Unverständnis aus. Die LKWs fahren weiter.

Ein Trauerzug nähert sich dem Platz, voraus trägt man einen Toten, über und über mit Blumen bedeckt, von den Vopos erschossen. Ohnmächtige Wut kommt auf.

Wenig später an derselben Stelle: Ein Jeep mit Vopos wird angehalten. Man nimmt ihnen die Gewehre ab, wirft sie zu Boden. Die Polizisten leisten keinen Widerstand. Ohne Waffen können sie ihre Fahrt fortsetzen.

Eine einsame Straßenbahn rollt heran, wir stoppen sie: „Es wird gestreikt, alle aussteigen!"

Dann versuchen wir, zum Bahnhof zu gelangen. Immer wieder müssen wir uns in Hauseingänge flüchten, denn russische Panzer donnern durch die engen Straßen, Schüsse hallen.

Vor dem Hauptbahnhof brennt ein Aufklärungslokal der Nationalen Front. In der Eingangshalle stehen diskutierende Menschengruppen. Wir verlassen das Gebäude wieder. Im Halbkreis haben sich russische Panzer postiert, die Geschütze auf das Bahnhofsgebäude gerichtet.

Erneut fallen einzelne Schüsse. Vom Kindersitz eines Fahrrades fällt ein kleiner Junge, tot.

Jetzt erst wird uns die Gefahr bewußt, in der wir uns befinden. Durch Seitenstraßen versuchen wir, nach Hause zu gelangen. Unterwegs treffen wir Freunde und hören, der RIAS melde laufend, überall in der DDR wären Streiks, Demonstrationen, und jetzt seien russische Truppen im Einsatz. Sollte alles vorbei sein, vergeblich gewesen sein?

Noch bleibt der Generalstreik, man hat es uns oft genug gelehrt. Der Generalstreik ist die wirksamste Waffe der Arbeiterschaft. Stundenlang sitzen wir voller innerer Aufregung in unserem Zimmer und schreiben Flugzettel, schreiben immer wieder das eine Wort – GENERALSTREIK.

Ausnahmezustand, Sperrstunde. Jeder, der es wagt, jetzt auf die Straße zu gehen, kann ohne Anruf sofort erschossen werden. Wir glauben zu wissen, auf was wir uns einlassen. Wir sind bereit, unser Leben für die Freiheit zu riskieren. Aber wir 19 bis 20jährigen denken nicht an die Eltern, an die einsamen Mütter, an die Geschwister, nur an die Idee der Freiheit; und wir sind überzeugt, daß zur selben Zeit zahlreiche Gleichgesinnte dasselbe tun.

In Turnschuhen und Trainingsanzug ohne Ausweis – welch törichte Vorsichtsmaßnahme – schleichen wir aus dem Haus in die Dunkelheit. Erst in der nächsten Straße beginnen wir mit dem Verteilen der Flugzettel. Wir werfen sie in Briefkästen, legen sie auf Fenstersimse, stecken sie in Türspalten. Nicht immer sind die Briefkästen vorn. Hinten im Hof eines größeren Häuserblocks steht in der Mitte zwischen den beiden Gebäuden unser Verhängnis: ein Malerwagen mit Werkzeug und Farbe.

Sofort greifen sich zwei von uns Pinsel und Farbeimer und beginnen, Parolen an die Wände zu malen: „Weg mit Ulbricht!" – „Freie Wahlen" – „Russen raus!"

Man kann sie einen Steinwurf von uns entfernt hören.

Ich habe Angst, will fort, dränge die beiden aufzuhören.

Wir nehmen einen anderen Weg zurück. Obwohl noch nicht alle Zettel verteilt sind, beenden wir die Aktion.

Bevor wir in eine neue Straße einbiegen, schauen wir uns immer erst vorsichtig um: nichts – weiter – nichts – weiter!

An der vorletzten Ecke sehen wir rechts von uns in einiger Entfernung zwei Männer auf der Straße liegen, langsam bewegen sie den rechten Arm auf und ab.

Aha, auch welche, die wie wir unterwegs sind. Wir können also weiter, nur noch ein kleines Stück.

Plötzlich hören wir Schritte hinter uns, werden von Vopos gepackt, festgehalten: „Was macht ihr um diese Zeit hier?"

„Wir waren ein Bier trinken."

„Die Gaststätten haben doch alle geschlossen."

„Nein, da hinten war eine offen."

Das stimmte tatsächlich.

„Zeigt eure Ausweise!"

„Die haben wir nicht dabei."

„Kommt mit!"

Es gelingt mir, mich rechts an den Gartenzaun zu drükken und unbemerkt meine letzten Flugzettel wegzuwerfen.

Taschenlampen blitzen auf. „Zeigt eure Hände!"

Die weiße Farbe leuchtet an Händen und Hosen. Das Versteckspiel ist zu Ende. Wir gestehen, müssen den Ort beschreiben, wo der Malerwagen steht. Einer geht nachschauen, die anderen bewachen uns in einem Fahrgastunterstand. Der Mann kommt zurück, hält unsere Flugzettel in der Hand. Wir werden durchsucht, sie finden die restlichen.

Auf dem Polizeirevier werden wir verhört, geschlagen, über die Tische gezogen, nacheinander, gleichzeitig. Mit Fäusten und Gummiknüppeln schlagen sie auf uns ein. Irgendwann werden sie müde, morgen mehr. Wir werden in eine Zelle gesperrt, in der Betrunkene gewöhnlich ihren Rausch ausschlafen.

Noch ist der 17. Juni. Das Licht geht aus. In Ungewißheit geht der Tag zu Ende.

In einem Schnellverfahren wurden wir zu zwei Jahren Gefängnis verurteilt, die wir in verschiedenen Haftanstalten der DDR absaßen.

(Weitere **ZEITGUT**-*Beiträge dieses Autors sind im Autorenverzeichnis am Ende des Buches vermerkt.)*

[Neubrandenburg, Mecklenburg-Vorpommern – Kleinmachnow, Brandenburg – Bautzen, Sachsen, damals DDR; 1954–1960]

Dieter Pecat

Mit der Zugsense durch den Fluß

Das Jahr 1954 war für mich von großer Bedeutung: Erst verschwand meine Freundin in den Westen, und dann begann für mich die Lehrstellensuche. Das Reparaturwerk Neubrandenburg, kurz RWN, das größte Panzerreparaturwerk Ostdeutschlands mit bis zu 4000 Beschäftigten, lehnte mich ab. Arbeiten durfte in dem unter russischem Kommando stehenden Werk nur, wer keine Verwandten im Westen hatte.

Erst im August 1954 bekam ich eine Lehrstelle zum Wasserbaufacharbeiter im damaligen VEB Wasserwirtschaft Peene. Die Ausbildung war umfangreich und sehr interessant, ich mußte sie später nie bereuen. Viele der Ausgebildeten gingen nach der Lehre in den Westen oder ins Ausland, wobei China sehr gefragt war.

Mit 14 Jahren war ich nur noch selten zu Hause. Wenn wir außerhalb arbeiteten, schliefen wir in Baracken, Wohnwagen oder auf Wohnschiffen. Die theoretische Ausbildung fand in Kleinmachnow, südlich von Berlin, statt. Dort wohnten wir Lehrlinge in einem sehr schönen Internat, einem alten Fachwerkbau an der Schleuse zu Stahnsdorf.

Oftmals wurden wir schon vor dem üblichen Wecken aus dem Bett geholt, um Flugblätter aus West-Berlin einzusammeln. Ich selbst zählte einmal beim Sonnenbaden bei Dreilinden 64 Ballons, die im Westen aufgelassen worden waren. Meist stammten sie vom Ostbüro der SPD, der KGU (Kampfgruppe gegen Unmenschlichkeit), dem Untersuchungsausschuß Freiheitlicher Juristen oder ähnlichen Organisationen. Selbst Funkgeräte fanden wir.

Mit mir zusammen lernte Helmut, ein früherer Schulkamerad. Für die Bahnfahrt von Neubrandenburg nach Kleinmachnow zahlten wir nur 25 Prozent des Fahrpreises, das waren 2,85 Mark. Als Lehrlinge erhielten wir zu Anfang nur 65 Mark, nach zweieinhalb Jahren 115 Mark.

Das Lehrkombinat für Wasserbau in Kleinmachnow, südlich von Berlin, direkt an der Schleuse zu Stahnsdorf gelegen. Hier wohnte ich als Lehrling.

Die Verpflegung im Internat war jahrelang nicht gerade üppig. Mich störte das weniger, denn ich war nicht verwöhnt. Im Wechsel gab es Margarine oder Schmalz, natürlich portioniert, dazu Mehrfruchtmarmelade und abends „Einheitswurst". Kräutertee oder Malzkaffee waren obligatorisch. Stand Räucherfisch – in der Regel Bückling – auf dem Speiseplan, war das für mich ein wahrer Festtag, da die Thüringer und viele Sachsen unter uns den Fisch nicht mochten und mir überließen. Im Gegensatz zu meinen Eltern und meinem Bruder, die die Lebensmittelkarte „A" bekamen,

1956. Sonnenbad in den Bombentrichtern bei Dreilinden, unweit von Kleinmachnow. Ich liege rechts.

hatte ich wegen der körperlichen Arbeit die Karte „C“, eine etwas reichlichere Versorgung.

Der erste Tag der praktischen Ausbildung begann mit einer besonderen Sportart: Zugsense klopfen und schärfen, um im Tollensefluß Kraut zu mähen. Am folgenden Tag mußten Helmut und ich das Ungetüm auf einem Handwagen von Neubrandenburg in das 17 Kilometer entfernte Altentreptow befördern. Dort lag ein Ruderboot bereit, um das Gerät aufzunehmen. Der Schachtmeister und Brigadier wies uns ein. In Gummistiefeln an den Böschungen rückwärts laufend, mußten wir die reichlich vorhandenen Hindernisse – herabhängende Äste, Sträucher und Unrat – überwinden und dabei mit einem Knüppel die Zugsense ruckartig bewegen. Abwechselnd durfte jeweils einer von uns den Kahn mit den Fahrrädern, Rucksäcken und Ersatzteilen hinterherrudern. Unsere Verpflegung hatten wir in großen Blechbüchsen und Blechflaschen mit Patentverschluß immer dabei. Wir vier Lehrlinge lernten das Entkrauten von Flüssen gründlich. Ein junger Arbeiter war für uns verantwortlich.

Fünf Monate lang war ich im Trinkwasserschutzgebiet am Tollensesee beim Brunnenbohren eingesetzt, eine verdammt aufwendige und harte Arbeit. Kein Gerät oder Teil, das nicht mindestens einen Zentner wog. Wer in einem Ventil über die Exenteranlage in einem Rohr von einem Meter Durchmesser mit einem Eimer Bolzen in das Bohrloch hinabgelassen wird, vergißt selbst das Vaterunser. Doch einer mußte von innen die Bolzen durchstecken und zum Verschrauben gegenhalten. Es traf natürlich den Schmächtigsten, mich. Heute wäre ich da nicht mehr in Gefahr.

Sehr interessant war für mich die Fluß- und Seenbaggerei, bei der ich fast acht Monate zubrachte. Während unserer Einsätze in Neubrandenburg, Friedland und Strasburg waren wir auf Wohnschiffen oder in Baracken untergebracht. Der Betrieb stellte uns Strohsäcke, Decken und Bettwäsche

Während der Fluß- und Seenbaggerei lebe ich auf einem Wohnschiff wie diesem. Im Hintergrund die Zugbrücke und Schleuse bei Dömitz/Elbe.

zur Verfügung. Außer dem Mittagessen mußten wir uns selbst verpflegen. Für Geschirr hatte jeder selbst zu sorgen. Kühlschränke hatten wir noch nicht. Versuche doch einer, bei mehr als 30 Grad Celsius im Schatten seine Butter oder Margarine vor dem Zerfließen zu bewahren!

Also füllten wir sie in Marmeladengläser, die wir in einer Schüssel mit kaltem Wasser plazierten. Das Wasser mußte nur oft genug erneuert werden. Frischwurst oder Käse waren bei dieser Hitze nicht zu halten. Deshalb lebten wir von Wurst- oder Fischkonserven, die preiswert waren und deren Inhalt immer gut schmeckte.

Auf den Baustellen wurde wohl schon immer viel Alkohol getrunken, eine 0,7-Liter-Flasche 40prozentiger Wodka kostete etwa 7 Mark. Hatten die Männer danach Verlangen, wurde zusammengelegt, und einer von uns Lehrlingen mußte mit dem Fahrrad zur nächsten Kneipe fahren oder im Konsum Schnaps holen. Dann konnte das „Festival" beginnen. Wir Lehrlinge beteiligten uns daran nicht.

Den Lohn erhielten wir bar. Anfangs gab es zwei Abschläge und eine Restzahlung, später einen Abschlag und den Rest. Bei unseren niedrigen Lehrlingslöhnen kam es des öfteren vor, daß Auslösung (7 Mark/Tag), Kilometer- (10 Pf /km), und Geschirrgeld (10 bis 22 Pf /Std.) den Lohn überstiegen. Hinzu kam das Wassergeld, 5 Pfennige für jede Stunde, die man in Gummistiefeln arbeiten mußte.

Neubrandenburg war 1952 Bezirksstadt geworden. Die Russen zogen sich aus der Stadt zurück, beschränkten sich nur noch auf eine Baracke zwischen der Ziegelberg- und Katharinenstraße. Die Neustrelitzer hatten als Garnisonstadt das Nachsehen. Für die Bezirksstadt wurde ein großartiger Neubauplan aufgestellt. Aber zuerst mußten die wichtigsten Gebäude wieder hergerichtet werden. Die Stadt war im Krieg zu 85 Prozent zerstört worden. Der Bahnhof wurde endlich wieder aufgebaut, ebenfalls die Post mit dem neuen Fernmeldeamt sowie das Polizeipräsidium.

Meine Firma arbeitete in der Ihlenfelder Straße und bei der Ausbaggerung der neuen Bootshäfen an der Schillerstraße mit. Hier sollten große alte Eichenstubben gesprengt werden. Aus Stralsund rückte extra ein Sprengkommando mit besonderer Zulassung an.

Bevor die Sprengung beginnen sollte, mußte ich den Weg vom Badehaus zum Oberbach absperren. Doch die Russen, die sich am Ufer des Tollensesees aufhielten, nahmen das Ganze wohl nicht so ernst. Selbst als das Warnsignal ertönte, ließen sie sich nicht in ihrer Ruhe stören.

Es war gegen 12 Uhr mittags. Rasch suchte ich hinter einem Baum am Seeufer Schutz. Von dort konnte ich mit Genugtuung beobachten, wie durch die Sprengung ein Stubbenstück den Russen mitten in den Nudeltopf knallte!

Es dauerte keine Sekunde, und sie rannten allesamt hinter die umstehenden Bäume in Deckung. Leider mußten wir anschließend auch zwei Bootsschuppen reparieren.

Das Jahr 1958 brachte für alle DDR-Bürger *die* Überraschung: die Lebensmittelkarten entfielen. Viele Menschen glaubten, daß es nun besser werde, daß es bald mehr zu kaufen gäbe. Leider ein Trugschluß. Man mußte sich nun wegen Butter und Fleischwaren in einem Geschäft eintragen lassen. Diese Meldepflicht wurde erst Jahre später aufgehoben

Allerorts begegnete man kommunistischen Losungen, teils fehlerhaft geschrieben und damit bespöttelt. An der Brücke „10. Jahrestag“ hing ein Schild:

„Es lebe die große rumreiche Sowjetarmee!“

Und im FDJ-Gebäude in der Berliner Straße war zu lesen: *„Vorwärtz zu neuen Taten!“*

Durch die Gesellschaft für Sport und Technik kam ich zur Segelfliegerei. An den Wochenenden fuhren wir kostenlos mit einem LKW der BAU-UNION zum Flugplatz Anklam. Für die Ausbildung erhielten wir 14 Tage Sonderurlaub im Jahr, der Betrieb mußte zustimmen. Die Zeit bei der GST möchte ich nicht missen, sie war von Kameradschaft bestimmt.

Knapp 18 Jahre alt, trat ich im Januar 1958 meinen Wehrdienst bei den Luftstreitkräften der NVA in Bautzen an, hier eine Aufnahme als Unteroffiizier aus dem Jahr 1959.

Im Januar 1958 rief die Nationale Volksarmee (NVA) zum Wehrdienst. Die Wahl der Waffengattung war für mich keine Frage, ich wurde zu den Luftstreitkräften nach Bautzen eingezogen. Das Segelfliegen, mein Hobby, kam hier leider zu kurz, da man bei der Piloten-Ausbildung fast immer im Rückstand war. Als Flugzeugmechaniker arbeitete ich an den Jagdflugzeugen MiG 15 und MiG 17.

Mein anschließendes Studium zum Steuermann-Leitoffizier (Fluglotse), mußte ich aufgeben, weil meine Eltern Kontakt mit Verwandten in der Bundesrepublik pflegten. Ich war offenbar ein „Sicherheits-Risiko" – das war Sippenhaft. Von diesem Tag an betrachtete ich die DDR mit anderen Augen. Ende Dezember 1960 schied ich aus der NVA aus und ging in meinen erlernten Beruf als Wasserbaufacharbeiter zurück.

(Weitere ZEITGUT-Beiträge dieses Autors sind im Autorenverzeichnis am Ende des Buches vermerkt.)

[Hameln, Niedersachsen;
1955]

Jürgen Hagenmeyer

Hausball

Helmut, mein Schulkamerad aus der Klasse über mir, ich ging in die 9. Klasse und war 16 Jahre alt, kam in der großen Pause herüber. „Meine Eltern geben einen Hausball. Jürgen, du erhältst noch die Einladung!“

Die Eltern meines Schulfreundes besaßen ein neues, größeres Siedlungshaus am Rande der Stadt. Es erschien mir besonders großzügig, weil sich im unteren Stockwerk sowohl ein Wohnzimmer als auch ein Eßzimmer befanden.

Meine Mutter lebte mit meinem Bruder und mir zusammen mit einer älteren Frau, die ich nicht mochte, in einer verhältnismäßig kleinen Dreieinhalb-Zimmer-Wohnung mitten in der Stadt. Die Frau zog meinen jüngeren Bruder vor und berichtete meiner Mutter in ihrer Mittagspause immer gleich meine allerkleinsten Verfehlungen.

Beim Mittagessen, das die Mitbewohnerin täglich für alle kochte, platzte ich mit der Neuigkeit heraus, gespannt auf die Mienen meiner lieben Familie.

„Das ist aber schön für dich, mein Junge“, meinte meine Mutter, während sie sich eine Kelle Nudeln auf den Teller füllte. „Wenn die Einladung kommt, bedankst du dich bitte schriftlich, aber ich möchte den Text sehen, bevor du ihn abschickst. Ich lege dir gleich einen Umschlag und eine Briefmarke raus.“

Ein Telefon, der kürzere Kommunikationsweg, war für

eine Kriegerwitwe mit zwei Söhnen, obwohl berufstätig, in jener Zeit ein unbezahlbarer Luxus.

Wie sie Helmuts Eltern kenne, fuhr meine Mutter fort, würden sie gewiß nur „nette Jugendliche“ einladen. Ich solle dann nicht so verkrampft sein und mich nicht ständig wiederholen. Der Schriftsteller Gerd Gaiser hat eine solche Situation in seinem damals vielgelesenen Roman „Schlußball“ zutreffend beschrieben.

Die Einladung kam wenige Tage später, sehr freundlich, wenig offiziell, und mein Dankesbrief konnte unbehindert passieren.

Dann war der große Tag da, um 18 Uhr sollte das Ereignis beginnen. Sakko und Hose waren ebenso wie der Glanz der Schuhe sorgfältig geprüft. Jeans, damals „Nietenhosen“ genannt, waren entweder unbekannt oder schlichtweg unmöglich. Der Vater eines Klassenkameraden, der bei der britischen Besatzungsmacht arbeitete, hatte seinem Sohn eine dieser Hosen besorgt, und wir hatten ihn darin wie eine Zirkusattraktion bestaunt.

„Denk daran, die Blumen vor dem Überreichen auszuwikkeln! Amüsiere dich gut und mach mir keine Schande!“

Mit einem mütterlichen Kuß wurde ich kurz nach 17.30 Uhr entlassen. Ich schwebte auf Wolken.

Pünktlich erreichte ich das Elternhaus meines Schulfreundes, befreite die Blumen vom Papier und klingelte mit kalten Händen. Die jüngere Schwester, für die mein Bruder schwärmte, öffnete mir.

Die Mädchen trugen weite Röcke, darunter einen Petticoat, der den Rock wippen ließ, dazu flache Ballerina-Schuhe. Die Jungen kamen wohlanständig in tipptopp gebügelter Hose, Jackett und Krawatte. Eine Schulkameradin, die besonders emanzipiert sein wollte und sich die Haare hatte kurz schneiden lassen, war in einem Sackkleid erschienen.

Im Wohnzimmer mit seiner repräsentativen Chippendale-Eleganz, die wir wegen der Möbelfüße heimlich „Gelsenkir-

Meine Konfirmation im Februar 1954. Ziemlich verklemmt war ich auch ein Jahr später noch, als ich bei einem Schulkameraden zum ersten Mal zu einem Hausball eingeladen war.

chener Dackelbarock" nannten, standen auf einem Tisch Gesellschaftsspiele, und zwischen der Deckenlampe mit „Pudding-Schalen" und einer großen bronzenen Stehlampe waren Luftschlangen gespannt.

Der Teppich war aufgerollt, und auf der hochglänzenden Musiktruhe mit eloxierten Streifen lag ein Plattenalbum mit jenen 45-Umdrehungen-pro-Minute-Platten, die uns damals ansprachen: Paul Anka, Doris Day, Caterina Valente, Mantovani und Ray Conniff seien stellvertretend für alle Künstler, die uns faszinierten, genannt. Das daneben plazierte Stand-Grammophon, in der Familie „Tempel" genannt, war genauso spannend. Auf den großen Platten standen Namen wie Marek Weber, Dajos Bela oder Barnabas von Geszy, Musik mit einem gewissen Hauch von „Verworfenheit".

Zaghafte Ansätze einer ästhetischen Moderne, die sich in dem vielbespöttelten Salzbrezelständer, jenen Vasen mit „Taille" und zartem Gräserdekor äußerte, waren deutlich sichtbar. Zwei Cocktailsessel hatte man aus den oberen Räumen geholt.

Die Eltern fuhren oder gingen nicht etwa fort, sie hielten sich im Hintergrund und waren rührend um unser Wohl bemüht. Das Buffet bestand aus Nudel- und Schinkensalat, Mixed Pickles, Buletten, Kartoffelsalat und etwas Käse. Eine leichte Pfirsichbowle war der Gipfel der Genüsse, Süßmost und Wasser rundeten das Getränkeangebot ab. Salzbrezeln und Kartoffelchips gehörten auch schon dazu.

Welch eine Welt! Wir fühlten uns prächtig!

Obwohl die Tanzstunde bereits hinter uns lag, waren wir doch sehr schüchtern. Teilweise ängstlich bemüht, die jüngst erlernten Schrittfolgen auch einzuhalten, tanzten wir ziemlich verkrampft.

Gegen 22 Uhr kamen die Eltern einer Schulkameradin, um ihre Tochter abzuholen. Sie brachten mich als krönenden Abschluß des Abends mit ihrem neuen Volkswagen nach Hause.

[Kassel, Niederhessen;
1953–1957]

Falko Berg

Der zornige Bruch mit der Kindheit

Nachdem ich die erste Krise meines jungen Lebens, ausgelöst durch den Ortswechsel vom Land in die Stadt, aus dem vertrauten Hebel nach Kassel, längst verschmerzt hatte, stürzte mich die Pubertät in eine Phase der inneren Unsicherheit, für deren Überwindung ich fast drei Jahre benötigte. Alles, woran ich bisher fest geglaubt hatte, schien mir auf einmal fragwürdig zu sein. Der selbstbewußte Junge, der stets mit einem „Hoppla, jetzt komm' ich!" vor seine Umgebung gesprungen war, existierte nicht mehr.

Die linkischen Bewegungen meiner plötzlich viel zu langen und zu dünnen Gliedmaßen, das unkontrollierbare Auf und Ab der Stimme zwischen Sopran und brüchigem Bariton irritierten mich. Das fast unwiderstehliche, noch ängstlich unterdrückte körperliche Verlangen nach Berührung einer Frau, eines Mädchens, die daraus resultierenden feuchten Träume meiner erwachenden Männlichkeit in der Nacht und dann der angeekelte Blick vor dem Spiegel in das von häßlichen Eiterpickeln verunstaltete Gesicht am Morgen verunsicherten mich dermaßen, daß ich mich manchmal zu hassen begann.

Bis zu meiner Konfirmation gab es für mich als Pfarrerssohn mit der intensiven religiösen Erziehung im Elternhaus keine Probleme. Die morgendliche Bibellesung, das Tischgebet vor jeder Mahlzeit, der Kirchgang an jedem Sonn- und

Feiertag – das alles hatte ich als selbstverständlich hingenommen. Jahrelang spielte ich bei Festgottesdiensten im Posaunenchor, stieg am Neujahrstag mit den anderen Bläsern auf den Kirchturm, um den Jahreswechsel mit Choralmusik zu begrüßen, und wirkte als Hilfsorganist bei Trauungen und Taufen mit.

Mein Konfirmationsspruch, den Vater ausgewählt hatte, lautete: „Halte, was du hast, daß niemand deine Krone nehme.“ Ich wußte, damit war nicht das Festhalten an materiellem Besitz gemeint, sondern der Spruch bedeutete, in seine Predigersprache übersetzt: „Bewahre dir deinen Glauben, damit dir niemand Gottes Lohn nehmen kann.“

Die kindlich-naive Frömmigkeit war mir inzwischen abhanden gekommen. An die Stelle des Glaubens waren Zweifel getreten, die grundsätzlich alles in Frage stellten. Die Bibel kam mir wie ein großartiges Märchenbuch vor, in dem sich Wahrheit und Dichtung vermischten. Die Kirche entpuppte sich in meinen Überlegungen als Hüterin von Ritualen und Mummenschanz, die ihre Macht über die Seelen der Gläubigen zu erhalten trachtete, ohne sich selbst an die ethischen Normen zu halten, die sie scheinheilig verkündete.

Obwohl ich diese Gedanken im Gespräch mit meinen Eltern leidenschaftlich vertrat, war ich unglücklich über den Verlust all dessen, was während der Kindheit mein Weltbild geprägt hatte. An seine Stelle war noch nichts Neues getreten. Aber es mußte irgend etwas geben, das festzuhalten sich lohnte. Doch was war es, und wie sollte ich es finden?

Ich begann zu lesen, was mir in die Finger kam. Über meine frühere Lektüre konnte ich nur noch lachen. Kaum vorstellbar, daß ich vor gar nicht langer Zeit mit Federn auf dem Kopf und einer „Büffellederjacke“, der von meiner Mutter umgearbeiteten ehemaligen BDM-Jacke meiner Cousine, tief versunken über einem Indianerroman von Fritz Steuben gesessen und – eine Schale Zucker vor mir, aus der ich ständig naschte – mit vor Anteilnahme hochrotem Kopf den heldenhaften und doch aussichtslosen Kampf des Shawnee-Häuptlings Tecumseh gegen die weißen Eindringlinge miterlebt und erlitten hatte.

Nun aber suchte ich nach anspruchsvollerem Lesestoff und fand ihn in der Bibliothek meines Vaters. Völlig ungeordnet stopfte ich alles in mich hinein, das versprach, Erkenntnisse über den Sinn des menschlichen Daseins zu vermitteln: Kant, Schopenhauer, Kierkegaard, Goethe, Nietzsche, Feuerbach, Marx, Engels und Sartre. Natürlich verstand ich kaum die Hälfte dessen, was ich las. Es erging mir wie dem Schüler in Goethes Faust: „Mir wird von alledem so dumm, als ging mir ein Mühlrad im Kopf herum."

In endlosen Debatten mit meinen Eltern versuchte ich, den Beweis zu führen, daß Religion Opium für das Volk sei, wie es bei Marx hieß. Die Kirche trachte nur nach den Seelen der Gläubigen. Ich warf meinem Vater vor, seine Gemeinde auf ein besseres Leben im Jenseits zu vertrösten und dabei zu unterschlagen, daß es vielen Menschen schon auf Erden erträglicher gehen könnte, wenn die Reichtümer gerechter verteilt würden.

Armut und Elend gab es auch im Stadtteil Wahlershausen, der zu Vaters Gemeinde gehörte. Manchmal begleitete ich meine Mutter auf ihren caritativen Besuchen, wenn sie „bedürftigen Menschen", wie sie sagte, einen Geschenkkorb mit Lebensmitteln brachte. In meinen Augen beruhigte sie damit nur ihr Gewissen.

Die christlichen Kirchen dachten nach meiner Auffassung mehr an die Erhaltung ihrer geistlichen Herrschaft als an die Verbesserung der sozialen Lage ihrer Gläubigen. Die Kirche habe sich stets mit den Regierenden zusammengetan und selbst von der Unterdrückung der Beherrschten profitiert. Sogar an Massenmorden habe sie sich beteiligt, wie die „heilige" Inquisition, die Ausrottung der Indianer sowie weltweite Judenprogrome und der Holocaust zeigten.

Mein Vater hielt mir entgegen, daß das Sünden der Vergangenheit seien, die die katholische Kirche zu verantworten habe.

Daraufhin erinnerte ich ihn an Martin Luthers Hetzschriften gegen die Juden und gegen die Bauern. Letztere hatte er erst ermutigt, für ihre Rechte zu kämpfen, und später, nachdem er sich mit den Fürsten arrangiert hatte, verraten. Auch seien die Geistlichen, die als „Deutsche Christen" den Nationalsozialismus unterstützt hätten, weit zahlreicher vertreten gewesen als die Mitglieder der „Bekennenden Kirche". Pastor Martin Niemöller, den die Nazis ins Konzentrationslager gesteckt hatten, werde heute wegen seiner pazifistischen Überzeugung und seiner kritischen Haltung als Nestbeschmutzer und Kommunistenfreund diffamiert.

Niemöller war ich einmal bei einem Posaunenfest in Frankfurt am Main begegnet. Sein leidenschaftliches Eintreten für Verständigung zwischen den Machtblöcken und gegen den Kalten Krieg beeindruckte mich stark.

Zwischen meinen Eltern und mir standen grundlegende Meinungsverschiedenheiten. Heute bedauere ich den Stil, in dem ich diskutierte. Obwohl oder weil ich mir meiner Sache keineswegs immer sicher war, tat ich doch so, als sei allein ich im Besitz der Wahrheit. Meine oft intolerante Argumentation spickte ich mit aggressivem Zynismus. Hinzu kam eine fatale Veranlagung zum Jähzorn, gegen die ich vergeblich ankämpfte.

Gewöhnlich halfen mein Bruder und ich abwechselnd unserer Mutter nach dem Mittagessen beim Abwasch. Wenn ich an der Reihe war, verwickelte sie mich oft in ein Gespräch, das meistens zum Streit führte. Sie nutzte die Situation, in der ich nicht davonlaufen konnte, um mir gnadenlos pädagogische Ratschläge zu erteilen. Ich haßte das, zumal mir das lästige Geschirrabtrocknen ohnehin gegen den Strich ging. Ich warf schon mal einen Teller an die Wand oder schrie

Das bin ich, links, als Siebzehnjähriger bei einer Kahnfahrt mit einem Freund auf der Fulda bei Kassel etwa 1956.

meine Mutter an, wenn ich mich zu stark bedrängt fühlte.

In der Schule wäre mir ein solcher Wutanfall beinahe zum Verhängnis geworden. An einem Wintertag, wir hatten gerade Kunstunterricht, war in der alten Kaserne wieder einmal die Heizung ausgefallen. Da wir bald in einen Neubau umziehen sollten, wurden nur noch die allernotwendigsten Reparaturen durchgeführt. Um mich gegen die Kälte zu schützen, aber auch um den Lehrer zu ärgern, setzte ich mich in Mantel und mit Mütze, Schal und Handschuhen auf meinen Platz.

Wie erwartet, forderte mich der Zeichenlehrer energisch auf, meine Straßenbekleidung abzulegen.

„Ich glaube nicht, daß ich das tun werde“, entgegnete ich in scharfem Ton. „Hier ist es saukalt, und ich habe keine Lust, mir eine Lungenentzündung einzufangen!“

Der Lehrer wollte es anscheinend nicht auf eine Machtprobe ankommen lassen, schaute mich aber böse an und meinte verächtlich: „Ach, was soll ich mich mit dir herumärgern, du bist ja nicht ganz richtig im Kopf."

„Sagen Sie gefälligst nicht du zu mir", herrschte ich ihn daraufhin an. Als Primaner hatten uns die Lehrer zu siezen. „Außerdem wiederholen Sie nochmal, was Sie eben gesagt haben. Ich hoffe, ich habe mich verhört!"

Ich war aufgestanden, und wir sahen uns auf gleicher Höhe feindselig in die Augen.

„Fragen Sie sich doch selbst, ob Ihr ständiges Opponieren noch normal ist! Sie haben ja nicht mehr alle Tassen im Schrank!" schleuderte er mir entgegen.

Das war zuviel. Wutentbrannt stürzte ich mich auf ihn, packte ihn am Kragen und schrie: „Ich lasse mich von Ihnen nicht beleidigen!"

Bevor ich zum Schlag ausholen konnte, umschlang mich ein Klassenkamerad mit festem Griff von hinten und zog mich zurück. Total in Rage, rang ich mit dem besonnenen Eingreifer, daß ihm noch zwei andere Schüler helfen mußten, mich festzuhalten.

Der Lehrer brachte seine Jacke wieder in Ordnung. Mit blassem Gesicht drohte er mir: „Ihnen ist doch wohl klar, daß ich diesen ungeheuerlichen Vorfall nicht auf sich beruhen lassen kann. Ich werde dafür sorgen, daß Sie von der Schule fliegen. Verlassen Sie jetzt das Klassenzimmer!"

Wortlos packte ich meine Aktentasche und ging nach Hause. Wie sollte ich das nur meinen Eltern beibringen?

Ein Blick an der Wohnungstür genügte, und meine Mutter wußte, daß ich etwas zu beichten hatte.

„Was ist los?" fragte sie aufgeregt.

Ohne Umschweife und Beschönigungen berichtete ich ihr, was sich ereignet hatte.

Daraufhin holte sie Vater aus seinem Amtszimmer, und ich mußte ihm die Geschichte ebenfalls erzählen.

„Wie konntest du dich nur so hinreißen lassen? Auch wenn du dich beleidigt fühlst, hast du kein Recht, wie ein wilder Stier auf deinen Lehrer loszugehen! Jetzt muß ich die Sache wieder in Ordnung bringen. Wie heißt dein Zeichenlehrer?"

Vaters Reaktion war nicht so schlimm ausgefallen, wie ich befürchtet hatte.

„Sein Name ist Döring. Es gibt aber nichts mehr in Ordnung zu bringen", wandte ich ein, „ich fliege von der Schule."

„Soweit sind wir noch lange nicht", entgegnete Vater entschieden, „laß mich nur machen. Ich rede mit Herrn Döring. Wie gut, daß er in meinem Kirchenvorstand ist."

Er rief in der Schule an und ließ dem Lehrer ausrichten, nichts zu unternehmen, bevor sie beide nicht miteinander gesprochen hätten.

Am Nachmittag machte sich mein Vater mit mir im Schlepptau auf den Weg zur Wohnung von Herrn Döring. Es wurde kein Gang nach Canossa, wie ich geglaubt hatte.

Vater folgte der alten Devise: Angriff ist die beste Verteidigung. Er wartete erst gar nicht ab, bis der Lehrer seine Anklage gegen mich vorbrachte, sondern legte sofort los: „Herr Döring, Sie haben mit Ihren sicherlich unüberlegten Äußerungen meinen Sohn schwer gekränkt. Natürlich war Falkos Reaktion übertrieben, aber einem Jugendlichen, der vor versammelter Klasse so verletzt wird, kann man eher verzeihen als Ihnen Ihre verbalen Entgleisungen. Andererseits liegt mir nicht daran, mit einem meiner wertvollsten ehrenamtlichen Mitarbeiter in der Gemeinde ..."

Herr Döring wollte ihn unterbrechen, aber Vater ließ sich nicht beirren.

„Doch, doch, das sind Sie! Ich will nicht mit einem Mitarbeiter, dessen verläßlichen Rat ich auch in Zukunft nicht missen möchte, im Streit liegen. Darum habe ich auch noch keine konkreten Schritte für den Fall erwogen, daß wir uns nicht gütlich einigen."

Den Lehrer mit seinem entwaffnendem Pastorenblick ansehend, fuhr mein Vater fort: „Ich schlage vor, Sie und mein Sohn geben sich die Hand, entschuldigen sich gegenseitig und wir vergessen den unerfreulichen Vorfall."

Herr Döring war sichtlich verblüfft. Er hatte bestimmt nicht damit gerechnet, als Hauptverantwortlicher für den Eklat dazustehen. Mein Vater lächelte ihn mit seinem gütigsten Pastorenblick so gewinnend an, daß dadurch die Drohung mit Rechtsschritten wie weggewischt zu sein schien. Tatsächlich erreichte er, daß der Lehrer einen Rückzieher machte. „Wenn sich Falko vor der Klasse entschuldigt, will ich mir noch einmal überlegen, ob ich auf einem Schulverweis bestehen muß", lenkte er ein.

Vater wußte, er hatte gewonnen. „Dazu ist mein Sohn selbstverständlich bereit", antwortete er, ohne mich gefragt zu haben. „Natürlich werden auch Sie nicht zurückstehen wollen und vor der Klasse zugeben, daß Sie sich im Ton vergriffen haben. Ich bin überzeugt, eine solche Geste wird auf die Schüler großen Eindruck machen."

Seinen Triumph auszukosten, war nicht Vaters Sache. Ohne eine Antwort abzuwarten, verabschiedete er sich und schob mich an den Schultern nach draußen.

Am nächsten Morgen kam Herr Döring vor Unterrichtsbeginn in unseren Klassenraum und trug seine Erklärung vor, aus der man mit etwas gutem Willen die Andeutung eines Bedauerns heraushören konnte. Ich entschuldigte mich meinerseits. Damit war die Sache erledigt. Mit seinem beherzten Eingreifen hatte mein Vater Schlimmeres von mir abgewendet. Ich nahm mir vor, meinen Jähzorn künftig besser zu beherrschen.

Übrigens, Herr Döring war ein guter Lehrer, er trug mir nichts nach.

(Weitere ZEITGUT-*Beiträge dieses Autors sind im Autorenverzeichnis am Ende des Buches vermerkt.)*

[Stuttgart, Schwaben;
1955]

Dietmar Seiler

Sonntagsritual

Es ist wieder Sonntag. Die Familie sitzt am Mittagstisch. Spätzle und Kartoffelsalat gibt's, findet das Ganze doch in Stuttgart, im Herzen des Schwabenlandes, statt. Seit einigen Wochen liegt sonntags auch ein Stückle Fleisch auf dem Teller. Viel zuwenig für einen Jungen im Wachstum, zu wenig auch für die Erwachsenen. Aber es gibt immerhin schon etwas mehr als direkt nach dem Krieg. Es geht aufwärts mit Deutschland.

Auf dem Tischchen neben dem Sofa steht der Volksempfänger. Wir hören Nachrichten. Bei einer Meldung gebe ich einen Kommentar ab.

„Sei ruhig! Nicht mal am Sonntag kann man in Ruhe Nachrichten hören. Die ganze Woche muß ich schaffen und hab keine Zeit dazu." Vater ist genervt.

Ich mache weiter. Vater steigt voll ein. Mutter geht dazwischen, während sie sich um den jüngeren Bruder kümmert: „Streitet doch nicht schon wieder, es ist doch Sonntag!"

Ich lasse nicht locker: „Hättet ihr im Dritten Reich was dagegen unternommen, hätte Hitler nicht seine Verbrechen begehen können."

Mutter wirft mit tränenerstickter Stimme ein: „Wenn du das erlebt hättest! Wir konnten nichts sagen. Wer was gesagt hat, wurde gleich abgeholt. Frau Häberle kennst du ja. Deren Bruder hat am Stammtisch den Spruch über Goebbels zitiert. Den haben wir alle mal gesagt. ‚Links Lametta, rechts Lametta und der Bauch wird immer fetter.' Und schon war er verschwunden."

Und wie immer fügt Vater jetzt an: „Wir haben ja nichts gewußt von den Schweinereien. Wenn das jemand geahnt hätte! So ein paar Verbrecher haben alles kaputtgemacht. Und im übrigen ..."

Zielsicher stichle ich weiter: „Ja, ja, ich weiß. Die Autobahnen waren prima. Die Arbeitslosen hatten was zu tun und kamen auf keine dummen Gedanken. Die Frauen konnten nachts auf die Straße gehen, und ihnen ist nichts passiert. Der Hitler war der Beste. Ich sag dir: Zum Glück haben wir den Krieg verloren, sonst ..."

Jetzt unterbricht Vater: „Was verstehst du denn schon davon? Du kannst doch überhaupt nicht mitreden. Du hast das ja nicht miterlebt. Nur wer damals gelebt hat, kann sich ein Urteil erlauben. Merk dir das!"

So ähnlich wiederholt es sich Sonntag für Sonntag. Ich bemühe die Moral, mal die christliche, mal die allgemeine, weise darauf hin, daß die Schuldfrage nicht auf ein paar Verbrecher abgewälzt werden dürfe. Vater wird laut und lauter. Ich werde immer sachlicher, argumentiere.

Mutter weint und räumt das Geschirr in die Küche. Vater zündet wütend seinen Stumpen an und hört im Radio das Mundarthörspiel.

Ich verlasse als Sieger den Tisch und ziehe mich ins Kinderzimmer zurück. Dort geht mir der kleine Bruder auf die Nerven, und ich muß ihn zur Räson bringen.

Jahrelang spielen sich in unserer Familie solche Szenen ab – bis mich mein Vater 1955 zu meiner großen Überraschung ins Kino einlädt. Er geht sonst nie ins Kino. Aber als glühender Afrikasoldat will er mir eine Lektion erteilen mit einem Film als Zeuge. Es handelt sich um den 1951 nach der Biographie von Desmond Young gedrehten Film „Rommel – der Wüstenfuchs" mit James Mason in der Hauptrolle.

„Hast du gesehen?“ fragt er mich nach dem Film über den Afrika-Krieg und kommentiert triumphierend: „Genau so war es. Auch die Engländer haben uns bewundert. Wir waren die beste Armee. Hatten kein Material und keine Munition, kaum Essen und Wasser. Und trotzdem haben wir durchgehalten bis zum bitteren Ende. Dank unserer Kameradschaft. Die Engländer haben mit großer Hochachtung von uns geredet. In der Gefangenschaft haben sie uns gut behandelt, weil wir so tapfer waren. Und unseren Feldmarschall Rommel haben die Alliierten als großen Kriegshelden verehrt.“

Ich bin nach dem Film mitgenommen und kann nicht einmal mehr streiten. Die großartig inszenierten Panzerschlachten und die sentimental überhöhte Kameraderie haben mich gleichzeitig fasziniert und abgestoßen. Eingebrannt haben sich mir die Bilder der Toten und Verwundeten. Hellhörig wurde ich, wenn mit kalten Zahlen die Erfolge gemeldet wurden. Wie beim Fußballspiel. Nur sind es hier Tore, die geschossen werden und dort Tote, die erschossen wurden.

Als ich später im Film „Die Brücke“*) sehe, wie Jungen in meinem Alter noch in den letzten Kriegstagen von den alten Kriegern verheizt wurden, vergrößert sich der Graben zwischen den begeisterten Soldaten und mir. Und ich spüre die Widersprüche an allen Ecken und Enden.

Da hat der Politiker Franz Josef Strauß 1949 gesagt: Wer noch einmal ein Gewehr in die Hand nehmen will, dem soll die Hand abfallen! Derselbe Mann führt 1956 als Verteidigungsminister die neue Armee in Westdeutschland ein. Ich frage mich, warum das Volk solche Leute wählt.

In der Kirche höre ich kaum etwas gegen die Wiederaufrüstung und die Einrichtung der Militärseelsorge. Die Stutt-

---

*) Der 1959 von Bernhard Wicki nach dem Roman von Manfred Gregor gedrehte Film war der erste deutsche Nachkriegsfilm, der eine klare Position gegen den Krieg bezog.

garter Schulderklärung*) ist verdrängt. Ich frage mich, warum Gott das zulassen kann.

Die Mütter stehen nicht wie ein Mann auf, als ihre Söhne zum Wehrdienst eingezogen werden. Haben sie Wolfgang Borcherts Gedicht „Mutter, sag nein!" so rasch vergessen?

... Du. Mann auf dem Dorf und Mann in der Stadt.
Wenn sie morgen kommen und dir den Gestellungsbefehl bringen, dann gibt es nur eins: Sag NEIN!
Du. Mutter in der Normandie und Mutter in der Ukraine, du, Mutter in Frisko und London, du, am Hoangho und am Mississippi, du, Mutter in Neapel und Hamburg und Kairo und Oslo - Mütter in allen Erdteilen, Mütter in der Welt,
wenn sie morgen befehlen, ihr sollt Kinder gebären, Krankenschwestern für Kriegslazarette und neue Soldaten für neue Schlachten, Mütter in der Welt, dann gibt es nur eins:
Sagt NEIN! Mütter, sagt NEIN!

Mein Glaube an die Oberen in Staat und Kirche schwindet, sie machen mich mißtrauisch. Ihre Aussagen sind besonders zu hinterfragen. Ich muß mir eine eigene Meinung bilden und danach handeln. Von den Älteren kann ich nicht lernen, wie man mit Schuld umgeht, damit sie nicht einen selbst und die anderen verschlingt. Ich muß mich mit anderen auf die Suche nach der Wahrheit machen.

So ist es nicht verwunderlich, daß ich, etwas älter geworden, diese Nachkriegserlebnisse, Empfindungen und Überlegungen – in der Studentenbewegung, in der Friedensbewegung und in Selbsterfahrungsgruppen – in Aktionen umgesetzt habe; mit vielen anderen, denen es ähnlich erging. Nicht nur sonntags, sondern auch im Alltag.

---

*) Die Evangelische Kirche in Deutschland hat im Oktober 1945 diese Erklärung beschlossen, in der es unter anderem heißt: „Wir klagen uns an, daß wir nicht mutiger bekannt, nicht treuer gebetet, nicht fröhlicher geglaubt und nicht brennender geliebt haben."

[Dillingen/Donau - Ingolstadt/Donau - Ellwangen/Jagst; 1956-1959]

Dirk Schauen

Harte Landung

Genau an meinem 18. Geburtstag stand ich in Dillingen an der Donau vor dem Kasernentor. Ich war dem dortigen Pionierbataillon der soeben aufgestellten Bundeswehr zugeteilt worden. Kurze Zeit darauf meldete ich mich als Freiwilliger für drei Jahre. Warum?

Nicht nur mein Vater hätte mich gern als Offiziersanwärter gesehen. Meinem Kompaniechef war zu Ohren gekommen, daß mein Vater den Zweiten Weltkrieg als Oberst beendet hatte. Da auch das neue deutsche Militär Führungskräfte benötigte, glaubte man, daß ich mich dafür eignete.

Die Kaserne war sehr alt, in einer Stube wurden immer zwölf Mann untergebracht, was der Stärke einer Gruppe entsprach. An einer Wand standen sechs Doppelstockbetten, gegenüber sechs Doppelspinde, in der Mitte ein Tisch und Stühle. Alles war ungewohnt. Aber bald lernten wir, mit den Tücken des Soldatenlebens umzugehen.

Die militärische Grundausbildung dauerte drei Monate. Der krönende Abschluß dieser Schleiferei - bei den Pionieren ging es ziemlich hart zu - war die Grußabnahme, die sich wie folgt abspielte:

Jeder Rekrut der Kompanie mußte am stellvertretenden Bataillonskommandeur vorbeimarschieren und militärisch exakt grüßen. Der Herr Major begutachtete die Ausführung der Ehrenbezeugung. Zuvor hatten wir unsere Karabiner in

Pz. Pi. Kp.
Ellwangen / Jagst
Mühlbergkaserne
Nachturlaubskarte
bis zum Wecken
OGefr Schauen Dirk
Dienstgrad Name
21.10.38 16.10.57
Geburtsdatum Dienstantritts-Datum
Diese Karte hat nur Gültigkeit in Verbindung mit dem Truppenausweis und berechtigt nicht, den Standort zu verlassen.
(Dienstsiegel)
Olt. u. Kp. Chef
Formbl. Nr. 2132f Verlag W. Jüngling, München 13, Tel. 29 34 81

Ein begehrtes Papier, der Urlaubsschein. Die Nachturlaubskarte berechtigte allerdings nicht zum Verlassen des Standortes.

einer Reihe an der Kasernenwand abzustellen. Nach meinem Defilee befahl mir der Major stillzustehen. Er gratulierte mir zu meinem zackigen Gruß und entließ mich mit der erfreulichen Bemerkung, ich solle mir vom Kompaniechef einen Heimaturlaubsschein für das Wochenende ausstellen lassen. Toll die Aussicht, das erste Mal nach drei Monaten endlich wieder nach Hause, im eigenen Bett schlafen und die Freundin in die Arme schließen zu können! In Windeseile holte ich mir das begehrte Papier, zog mich rasch um und rannte zum Bahnhof.

Das Wochenende war himmlisch. Als ich mich am Montag beim Zugführer zurückmeldete, traf mich allerdings ein böses Erwachen. Ich hatte nämlich bei meinem übereilten Aufbruch zum Urlaub vor Aufregung meinen Karabiner, die „Braut des Soldaten“, einfach an der Kasernenwand stehengelassen. Eine Todsünde. Zur Strafe wurde ich an den vier folgenden Wochenenden als „Gefreiter vom Dienst“ eingeteilt, der Dienstrang selbst war dafür nicht nötig. Das hieß: kein Ausgang und schon gar keine Heimfahrt.

Die Spezialausbildung, die auf die Grundausbildung folgte, war sehr vielseitig und interessant. Wir lernten Brücken zu errichten, von kleinen Stegen bis hin zu schweren Achtzig-Tonnen-Brücken. Außerdem wurden wir im Spreng- und im Sanitätsdienst unterwiesen. Das kam mir später in meiner Tätigkeit als Bohrmeister zugute.

Eine Übung, die wir sehr oft wiederholten, war das gefechtsmäßige Übersetzen über einen Fluß. Gefechtsmäßig bedeutete, das Ufer, von dem aus wir mit unseren Schlauchbooten starteten, lag unter gegnerischem Beschuß.

Unser Pionierbatallion war inzwischen nach Ingolstadt verlegt worden. Da sich der Übungsplatz am Steilufer der Donau befand, konnten wir die Boote nicht einfach ins Wasser schieben und hineinspringen. Sieben Mann – der Bootsführer plus sechs Ruderer – lagen im Unterholz und warteten auf den Einsatzbefehl. Wenn dieser kam, packten wir unser Schlauchboot rechts und links an eigens dafür angebrachten Seilen und zerrten es in geduckter Haltung Richtung Uferböschung. Dort warfen wir das Boot ins Wasser, wobei ein vorher bestimmter Kamerad eine der Leinen festhielt. Danach sprangen wir fast gleichzeitig hinterher.

War das ein Fluchen und Schimpfen, wenn einer der Kameraden auf ein Körperteil eines anderen unsanft aufschlug! Manchmal passierte es auch, daß sich ein Karabiner in die Weichteile eines Bootsinsassen bohrte. Die Krönung dieser wilden Sprungübungen war jener Augenblick, wenn unser Bootsführer, Stabsunteroffizier, statt im Schlauchboot in der Donau landete. Das passierte zu unserem Vergnügen fast jedesmal. Als erstes tauchte sein feuerroter Haarschopf aus dem Wasser auf, dann blickte er mit verdutzter Miene um sich. Ein Bild für die Götter, das Ganze!

Manchmal hatte ich den Eindruck, daß einer von uns die „Fluglinie" des Rothaarigen durch einen leichten Stoß etwas verändert hatte. Nachzuweisen war das bei der Massenhüpferei freilich nicht.

Auf dem Landeübungsplatz in Ingolstadt lagen schwere Pontons für den Bau von Behelfsbrücken, über die auch Panzer rollen konnten. Eine ganze Tonne brachte solch ein Schwimmkörper aus Stahl auf die Waage. Um die Pioniere für den Ernstfall gut vorzubereiten, gab es eine bei der Führung beliebte, bereits im Ersten Weltkrieg erprobte Übung:

Der Ausbilder plazierte sich wie ein kleiner Feldherr auf dem Ponton, während an beiden Längsseiten des Brückenteiles je acht Pioniere gleichmäßig Aufstellung nahmen. Auf das Kommando „In die Unterarme!“ mußten wir uns bükken und bei „Nehmt!“ unter den Rand des Schwimmkörpers fassen. Nach dem Befehl „Auf!“ rissen wir sechzehn armen Schweine das schwere Teil samt Unteroffizier ruckartig hoch und setzten es auf unsere Schultern. „Links, zwo, drei, vier – rechts, zwo, drei, vier!“ liefen wir anschließend mit der tonnenschweren Last in kleinen Schritten über den Übungsplatz. Wirklich eine verdammt schwere Übung!

Einem der Unteroffiziere, den wir wegen seiner menschenverachtenden Art haßten, verpaßten wir eines Tages einen Denkzettel. Als er wieder einmal aus luftiger Höhe seine Kommandos brüllte, ließen wir uns etwas Nettes einfallen: Wir verabredeten, daß die eine Seite der Pontonträger das Hochstemmen etwas verzögerte, die andere dafür um so schneller anhob.

Gesagt, getan. Das Ergebnis war viel besser, als wir es uns ausgemalt hatten. Der kleine, selbsternannte Napoleon rutschte mit rudernden Armen über die schiefe Ebene und landete unsanft auf dem harten Betonboden des Übungsplatzes. Wir fanden, er hatte es verdient. Manchmal kann Rache nicht nur süß, sondern zuckersüß sein.

Ich hatte zwei Jahre meiner Militärzeit hinter mir und war zum dritten Mal versetzt worden, nunmehr in die schöne alte Garnisonstadt Ellwangen an der Jagst. Hier fühlte ich mich wohl, die Menschen mochten die jungen Bundeswehrsoldaten. An den Ort denke ich gern zurück, besonders an die schönen Mädchen. Speziell an eine, deren blasses Gesicht von schönen, roten Haaren umrandet wurde.

In Ellwangen feierte man den letzten Tag des Karnevals, und ich hatte mich mit einigen Kameraden in einem großen Saal unter das närrische Volk gemischt. Als wir gerade an einem Tisch Platz nehmen wollten, packte mich ein kleiner, rothaariger Teufel am Arm und forderte mich zum Tanz auf.

Wir drei gehörten zu den ersten Rekruten der soeben aufgestellten Bundeswehr, hier eine Aufnahme vom Oktober 1957 in Dillingen an der Donau. Ich stehe links.

Ich war völlig überrumpelt. Die ganze lange Nacht blieben wir zusammen, ließen kaum einen Tanz aus und flirteten heftig. Als ich meine Faschingsprinzessin nach Hause gebracht hatte und wir uns nach vielen Umarmungen und Küssen endlich trennten, verabredeten wir, daß ich sie am anderen Tag von der Arbeit abholen sollte.

Pünktlich stand ich vor dem Lederwarengeschäft, in dem sie arbeitete und wartete ungeduldig auf meine neue Flamme. Vier oder fünf Stufen führten zum Laden hinauf. Endlich ging die Tür des Ladens auf und hinunter „schwebte" meine rothaarige Schöne. Als sie die unterste Treppe erreicht hatte, stellte ich mich ihr in den Weg, nahm das Mädchen in meine kräftigen Arme und küßte sie – aber nicht lange, denn die Bedrängte riß sich sofort los, knallte mir eine und bedachte mich völlig Verdatterten mit Ausdrücken, die kaum einer Liebenden aus dem Mund kommen würden.

Im selben Moment öffnete sich die Tür des Geschäftes erneut, und beinahe das Ebenbild des schimpfenden Rohrspatzen betrat die Szene. Was gab es da lange zu erklären?

Ich hatte in meiner blinden Verliebtheit die Schwester meiner Faschingsbekanntschaft umarmt! Da sich meine Freundin am Vortage kostümiert hatte und ihre Schwester zwar jünger und etwas schlanker war, wurde die Verwechslung lachend akzeptiert. Wir drei waren bis zu meiner Entlassung ein stadtbekanntes und oft gesehenes Trio. Geküßt habe ich freilich nur meine Faschingsprinzessin.

Nach drei Jahren verließ ich die Bundeswehr nur im Range eines Obergefreiten. Es fehlte mir wohl an der nötigen Disziplin und am Fleiß, beides wäre für die Offizierslaufbahn nötig gewesen. Mich zog es in die Welt hinaus.

(Weitere ZEITGUT-*Beiträge dieses Autors sind im Autorenverzeichnis am Ende des Buches vermerkt.)*

[Klein Sisbeck, Kreis Helmstedt – Vorsfelde, Niedersachsen – Saalhausen, Sauerland – Steinhagen, Westfalen – Aurich-Sandhorst, Ostfriesland; 1954–1960]

Ingeburg Zimmermann

In Stellung

Verzweifelt versuchte ich, mich gegen das Erwachsensein zu wehren. Wie gern wäre ich noch weiter zur Schule gegangen, doch es hieß, ich solle vernünftig sein, schließlich sei ich bald fünfzehn.

War ich nicht all die Jahre vernünftig gewesen? Zu vernünftig! Immer hatte ich getan, was von mir verlangt wurde. Warum ging es nicht einmal nach meinen Wünschen?

Unbewußt flüchtete ich mich in die Kindheit. Ich ließ beim Abwasch Geschirr fallen, putzte die Fenster nicht ordentlich oder legte die Wäsche nicht richtig zusammen, alles Arbeiten, die ich seit Jahren verrichtete.

Wir waren 1948 als Flüchtlinge aus Stolp*) in Pommern über Leipzig nach Klein Sisbeck gekommen. Das kleine Dorf zwischen Helmstedt und Wolfsburg wurde unsere neue Heimat. Mutti hatte in all den Jahren genug Sorgen, uns vier Mädchen satt zu bekommen, ordentlich zu kleiden und ein gemütliches Zuhause zu schaffen. Gewiß war sie froh, daß sich unsere große Schwester Grete schon beim Bauern verdingte, wo sie reichlich zu essen bekam, und nun auch ich bald eigenes Geld verdienen würde, meine beiden jüngeren Schwestern Rita und Molly gingen noch zur Schule.

Mutti hatte in einem Geschäftshaushalt für mich eine Stelle gefunden. Als Zeichen des Erwachsenseins ging sie mit mir zum Friseur. Meine Zöpfe, auf die ich so stolz war, wur-

*) heute Słupsk in Polen

den abgeschnitten. Ich bekam eine Meckifrisur, die mir überhaupt nicht stand. Alle Mädchen hätten so einen Haarschnitt, ich dürfte da nicht zurückstehen, meinte Mutti.

Im Mai 1954 trat ich die Stelle an. Die Leute kannte ich seit Jahren, daher wußte ich, was auf mich zukam. In aller Frühe mußte ich aufstehen, das Frühstück vorbereiten, die korpulente, geistig und körperlich schwerbehinderte erwachsene Tochter aus dem Bett holen, sie waschen, anziehen und

Wir vier Schwestern 1954 in unserer Wohnküche. Vorn Molly und Rita, dahinter Grete und ich, links.

über siebzehn Stufen bis ins Eßzimmer fast tragen, anschließend Mittagessen kochen und das Haus sauberhalten. Nach drei Monaten hatte ich ein Magengeschwür und ich gab auf.

Lange blieb ich nicht daheim. Mitte August begann ich, in einer Gärtnerei in Vorsfelde zu arbeiten. Die Herrschaften hatten einen zweijährigen Sohn. Siegfried war ein liebes Kerlchen mit braunen Augen und blonden Haaren. In kürzester Zeit wurden wir dicke Freunde. Vieze, wie ihn sein Vater nannte, machte zum großen Ärger seiner Mutter noch immer in die Hose. Doch ehe sie dahinterkam, säuberte ich ihn heimlich. Vieze hatte bald begriffen, wie die Sache lief. War es ihm wieder einmal passiert, kam er, faßte mich an die Hand und zog mich in die Waschküche. Sein Vertrauen war rührend. Ich liebte diesen kleinen Burschen und schenkte ihm meine Zeit so oft es ging. Stundenlang konnte er in der Haustür stehen, ohne fortzulaufen, und den Autos nachschauen. Lustig war er anzusehen, wenn er sich einen alten Jagdhut seines Vaters auf den Kopf setzte und eine Tabakspfeife in den Mundwinkel steckte. Der kleine Kerl ahmte allzu gern seinen Vater nach.

Wir fünf Mitarbeiter hatten immer viel zu tun, doch besonders anstrengend war es in der Woche zwischen Totensonntag und dem ersten Advent. Kam dann noch eine Beerdigung hinzu, arbeiteten wir rund um die Uhr. Jeder konnte nur zwei Stunden schlafen. Unsere Hände waren ständig naß und vom Draht und von den Tannenzweigen zerschnitten, doch wir merkten den Schmerz nicht mehr.

Der Chef fertigte die schönsten Kränze. Unter seiner Anleitung stellten wir Girlanden, Kränze, Kreuze und Herzen aus Moos her. Das Material mußte vorher gesammelt werden. Trotz der hektischen Zeit herrschte in der Gärtnerei Harmonie. Der Chef scherzte gern und verstand selbst auch Spaß. Zielscheibe seiner gutmütigen Scherze war meistens Heinz, ein etwas zurückgebliebener junger Mann, klein von Gestalt und mit schütterem Haar. Sein wenig ansprechendes Äußere machte er durch Fleiß, Hilfsbereitschaft, Freundlichkeit, Treue und Ehrlichkeit wett. Man konnte mit Heinz Pferde stehlen, und für seinen Chef ging er durchs Feuer.

Eines fehlte ihm allerdings: Benehmen bei Tisch. Anfangs widerstrebte es mir, beim Essen mit ihm zusammen am Tisch zu sitzen. Da aber alle gemeinsam die Mahlzeiten einnahmen, sagte ich mir, er lebe eben nach den Worten Luthers: „Warum rülpset und furzet ihr nicht? Hat es euch geschmekket nicht?“ Heinz wußte gewiß nicht, wer Luther war. Mit der Zeit störte es keinen mehr.

Jahre später, als ich die Familie besuchte, erzählte Frau Maas mir unter Tränen, Heinz habe sich mit dem Insektizid E 605 vergiftet. Er habe über starke Schmerzen im Rücken und in den Beinen geklagt und sei auch öfter in Ohnmacht gefallen. Es war Rückenmarkkrebs. Das hatte er wirklich nicht verdient. Und ich hatte mich so sehr auf ein Wiedersehen mit allen, auch mit Heinz, gefreut.

Ich verließ Vorsfeld bald, irgendetwas trieb mich in die Ferne. In Saalhausen im Sauerland fand ich eine neue Beschäftigung. Hier fühlte ich mich wohl. Die Berge und Wälder hatten etwas Vertrautes. Vor allem die Wälder erinnerten mich an meine Kindheit in Pommern, daran, wie meine Geschwister und ich spielten und immer neue Geschichten und Rollen erfanden. Wenn ich mit den drei Kindern, die ich zu betreuen hatte, herumstromerte, war ich selbst wieder Kind. Geheimnisvolle Wesen tauchten aus meinem Gedächtnis auf, die ich gefürchtet oder geliebt, mit denen ich gekämpft oder gelitten hatte. Wie glücklich und erleichtert war ich jedesmal, wenn das Gute gesiegt hatte. Inzwischen hatten die Kornfelder, die ich nach wie vor liebte, ihren Schrecken verloren, denn ich wußte: Es gibt keine Kornmuhme.

Als der Herbst ins Land zog, die Nebel tief in den Tälern hingen, wurde die Hausherrin immer stiller. Das Wetter schlug ihr aufs Gemüt. Vor Weihnachten zogen wir nach Steinhagen, Westfalen. Dort verbrachte ich wunderschöne anderthalb Jahre. Familie Steinhoff behandelte mich wie eine eigene Tochter, ich verdanke ihr viel. Durch sie lernte ich Theater, Konzert und Oper kennen. Vor allem konnte ich mit ihnen über alles, was mich bewegte, reden, auch über meinen Wunsch, Krankenschwester zu werden. Schon als kleines Mädchen hatte ich diesen Traum. Ausschlaggebend waren wohl die Qualen und Leiden meines Vaters und der

Das bin ich, 17jährig 1956. Von Kindheit an war ich beseelt von dem Wunsch, Krankenschwester zu lernen.

beiden Schwestern gewesen. Vater starb an Typhus, nachdem ihn die Russen nach Graudenz verschleppt und dann freigelassen hatten, auch Grete krankte lange daran. Meine kleine Schwester Gesine starb 1945 bald nach der Geburt. Ich wollte immer allen, die litten, beistehen, ahnte aber nicht, wie vielen Menschen ich das Leid nicht mindern konnte.

Mein Chef half mir sogar bei meinem Vorhaben. Nach langem Suchen fanden wir ein geeignetes Krankenhaus in Sandhorst. Ich überlegte, wenn ich schon lerne, dann müßten dort auch alle Stationen vorhanden sein, denn ich wollte eine möglichst umfangreiche Ausbildung genießen.

Mutti war dagegen, daß ich Schwester werde, ich würde das nie schaffen, meinte sie, ich sei zu weich, habe zu viel Mitleid. Damals war man mit achtzehn noch nicht volljährig. Also brauchte ich das Einverständnis meiner Mutter, das zudem vom Bürgermeister beglaubigt sein mußte. Der Tag meiner Abreise nahte, alles war vorbereitet, nur das eine

Papier fehlte mir noch. Es war ein regelrechter Kampf zwischen Mutti und mir. Den Sieg trug diesmal ich davon.

Am 15. Februar 1958 setzte ich mich in den Zug Richtung Ostfriesland. In Leer verstand ich die Menschen nicht mehr, diese Sprache war mir fremd. Immer wieder schaute ich, ob ich auf dem richtigen Bahnhof sei. Es gab keinen Zweifel, ich befand mich noch in Deutschland.

Die Ausbildungsstätte sollte ein Krankenhaus mit 500 Betten sein. Vergeblich suchte ich nach dem vermeintlichen großen Gebäude. Stattdessen nur Baracken, soweit das Auge reichte. Sie versetzten mich in Gedanken sofort zurück ins Auffanglager Uelzen. Meine Enttäuschung war grenzenlos. An der Pforte wurde ich von der Schulschwester in Empfang genommen. Die Begrüßung schockierte mich. Niemals wieder begegnete ich einem solchen Menschen. Der herrschsüchtige Ton in ihrer Stimme ließ keinen Zweifel: Sie mochte mich nicht. Mein Gefühl hatte mich nicht getäuscht. Die ganze Zeit über redete sie mich nur mit meinem Nachnamen an. Noch ehe ich recht zur Besinnung kam, steckte ich in der Schwesterntracht, wurde auf Station verfrachtet und mit „Schwester" angesprochen, obwohl ich noch keine war. Andine, die Stationsschwester, war ein feiner Mensch. Sie brachte mir vieles bei, vor ihr brauchte ich keine Angst zu haben.

Drei Jahre besuchte ich die Schwesternschule. Wir wohnten zu sechst in einem Zimmer, vier Ostfriesinnen und zwei „Ausländerinnen", wie wir genannt wurden. Als ich die Urkunde zu meinem Staatsexamen in den Händen hielt, war ich der glücklichste Mensch unter der Sonne. Aus eigener Kraft hatte ich geschafft, was mir niemand zugetraut hatte. Nun erst fühlte ich mich erwachsen.

Ostfriesland ist meine neue Heimat geworden. Ich liebe dieses weite, herbe Land und seine Menschen.

(Weitere **ZEITGUT**-*Beiträge dieser Autorin sind im Autorenverzeichnis am Ende des Buches vermerkt.)*

[Obertürken, Niederbayern;
1942/ 1954]

Theresa Antholzer

Else

Es war ein warmer, sonniger Sommertag. Ich spielte auf einer Wiese, durch die sich ein kleiner Bach schlängelte. An seinen Rändern blühten unzählige Dotterblumen, die zusammen mit dem Löwenzahn einen gold leuchtenden Teppich ergaben. Ich riß einige Löwenzahnpflanzen ab und tauchte sie ins Wasser, wo sich die aufgeschlitzten Stengel zu kleinen Kunstwerken formten. Derart in mein Spiel vertieft, verlor ich plötzlich das Gleichgewicht und fiel kopfüber in den Bach.

Else, meine geistig behinderte Schwester, fünf Jahre älter als ich und damals neun, weilte unweit vom Ort des Geschehens. Sie hatte mitbekommen, was passiert war, und eilte herbei. Als sie mich aus dem Wasser zog, war ich bereits bewußtlos. Meine Schwester trug mich bis hin zum Elternhaus, gut einen Kilometer entfernt. Viel später erst begriff ich, daß sie mich vor dem Ertrinken gerettet hatte.

Else, 1933 geboren, galt während der Naziherrschaft als „unwertes Leben". Dank des Umstandes, daß wir in einem kleinen niederbayerischen Dorf wohnten, in das die Fänge der braunen Schergen nicht hineinreichten, konnte meine Schwester überleben.

Inzwischen schrieben wir das Jahr 1954. Else war 21 Jahre alt, ich 16. Vera, meine andere Schwester, und ich fuhren mit unseren Rädern in die Kreisstadt, um dort ein Volksfest

Meine Familie während des Krieges. Unsere Mutter steht in der Mitte, vor ihr stehen meine Schwester Cilli, ich und mein Bruder Alois, ganz links unsere geistig behinderte Schwester Else.

zu besuchen. Else mußte zu Hause bleiben, denn trotz intensiver Bemühungen war es unseren Eltern und uns Geschwistern nicht gelungen, ihr das Radfahren beizubringen.

Schon von weitem hörten wir die Musik vom Festplatz. Vera und ich schlenderten durch die Gassen, vorbei an den Buden und Fahrgeschäften. An einem Kettenkarussell sprachen uns zwei junge Burschen an und luden uns zu einer Fahrt mit der Geisterbahn ein. Zusammen verbrachten wir einen wunderschönen, geselligen Nachmittag. Und ich hatte mich sogar in Michael, einen der beiden Kavaliere, verknallt.

Etwa eine Woche später ging ich mit meiner behinderten Schwester einkaufen. Vor dem Verlassen des Geschäftes überflog ich noch einmal den Zettel, ob ich auch an alles gedacht hatte, als plötzlich Michael vor mir stand. Ob ich gut nach

Hause gekommen sei, wollte er wissen, und ob wir uns nicht einmal treffen könnten. Dann drehte er sich um und fragte mich, zu Else gewandt, wer denn die „komische" Frau sei.

In diesem Augenblick wurde mir heiß und kalt zugleich. Nach kurzem Zögern entgegnete ich: „Weiß ich nicht."

Ohne mich mit Michael verabredet zu haben, stürzte ich zur Tür hinaus. Else hatte Mühe, hinter mir herzutrotten. Als ich außer Sichtweite war, wartete ich auf sie.

Natürlich fragte sie mich, wer der Junge gewesen sei. Ärgerlich wegen des entgangenen Stelldicheins und wütend auf mich selbst, weil ich meine Schwester verleugnet hatte, antwortete ich barsch: „Das geht dich nichts an!"

Else sah mich durch ihre dicke Brille mit ihren großen, blauen Augen erstaunt an. In diesem Moment tat sie mir unendlich leid.

Wir drei Schwestern einige Jahre später. Else sitzt zwischen mir, links, und Cilli.

Heute arbeitet Else in einer Behindertenwerkstatt. Sie gehört zu unserem Familienleben. Meine Kinder schämen sich ihrer Tante nicht.

[Essen – Wattenscheid – Braunlage, Oberharz; 1955–1962]

Marianne Christa Mullé

„Du bist fristlos gefeuert!“

Mit 13 Jahren wurde ich nach acht Jahren aus der Schule entlassen. Eine Lehrausbildung kam wegen der familiären Umstände nicht in Frage, ich mußte Geld verdienen. Meine Eltern waren geschieden. Meine Mutter war im Krieg durch Granatsplittereinwirkung erblindet und wohnte bei der Familie ihres Bruders. Zwei meiner Brüder waren 1945 und 1947 gestorben. Wir vier Kinder lebten bei unserem Vater, der inzwischen wieder geheiratet hatte. Er litt unter Lungenemphysem und war zu 80 Prozent arbeitsunfähig.

Ich ging also in Stellung. In einem Nervensanatorium in Essen-Brederney, das herrlich in einem Wald gelegen war, arbeitete ich bei freier Kost und Logis. 30 DM bekam ich im Monat bei einer Arbeitszeit von 7 bis 21 Uhr. Das erste, was ich mir von meinem Geld kaufte, waren Wegwerfbinden. Ich hatte die leidige Auswascherei so satt!

Mehr als zehn Stunden schuftete ich nun täglich. Doch ich beklagte mich nicht, ich tat es gern. Bis zu jenem Tag, als ich die tägliche Reinigung der Zimmer im dritten Stock vornehmen wollte. Ich nahm den großen Staubsauger in die linke Hand, klemmte mir die Metallsteckrohre unter den Arm, während ich mit der rechten Eimer und Schrubber griff. Fast oben angekommen, fiel durch eine ungeschickte Bewegung eines der Metallsteckrohre auf die Treppe. Als ich mich danach bücken wollte, machte sich ein weiteres selbständig.

Laut klimpernd rollten beide Rohre im Duett die metallbeschlagenen Treppenstufen hinab.

Darüber mußte ich schallend lachen. Was dann folgte, war nicht mehr lächerlich. Die Oberschwester, zugleich Heimleiterin, eilte herbei und begann sofort lauthals zu schimpfen.

„Das habe ich doch nicht absichtlich getan!“ versuchte ich mich zu rechtfertigen.

Doch sie herrschte mich nur an, ich solle ihr folgen. Sie lief die Treppen hinunter. Als sie auf die Kellertür zusteuerte, klingelten bei mir die Alarmglocken. Helga, ein etwas geistig behindertes Mädchen aus der Küche, hatte mich einmal vor diesem Augenblick gewarnt, als ich sie nach dem Grund der blauen Streifen auf ihrem Arm gefragt hatte.

„Sie geht mit dir in den Keller. Im hintersten Raum, wo niemand dein Schreien hört, schlägt sie mit dem Teppichklopfer zu“, hatte Helga mir verraten.

„Das soll sie nur mit mir versuchen!“ war jetzt mein erster Gedanke. An der Tür zum Keller blieb ich wie angewurzelt stehen und sagte gelassen: „Ich will wieder hinauf, die Arbeit ruft!“

Das machte die Oberschwester erst richtig wütend.

„Du gehst jetzt in den Keller!“ rief sie schnaubend, dabei zerrte sie an meinem Ärmel.

„Ich werde doch fürs Arbeiten bezahlt und nicht dafür, daß ich mich schlagen lasse!“ entgegnete ich beherzt.

Als ich mich anschickte zu gehen, schnappte diese Person vollends über: Mit sich überschlagender Stimme schrie sie noch einmal: „Du gehst jetzt in den Keller!“

Meine Geduld war am Ende. Ich würde mich auf der Arbeitsstelle nicht verprügeln lassen, wehrte ich mich jetzt auch lautstark.

„Du bist fristlos gefeuert! Da kriegt man ja die Weißglut. Verschwinde aus meinen Augen!“ wütete die Oberschwester.

Ich nahm fest an, daheim würde es wegen der Entlassung Schläge setzen, doch mein Vater reagierte bemerkenswert ruhig. Er meinte nur: „Du hattest einen Arbeitsvertrag. Geh zu deiner Mutter, hierher gehörst du nicht mehr!“

Zu Fuß lief ich von Essen-Süd bis nach Wattenscheid zu meiner Mutter. Viele Stunden. Vergeblich. Bei ihr könne ich auch nicht bleiben, erklärte sie. Ich sei doch noch keine 14 Jahre alt. Wenn ein Kind wegliefe, müsse man es zum Jugendamt bringen, erklärte sie mir. Noch am gleichen Abend schaffte mich mein Onkel zur Polizei in Wattenscheid. Die Beamten reagierten ärgerlich: „Das kann doch nicht wahr sein! Wegen so einer Lappalie!“

Sie fuhren mit mir zum Bahnhof, wo ich mutterseelenallein drei Stunden auf den Zug warten mußte. In Essen holte mich die Polizei ein Uhr nachts vom Bahnhof ab. Hätte ich nicht meinen christlichen Glauben gehabt, der Suizidgedanke lag sehr nahe.

Es war fast zwei Uhr, als mich die Polizei zur alten Arbeitsstelle begleitete. Die Oberschwester erschien mit aufgelösten Haaren an der Tür. Sie wollte mich nicht ins Haus lassen.

„Doch, Sie müssen!“ bedeutete ihr der Beamte entschieden. „Das Mädel hat einen Vertrag mit Kost und Logis, also ist hier sein Zuhause!“

„Nach der Kündigungsfrist wird sie gehen!“ – Mit diesen Worten gab die Oberschwester die Tür frei und ließ mich ein. Sie führte mich in den Mangelraum und drohte: „Hier bleibst du sitzen. Wehe, ich sehe dich irgendwo im Hause!“

Am nächsten Tag wurde ich in ein Heim für schwererziehbare Kinder gebracht, im Jargon „Bunker Borbeck“ genannt. Hier hätte ich leicht allerlei Schurkereien erlernen können, doch ich tat still die mir aufgetragenen Arbeiten.

Nach sechs Wochen kam meine ältere Schwester. Grinsend sagte sie: „Ich soll dich nach Hause holen. Jetzt muß ich wieder mit dir zusammen auf der Liege schlafen. Alleine war's schöner.“ Wir hatten seit Kriegsende immer nur ein gemeinsames Bett.

Wir nahmen beide eine Arbeit in der Großwäscherei Voigt in Essen-Süd auf. Zu dieser Zeit verfügten erst wenige Haushalte über eine Waschmaschine. Doppelverdiener konnten es sich leisten, ihre Wäsche in eine Wäscherei zu geben. Ein Teil der Kunden wollte sie als Naßwäsche zurück, die anderen als Trockenwäsche, wieder andere schrankfertig.

Anfangs durfte ich nur sortieren. Jedes Teil wurde in eine Liste eingetragen und dann in den vorgesehenen Wäschesack gestopft. Später arbeitete ich beim Wäscheausschlagen, der Vorbereitung zum Mangeln. Mein Stundenlohn betrug 0,96 DM. Damit niemand merkte, daß ich erst 14 Jahre alt war, mußte ich meine Zöpfe zu einem Knoten zusammenstecken. Meine Schwester bügelte von Beginn an Oberhemden. Nach einem Jahr rückte auch ich in diese Abteilung auf. Die Büglerinnen erhielten einen Stundenlohn von 1,14 DM, dazu einen Stücklohn von 0,15 DM, wenn sie mehr als 56 Hemden täglich schafften. Wir bügelten jede täglich zwischen 80 und 100 Hemden, die allerdings mit Dampfpressen bereits vorgeglättet worden waren. Wenn wir einmal in der Woche die Berufsschule in Essen-West besuchten, holte uns der Chef von dort ab, damit wir nicht auf den Bus warten mußten und bis zum Feierabend 16.30 Uhr noch in der Wäscherei arbeiten konnten.

Obwohl ich immer sehr müde nach Hause kam und für mich weder ein Kinobesuch noch ein Stadtbummel möglich war, erinnere ich mich gern an diese Zeit. Wir sangen bei der Arbeit Volks- und Wanderlieder. Inzwischen war die 56-Stunden-Woche auf 48 zu leistende Stunden reduziert worden.

Morgens, kurz nach 6 Uhr, rannten wir immer auf dem letzten Drücker los, am Bahndamm entlang, hin zur Töpferstraße. Einmal wurden wir mit den Worten empfangen: „Habt ihr aber schöne Schuhe an!“

In der Eile hatten wir vergessen, die Straßenschuhe anzuziehen und waren in unseren hübschen, roten Lederpantoffeln, die uns unsere Mutter geschenkt hatte, losgegangen.

Unser Vater wurde mit zunehmender Verschlechterung seines Gesundheitszustands immer unerträglicher. Erfolglos kämpfte er jahrelang gegen seine Suspendierung als Beamter bei der Post. Als solcher hätte er sich nämlich nicht scheiden lassen dürfen. In den Ferien waren wir zu unserer Mutter eingeladen, doch der Vater wollte davon nichts wissen. Er nahm uns das Geld ab und schloß uns sogar ein. Ich stieg aus dem Küchenfenster und lief zum zweiten Mal die 13 Kilometer bis zu Mutters Wohnort zu Fuß. Diesmal aber nicht allein, sondern in Begleitung meiner Schwester.

Inzwischen war ich 17 Jahre alt. Das Jugendamt hatte sich eingeschaltet und meiner Schwester und mir in einem Haus für ledige Mütter in Essen-Holsterhausen eine Ausbildungsstelle mit Kost und Logis vermittelt. Wir sollten Säuglingsschwester lernen. Zunächst halfen wir im Haus. Leider blieb es bei den Hilfsarbeiten. Meine Schwester besorgte ganz allein die Waschküche, sie wusch die Wäsche für 90 Säuglinge und Krabbelkinder, zwölf Schwestern und Kinderpflegerinnen, eine Hauswirtschafterin, eine Beiköchin, für uns beide sowie für fünf bis zehn werdende Mütter.

Zu meinen Aufgaben gehörte es, die 3-Zimmer-Wohnung der Heimleiterin, die 13 Schwesternzimmer, den Verwaltungstrakt und die langen Flure der drei Säuglingsstationen zu putzen sowie an zwei Tagen in der Woche in der Küche und an einem Tag beim Wäschemangeln zu helfen. Halbtags half eine Bügelfrau dabei. Auch sie wohnte im Haus.

Auf Knien, mit der Wurzelbürste, befreite ich das Korklinoleum vom dicken Wachsfilm mittels „Durinol ohne Wachs“ und versiegelte ihn anschließend. Der Boden war anschließend wieder wie neu.

Meine Schwester erhielt 50, später 100 DM mehr im Monat als ich. Natürlich wollte ich auch einen höheren Lohn, aber leider hatte ich keine Fürsprecher. Der Vormund verwies an die Heimleitung, dieser schob den Vormund vor.

Eines Tages kam die Oberin zu mir in die Küche und sagte: „In der Zeitung steht, daß ein schwerkranker Mann ins Wasser gegangen ist. Das war wohl euer Vater?"

Wenig später erhielten wir von unserem Onkel die Bestätigung. Mein Vater hatte seinem Leben selbst ein Ende gesetzt. Seine Rehabilitierung war zuletzt vom Oberlandesgericht abgelehnt worden. Mein Onkel meinte, wir sollten unseren Vater lieber nicht noch einmal sehen.

„Seid froh, daß er tot ist!" äußerten einige Leute.

Immerhin war er unser Vater, ein Vater, der zu uns Kindern fürsorglich sein wollte. Doch der Krieg hatte aus ihm einen schwerkranken Mann gemacht, der selbst Hilfe benötigte, aber keine erhielt.

In dem Mütterhaus, in dem wir arbeiteten, herrschten Leitungsmethoden, die wir heute nie billigen würden. Eine

Vergessene Kinder im Säuglingsheim. In meiner Freizeit beschäftigte ich mich gern mit den Kleinen. An meiner Ausbildung als Säuglingsschwester war jedoch niemand wirklich interessiert.

Säuglingsschwester war mit einem Medizinstudenten verlobt. Um zu heiraten und eine Wohnung zu mieten, fehlte den beiden das nötige Geld, also trafen sie sich heimlich. Als herauskam, daß die Schwester ein Kind erwartete, wurde sie fristlos entlassen. Eine schwangere ledige Schwester sei für die Einrichtung untragbar.

Beim morgendlichen Flurreinigen begrüßte mich ein Neuzugang. Die nette junge ledige Frau war adrett, fleißig – und schwanger. Wir freundeten uns an. Gretel König war aus der DDR geflüchtet, weil sie sich vor ihren Eltern schämte. Als ihr Freund sie endlich fand, war der kleine Sohn schon fast ein Jahr alt. Zu dritt gingen sie in die DDR zurück, um dort zu heiraten.

Wie gern wäre ich Säuglingsschwester geworden, doch alle Versuche, zu einer ordentlichen Lehrausbildung zu kommen, wurden im Keim erstickt. Und das Jugendamt sah zu! Schließlich wurde mir angeboten, ich könne eine Wirtschafterinnen-Schule besuchen, vorausgesetzt, ich würde mich verpflichten, lebenslang für den eingetragenen Verein tätig zu sein. Kann man mit 18 Jahren so etwas unterschreiben?

Laut Gesetzgeber war ich erst mit 21 Jahren volljährig. Als Halbweise, die Mutter kriegsblind, hätte der Staat für mich sorgen müssen.

Manchmal konnte ich meinen Mund nicht halten und erzählte den Schwestern, was ich über behördliche Hilfen und Unterstützungen erfahren hatte, die uns eigentlich zuständen. Meine Schwester und ich ließen uns Prospekte aus dem Schwarzwald schicken. Die Schulausbildung zur MTA kostete 2000 DM, das Zimmer noch einmal soviel. Wir wurden ausgelacht – die Post war geöffnet worden.

Eines Morgens wurde ich ins Schlafzimmer der Oberin gerufen. Als ich bei ihr eintrat, war auch meine Schwester anwesend, als Zeugin sozusagen.

Ich hätte sie vergiften wollen, beschuldigte mich die Oberin. – Eine unglaubliche Unterstellung!

Ich sei fristlos entlassen, bis Punkt 12 Uhr hätte ich das Haus zu verlassen.

„Dann gehe ich auch!" erklärte daraufhin meine Schwester seelenruhig.

Die Oberin schnappte nach Luft, drohte mit dem Arbeitsgericht.

„Sie wissen doch, daß Marianne kein zu Hause hat, daß sie hier amtlich gemeldet ist! Wollen Sie sie auf die Straße setzen? Das Arbeitsgericht wird nicht uns, sondern Sie bestrafen", setzte meine Schwester noch hinzu.

Wir gingen beide.

1962 weilte unsere Mutter zur Kur in Braunlage im Harz, als sie von dem Rausschmiß erfuhr. Schwester Hildegard, die Heimleiterin im Paul-Silex-Heim, ein Erholungsheim für im Krieg Erblindete, war froh zu hören, daß unsere Mutter zwei Töchter hatte, die eine Stellung suchten. Vier Wochen nach den aufregenden Ereignissen bekamen wir wieder Arbeit. Meine Schwester wurde für den Service eingestellt und ich als Beiköchin. Frühstück, Suppen, Desserts zubereiten oder Abendplatten richten, ja, auch die Vertretung der Köchin an freien Tagen, das gefiel mir. Zeitweise hatten wir bis zu 80 Kurgäste.

Die Heimleitung behandelte uns mit Achtung und sorgte dafür, daß uns an freien Tagen jemand das Frühstück auf das Zimmer brachte. Wie sehr man uns zuvor ausgebeutet hatte, merkten wir vor allem an der Lohntüte, wir bekamen hier 100 DM mehr als zuvor. Meine Schwester und ich waren sogar in einer Lohn-Tarif-Gruppe. Schwester Hildegard meinte: „Ihr seid nicht einmal zwei Jahre auseinander, das ist schon korrekt!"

Es war für mich eine kolossale Erfahrung, plötzlich war da jemand, der mich für voll nahm.

Zu meiner Mutter sagte Schwester Hildegard: „Es ist ein Jammer, daß ich nicht früher wußte, daß Sie so nette Töchter haben, grundverschieden, doch beide liebenswert. Wären sie in den letzten vier Jahren bei mir gewesen, hätten beide schon ein schönes Sparbuch.“

Sonntagmorgens gingen wir auf die Stationen und weckten unsere Gäste mit Gesang, das hat den Gästen immer gut gefallen. Hier herrschte ein gutes Arbeitsklima, es tat meiner wunden Seele wohl, anerkannt und angenommen zu sein,

Nächtliches Kaffeekochen bei einem gemütlichen Abend. Traudl Rathmann, links, und mir machte es Freude, unsere Gäste zu verwöhnen.

so wie ich war. Damit begann der bessere Teil meines Lebens.

Das Haus war sehr alt. Es wurde später abgerissen und neu gebaut. Der Aufzug von der Küche in den Speisesaal mußte noch mit Muskelkraft bedient werden. Erst war ein Fußpedal zu treten, dann zog man mit dem Seil die Speisen hoch. Doch arbeiten konnte und wollte ich.

Zur Freude der Gäste spielte während einer Kurzeit zweimal der Harzer Zither-Club auf, oder es wurden Geschichten erzählt. Dann sind wir spätabends noch einmal in die Küche gegangen und haben für die Gäste Würstchen heißgemacht und Kaffee gekocht. Für den Service wurden aber nur Mädchen eingeteilt, die am nächsten Tag frei hatten. Überstunden gab es überhaupt nicht. Schwester Hildegard jagte mich sogar einmal aus der Küche, als ich noch nicht in der Mittagsruhe war.

Bald lernte ich meinen späteren Mann kennen und Schwester Hildegard erlaubte, daß er mit auf mein Zimmer ging. Es war mein erstes eigenes Zimmer!

Sofort gab es Ärger, weil diese Auszeichnung nie jemand zuvor zuteil geworden war. Die Begleitung eines Kriegsblinden hatte meinen Mann in den Personaltrakt gehen sehen. Was sucht der wohl?

Schwester Hildegard klärte sie auf: „Das ist Herr Mullé, der arbeitet bei unserem Bäcker in der Backstube und ist mit Marianne aus der Küche fast verlobt. Sie ist bisher die Einzige, der ich das erlauben konnte!"

Zur Freude von Schwester Hildegard und zu unserem eigenen Glücklichsein verlobten wir uns im August 1963. Im Mai 1964 haben wir dann im Kreis Einbeck geheiratet.

(Weitere ZEITGUT-*Beiträge dieser Autorin sind im Autorenverzeichnis am Ende des Buches vermerkt.)*

[Stift Fischbeck/Weser – Hameln, Niedersachsen;]
Juni 1955]

Jürgen Hagenmeyer

Stiftsjubiläum

Im Frühsommer kam ein an meine Mutter adressierter, nicht alltäglicher Brief bei uns an. Es handelte sich um eine Einladung zu den offiziellen Feierlichkeiten zum tausendjährigen Jubiläum des Stiftes Fischbeck am 19. Juni 1955. Meine Mutter war keineswegs überrascht, hatte doch die amtierende Äbtissin Eva von Gersdorff, eine entfernte Cousine und von uns Kindern heißgeliebte Tante, ihr das Ereignis bereits telefonisch angekündigt.

Die Tante war erfrischend unkonventionell. Den Erzählungen meiner Familie zufolge hatte sie bei ihrer Einführung in das Amt im Jahre 1938 einen Sturm der Entrüstung unter den Stiftsdamen hervorgerufen, denn sie rauchte, schminkte sich dezent und fuhr zu allem Überfluß ein feuerrotes Auto. Auch trug sie nie die in kirchlichen Kreisen als „Glaubensfrucht", „Pietistenzwiebel" oder „Brudersuchgerät" bespöttelte strenge Knotenfrisur.

Da die Kleiderordnung für diesen Tag „Hut für die Damen" und „Stresemann" oder „Cutaway" für die Herren vorschrieb, sann meine Mutter zunächst darüber nach, wie sie diesem Anspruch gerecht werden und Kleid und Hut passend kombinieren könne. Ihre gleichfalls in Hameln lebende Schwester, die mit ihrem Mann ebenfalls eine Einladung erhalten hatte, half ihr mit einem eleganten, schwarzen Hut aus, dessen Aigretten – Reiherfederschmuck – beim Gehen

Das Stift Fischbeck, hier eine Aufnahme aus dem Jahr 1930.

leicht wippten. Meine Mutter sah mit dem großen Hut einfach umwerfend gut aus.

Wenige Tage später folgte eine überaus liebenswürdige Einladung einer Stiftsdame, die meiner Mutter sehr zugetan war, bei ihr an diesem Tag Kaffee zu trinken und die Feierlichkeiten von ihrem Haus und von dem über dem Kreuzgang des Klosters gelegenen Umgang aus zu beobachten.

Der Festgottesdienst fand am Vormittag in der Stiftskirche in Anwesenheit des Bundespräsidenten sowie des Ministerpräsidenten von Niedersachsen, des populären Landesbischofs Dr. Hanns Lilje, von Vertretern der Klosterkammer, des preußischen Hochadels, bekannter Hannoverscher Adelsfamilien und vieler Würdenträger und Ehrengäste statt. Über die kultur-, kirchen- und kunstgeschichtliche Bedeutung des von Otto dem Großen gegründeten Nonnenklosters und späteren adligen Damenstiftes ist vielfach berichtet worden. Die sozialen Wandlungen im Laufe der Zeiten, vor allem des

20. Jahrhunderts, haben gewiß auch in der Lebenswelt eines Damenstiftes große Veränderungen mit sich gebracht.

Als mein Bruder Friedrich-Uwe und ich uns am Nachmittag dem weitläufigen Areal des Klosterhofes näherten, war dieser mit einer Vielzahl von vorwiegend schwarzen Autos gefüllt. Einzelne Chauffeure plauschten miteinander oder waren damit beschäftigt, Schmutzspuren von den ansonsten blanken Karosserien zu beseitigen. Einzelne Fahrzeuge trugen Stander.

An diesem Tag waren die großzügigen Amts- und Wohnräume unserer Tante im Wohnhaus der Äbtissin, die mit schönen, alten Möbeln eingerichtet waren, für uns tabu. Auch konnten wir die gleichaltrigen Söhne des Stiftsamtmannes, mit denen wir dieselbe Schule besuchten, nicht ausfindig machen. Heute hätten wir ohnehin nicht gemeinsam spielen können, zudem fühlte ich mich in meinem inzwischen viel zu engen Konfirmationsanzug, der aus einem geänderten blauen Anzug meines Vaters entstanden war, nicht allzu wohl.

Der schöne Junitag hielt uns nicht lange in der Wohnung unserer reizenden Gastgeberin, die sich nach den Anstrengungen des Vormittags ein wenig Ruhe gönnen wollte. So konnten wir in den Veranstaltungspausen einen Blick in den vom Klostergärtner liebevoll gepflegten Stiftsgarten werfen, der normalerweise der Äbtissin als Refugium vorbehalten war und an diesem Tag in voller Blüte stand.

Als Victoria Luise, Herzogin von Braunschweig-Lüneburg mit dem markanten Hohenzollern-Profil, durch den gegenüberliegenden Kreuzgang schritt, sanken die Damen in einen tiefen Hofknicks, eine, wie es uns schien, in einer demokratischen Gesellschaft zeitfremde Geste der Ehrerbietung.

Der Enkel des letzten deutschen Kaisers, Prinz Louis Ferdinand von Preußen, und seine Frau, Prinzessin Kyra, waren im Gespräch mit anderen Gästen des festlichen Tages auszumachen, dazwischen einzelne Stiftsdamen in der strengen schwarzen Tracht mit dem Schleier.

Bald war auch die Äbtissin mit dem altrosa Ordensband und dem Krummstab als Zeichen ihrer Würde zu sehen. Wir bekamen sogar Gelegenheit zu einem kurzen Gespräch mit ihr. Wie anders sah sie doch aus, wenn wir sie privat besuchen durften! Sie war eine zarte Erscheinung. Gewiß hatten sie die Vorbereitungen für diesen Tag sehr angestrengt, doch sie ließ sich die Erschöpfung nicht anmerken.

Diener in schwarz-weißen Westen, von den Ehrengästen zur Hilfe und zur persönlichen Dienstleistung mitgebracht,

Deckblatt der Erstausgabe des Legendenspiels „Der Fischbecker Wandteppich" von Manfred Hausmann aus dem Jahre 1955. Das Stück wurde anläßlich des tausendjährigen Jubiläums des Stiftes Fischbeck am 19. Juni 1955 uraufgeführt.

hielten sich diskret im Hintergrund. Eine fremde Welt, von den Jüngeren unter uns als unzeitgemäß empfunden, tat sich vor uns auf. Ich war 15 Jahre alt und hatte noch den perfekt zu placierenden Handkuß üben müssen, während sich mein jüngerer Bruder aus verständlichen Gründen einem derartige Ansinnen erfolgreich verweigerte. Zum Glück blieb mir die praktische Anwendung gleichfalls erspart.

Zum Stiftsjubiläum hatte der Dichter Manfred Hausmann das Legendenspiel „Der Fischbecker Wandteppich" geschrieben, das gegen Abend von Studenten des theaterwissenschaftlichen Seminars der Universität Göttingen aufgeführt werden sollte.

Diese Uraufführung in der bis auf den letzten Platz gefüllten romanischen Stiftskirche bildete den Abschluß der Feierlichkeiten. Auch Bewohner des Dorfes Fischbeck waren unter den Zuschauern. Manfred Hausmann, den wir mit seiner als „Isabel" literarisch verewigten Ehefrau mit „ihren dunklen, ausländischen Augen" bereits im Kreis der Gäste entdeckt hatten, gab eine Einführung in das Stück. Der im Mittelalter von Stiftsdamen gestickte Wandteppich erzählt die Entstehungsgeschichte des Klosters. Vier Studenten gestalteten mit einfachsten Mitteln die Legende um die Gräfin Helmburgis, deren Errettung den Anlaß zur Gründung des Klosters gegeben haben soll. Als stummer Zeuge der Vergangenheit hing der Wandteppich bei der beeindrukkenden Aufführung an seinem Platz. Er ist noch heute in der Stiftskirche zu besichtigen.

Zum Schluß beobachteten wir noch die Abfahrt der Ehrengäste. Verabschiedung hier, ein Lebewohl da, Küßchen, Handküsse, das Versprechen auf ein baldmögliches Wiedersehen. Chauffeure oder Diener öffneten Autotüren und waren beim Einsteigen behilflich. Winken aus den großen, dunklen Limousinen.

Trotz aller gesellschaftlichen Veränderungen in den vergangenen 47 Jahren ist das Zeremoniell solcher Ereignisse wohl wenig verändert worden.

(Weitere ZEITGUT-Beiträge dieses Autors sind im Autorenverzeichnis am Ende des Buches vermerkt.)

[Garbsen bei Hannover – Neustadt am Rübenberge, Niedersachsen – Säckingen/Rhein*) – Stein – Luzern und Hochdorf/Reuss, Schweiz; 1952–1956]

Gerhard Brennecke

Mit dem Moped „auf Wanderschaft“

Für meine Verwandten und für meinen Vormund war es wichtig, daß ich nach Ablauf der achtjährigen Schulpflicht eine Lehrstelle bekam, die freie Kost und Logis, und möglichst auch die Versorgung mit der nötigen Wäsche einschloß. Das alles fand ich bei einem Bäckermeister in Garbsen, der sich auf Lehrlinge ohne Elternhaus eingestellt hatte.

Meine Mutter war 1942 gestorben, als ich fünf Jahre alt war. Danach und später wieder hatten meine drei Geschwister und ich bei verschiedenen Verwandten gelebt, denn auch unsere Stiefmutter starb 1947 und unser Vater mußte wegen seiner Krankheit in einem Pflegeheim versorgt werden.

Als ich mich am 1. April 1952 in Garbsen bei Hannover zum Lehrantritt meldete, stellte mich die Frau des Meisters ihren Bekannten lediglich als „neuen Stift“ vor, meinen Namen nannte sie nicht. Das ließ nichts Gutes ahnen.

In der Tat, ich war in der kleinen Bäckerei des Meisters die einzige Arbeitskraft. Auf mich allein gestellt, war ich ihm wehrlos ausgeliefert, mußte 16 bis 17 Stunden täglich arbeiten, ich wurde schikaniert und sogar geschlagen. Untergebracht war ich in einer Dachkammer mit einer kleinen Luke. An strengen Wintertagen mußte ich erst das Eis in der Waschschüssel aufschlagen, bevor ich mich waschen konnte.

Das Frühstück wurde mir in die Backstube gebracht, damit ich die Arbeit nicht unterbrechen mußte. Es bestand aus

*) Erst 1978 wurde der Ort staatlich anerkannter Kurort und erhielt den Zusatz Bad.

Brötchen vom Vortag, bestrichen mit billigem Backfett und Vierfruchtmarmelade. Mittag- und Abendessen waren nicht viel besser. Hatte ich mal Appetit auf Obst, ließ ich mir von der Händlerin in der Nachbarschaft für 20 Pfennige Abschnitte geben, Obst aus dem die angefaulten Stellen herausgeschnitten waren. Mein wöchentliches Taschengeld betrug nur 2 DM.

Urlaub gab es nicht. Selbst an meinem Berufsschultag mußte ich arbeiten. Der Meister ließ mich so spät weg, daß ich die Schule oft erst zur großen Pause erreichte. Weder die Schulleitung noch die Innung unternahmen etwas dagegen.

In den ersten beiden Jahren hatte ich wegen der täglichen, langen Arbeitszeit außer am Berufsschultag keinen

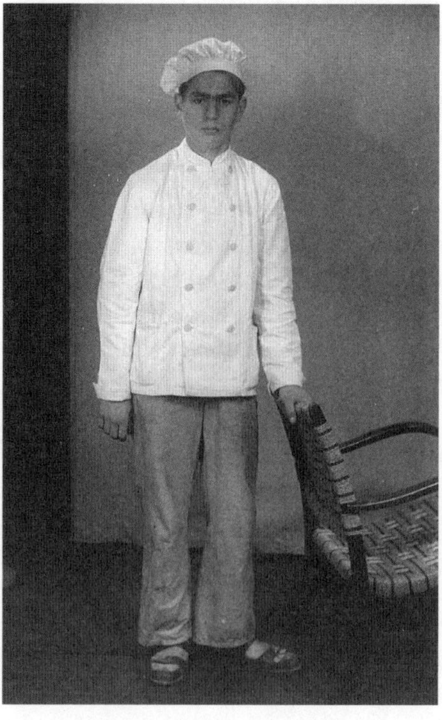

Mit 14 Jahren begann ich 1952 meine Bäckerlehre in Garbsen bei Hannover. Der Meister ließ mich täglich 16 bis 17 Stunden in der Backstube schuften, er schikanierte und schlug mich.

Kontakt zu anderen Jugendlichen. Im letzten Lehrjahr schaute der Sohn der Obsthändlerin abends öfter in die Backstube. War vor dem Ansetzen des Sauerteigs noch etwas Zeit, brachte er mir das Boxen bei. Das stärkte mein Selbstbewußtsein und machte mir Mut.

Als der Meister wieder einmal zuschlagen wollte, sprang ich zurück und erklärte unmißverständlich, daß ich mich wehren würde. Er grinste verunsichert und meinte: „Was, frech willst du auch noch werden?“

In diesem Moment entsann er sich wohl, daß er einmal in die Backstube gekommen war, während ich mit meinem Freund boxte. Da hatte ihn „ganz aus Versehen“ meine Rechte getroffen. Fortan wagte er es nicht mehr, die Hand gegen mich zu erheben.

Nach Abschluß meiner dreijährigen Lehre im April 1955 verließ ich sofort den Betrieb.

Gern hätte ich jetzt eine zweijährige Zusatzlehre als Konditor angeschlossen. Das wäre nur in einer größeren Stadt möglich gewesen. Doch dort hätte ich garantiert keine kostenlose Unterkunft bekommen, und ein Zimmer konnte ich mir nicht leisten. In dieser Situation kam mir das Angebot eines Bäckermeisters aus Neustadt am Rübenberge, mich als Zweitgesellen einzustellen, sehr gelegen. Er übertrug mir in seinem Betrieb, zu dem auch ein Café gehörte, die Konditorarbeiten. Ich wohnte im Haus des Meisters. Bei Bedarf setzte ich nach Feierabend eine Maschine Speiseeis an und stand zur Verfügung, wenn sonntags frisches Sahnegebäck für das Café benötigt wurde.

Der Chef war mit meiner Arbeit zufrieden und bezahlte nach einem Jahr fast das Dreifache des Tariflohnes, der damals mit 22,50 DM in der Woche allerdings noch sehr niedrig lag. Daher war übertarifliche Bezahlung üblich, wollte der Betrieb gute Mitarbeiter halten. Ich lebte sparsam und konnte mir einiges zurücklegen.

Dem Erstgesellen gefiel es offensichtlich nicht, daß ich zum Meister ein gutes Verhältnis hatte. Er ließ es mich spüren, sobald der Chef außer Haus war. Mein Bedürfnis nach Harmonie war dadurch ziemlich gestört. Ich sann nach einem Ausweg, hörte dies und las das, was meine Phantasie anregte und meine Abenteuerlust beflügelte.

Nach meinem 18. Geburtstag eröffnete ich meinem Vormund, daß ich mit dem Moped in die Schweiz reisen und mir dort einen Arbeitsplatz suchen wolle. Ich hatte mir für 650 DM ein Moped der Marke „Gritzner-Kaiser“ gekauft. Es erreichte eine Spitzengeschwindigkeit von 40 km/h und benötigte weder ein Kennzeichen noch eine Versicherung.

Damals war man allerdings erst mit 21 Jahren volljährig, und demzufolge reagierte mein Vormund mit Entsetzen. Er war mit meiner Idee ganz und gar nicht einverstanden und beauftragte meinen ältesten Bruder, mir mein Vorhaben auszureden. Kurt wies mich auf die Gefahren meines Unterfangens hin, aber ich ließ mich nicht davon abhalten. Ich besorgte mir einen Reisepaß und meldete mich beim Einwohnermeldeamt „auf Wanderschaft“ ab.

Am 25. Juni 1956 schnallte ich den Koffer mit meinen Habseligkeiten auf den Gepäckträger meines Mopeds, und los ging es. In Feggendorf am Deister unterbrach ich meine Fahrt, um mich von meinem Großvater zu verabschieden. Er lebte seit kurzem dort bei seiner jüngsten Tochter, da meine Großmutter gestorben war. Wir tauschten Erinnerungen an unsere gemeinsame Zeit in Negenborn aus. Vier Jahre, bis 1951, hatte ich dort bei den Großeltern gelebt. Großvater begrüßte mein Vorhaben. Er schwärmte wieder von den Schweizer Alpen, die er vom Bodensee aus gesehen hatte, wo er sich als Unteroffizier im Ersten Weltkrieg kurze Zeit aufgehalten hat. Sogar die Jungfrau im Berner Oberland habe sich ihm für eine Augenblick gezeigt, bis eine Wolke sie wieder umhüllte.

Gemeinsam prüften wir auf der Karte noch einmal die von mir gewählte Fahrtroute. Mit vielerlei Ratschlägen und allen guten Wünschen versehen, sagte ich Großvater Lebewohl. So zog ich in die Welt hinaus oder zunächst, im wahrsten Sinne des Wortes, erst einmal „ab über'n Deister“.

Zu jener Zeit fuhren wir Bäcker die Brötchen noch in der Kiepe mit dem Fahrrad aus. Die Bundes- und Landstraßen konnten die wenigen Fahrzeuge problemlos verkraften. Das Wort Stau hatte noch keinen Bezug zum Autoverkehr. Und so staunte ich über jedes Auto, das mir entgegenkam. Die Kraftfahrzeuge hatten damals schwarze Nummernschilder mit weißer Schrift. An den Buchstaben konnte man das Bundesland erkennen, so stand „BN“ für Britische Zone, Niedersachsen.

Der Fahrtwind wehte mir kräftig um die Ohren. Gleich am ersten Tag hatte ich eine Reifenpanne, die mich aber nur kurz aufhielt. Abends erreichte ich die Jugendherberge in Karlshafen an der Oberweser. Dort traf ich einen Gleichaltrigen aus Ostdeutschland. Der „Eiserne Vorhang“ war in beide Richtungen noch durchlässig, und der Bursche versuchte doch tatsächlich, mich von den Vorzügen des Sozialismus zu überzeugen. Es war vergebliche Liebesmüh.

Am nächsten Vormittag erreichte ich Kassel, wo ich mir Zeit für einen Abstecher zum Schloß Wilhelmshöhe mit seinen künstlichen Wasserfällen nahm. Als ich nachmittags eine Kleinstadt durchfuhr, fiel mir ein Polizist in grüner Uniform ohne die bei der niedersächsischen Polizei übliche Tellermütze auf. Das vermittelte mir einerseits das Gefühl, von meiner norddeutschen Heimat schon recht weit entfernt zu sein, andererseits mußte ich an die Worte meines Bruders denken. Wenn ich in eine Polizeikontrolle geriete, würde man gleich mißtrauisch werden, weil ich ohne festen Wohnsitz sei, hatte Kurt mich gewarnt. Ich war da optimistisch.

In Frankfurt übernachtete ich im „Haus der Jugend“. Die hessische Mundart hörte sich für mich recht fremdartig an.

Am nächsten Tag spazierte ich den Main entlang, besuchte das Goethehaus, die Paulskirche und andere Sehenswürdigkeiten. Anschließend brachte mich mein Moped nach Darmstadt und über die berühmte Bergstraße nach Heidelberg. Dort fuhr ich von der Jugendherberge aus mit der Straßenbahn und mit der Kabelbahn zum Heidelberger Schloß. Im Freilichttheater sah ich Schillers „Räuber", ein tolles Erlebnis, zumal die Schloßruinen eine einzigartige Kulisse boten.

Auf meiner Reise in die Schweiz wollte ich möglichst viel von Deutschland sehen, deshalb machte ich einen Abstecher nach Stuttgart.

Am nächsten Tag kam ich bis Baden-Baden. Von dort fuhr ich morgens weiter über die schöne Schwarzwaldhochstraße. Ich ließ die herrliche Landschaft auf mich wirken. Es gab so viel zu sehen: Wälder, Wiesen, Berge, Sägewerke und die typischen Schwarzwaldhäuser. Auf schmalen Straßen und Wegen durchquerte ich reizende kleine Ortschaften.

In Stühlingen, am Südrand des Schwarzwaldes, machte ich halt. Am Abend ging ich dort zusammen mit anderen Jugendlichen schon mal kurz auf die Schweizer Seite. Einreisen wollte ich jedoch an einem anderen Grenzübergang.

Am nächsten Tag, einem Sonntag, fuhr ich am rechten Rheinufer bis Säckingen. Die jungen Mädchen hatten sich hübsch gemacht. Sie trugen luftige, über den Petticoats schwingende Sommerkleider und kurze, weiße Seidenhandschuhe. Das schöne Wetter und das Glockenläuten versetzten mich in eine feierliche Stimmung.

Die deutschen Grenzbeamten ließen mich mit meinem Moped leider nicht passieren, weil für die Schweiz ein sogenanntes Triptik vorgeschrieben war. Dieses Dokument erhielt man nur, wenn das Fahrzeug mit einem polizeilichen Kennzeichen ausgestattet war. Beides war nur in Lörrach erhältlich. Aber es war Sonntag. So beschloß ich, zunächst ohne mein Moped auf die andere Seite des Flusses zu gehen, um mich dort schon mal nach Arbeitsmöglichkeiten zu er-

Die überdachte Holzbrücke in Bad Säckingen. Zu Fuß überquerte ich hier den Rhein und gelangte zum ersten Mal in die Schweiz.

kundigen. Fahrzeug und Koffer stellte ich solange bei hilfsbereiten Menschen unter. Über die überdachte Holzbrücke, die über den Rhein führt, wanderte ich hinüber in die Schweiz.

Nach etwa 20 Minuten Fußmarsch erreichte ich den kleinen Ort Stein. In der Bahnhofshalle hing eine riesige Landkarte. Sie wirkte so plastisch, daß ich nun die Schweiz in ihrer ganzen Schönheit vor mir sah. Wie verzaubert schaute ich auf die Karte, entdeckte auch bald den Vierwaldstätter See, der mir aus Schillers „Wilhelm Tell“ ein Begriff war, und das idyllisch zwischen dessen Ufer und den Bergen gelegene Luzern. Kurzerhand löste ich eine Fahrkarte und fuhr dorthin.

Die Nacht verbrachte ich in der Jugendherberge. Am nächsten Morgen vermittelte mir Bäckermeister Kronenberg, der nebenberuflich Kollegen mit Arbeitskräften versorgte, eine Stelle in Hochdorf, einem kleineren Ort im Luzerner Seetal.

Nach einem geplanten Umweg über Zürich kehrte ich mit der Bahn zurück nach Stein und wanderte von dort wieder über die hölzerne Rheinbrücke nach Deutschland.

Nun mußte ich mit meinem Moped nur noch nach Lörrach, um ein Nummernschild und das vorgeschriebene Triptik zu holen. Wegen der Formalitäten und der ärztlichen Untersuchung, die am nächsten Tag in Basel auf mich zukommen sollten, wollte ich die Nacht noch in Lörrach verbringen. Leider gab es hier keine Jugendherberge. Meine inzwischen arg geschrumpfte Reisekasse erlaubte keine Hotelunterkunft, zumal ich inzwischen wußte, daß in der Schweiz der Lohn nicht wöchentlich, sondern erst am Monatsende gezahlt wird. Das nächste Geld würde ich also erst in vier Wochen bekommen.

Also mußte ich mich äußerst einschränken. Ich beschloß – wie viele Wandergesellen vor meiner Zeit –, in der Obdachlosenunterkunft zu nächtigen. Was sich heute für manchen anrüchig anhört, wurde damals romantisch als „Herberge zur Heimat“ bezeichnet. Nun, es wurde eine zünftige Übernachtung mit einer Polizeirazzia, bei der auch das gesamte Gepäck durchsucht wurde.

Anderntags fuhr ich mit meinem Moped zur Grenze. Mit amtlichem Nummernschild und Triptik versehen, war die Einreise in die Schweiz kein Problem mehr. In Basel brachte ich noch die Formalitäten für „Fremdarbeiter“ hinter mich.

Danach überquerte ich mit meinem Moped die Ausläufer des Schweizer Jura. Als ich die Stadt Olten hinter mir gelassen hatte, lag eine weite Ebene vor mir. Der beeindruckendste Teil meiner weiten Reise folgte, denn erst jetzt konnte ich die Berge mit den Augen und dem Herzen wahrnehmen.

Ich war glücklich und freute mich auf die vor mir liegende Zeit. Voller Erwartung fuhr ich den Alpen entgegen, deren Panorama sich am Horizont abzeichnete. Auf der Straße war kaum Verkehr, und so konnte ich mich ganz auf die Berge konzentrieren. Die Konturen des Pilatus und der Rigi wurden deutlicher, an ihren Hängen konnte ich Gebäude, vorwiegend Hotels, erkennen.

In Luzern suchte ich wieder die Jugendherberge auf. Am Abend schaute ich mir in Gesellschaft eines jungen Japaners die prächtige Stadt an, von der die Schweizer behaupten, daß es die schönste Stadt der Welt sei. Ich glaube, sie haben recht.

Ehe ich am nächsten Tag ins Seetal fuhr, wollte ich im Bahnhofshotel etwas Warmes essen. Ich war immer noch berauscht von der Schönheit Luzerns, denn diese Stadt war so ganz anders als alle, die ich zuvor gesehen hatte. Auch die Gerichte auf der Speisekarte waren für mich ungewohnt. „Busecka Nostra“ wählte ich aus, das war nicht teuer und würde bestimmt keine Ähnlichkeit mit einem norddeutschen Gericht haben. Das Essen wurde in einer silbernen Suppenschüssel serviert. Was sich hinter dem für mich so fremdartigen Namen verbarg, identifizierte ich als Kuheutersuppe.

Anschließend machte ich mich auf den Weg nach Hochdorf, dem Ziel meiner weiten Reise, und meldete mich am 7. Juli 1956 in der Bäckerei und Konditorei Wey zum Arbeitsantritt. Meine schönsten Jugendjahre begannen. Ich arbeitete dreieinhalb Jahre in der Schweiz.

[Kassel, Hessen – Santa Maria, Graubünden, Schweiz – London – Motala, Schweden – Venedig; 1954–1958]

Falko Berg

Die Entdeckung einer Leidenschaft

Meine Eltern überredeten mich 1954 zu einer Reise in die Schweiz. Die Teilnehmer waren Mitglieder des Christlichen Vereins Junger Männer (CVJM), dessen örtliche Jugendgruppe von unserem Hausgenossen, dem Diakon Bachmann, geleitet wurde. Mein Vater, Pfarrer in der Kirchengemeinde Kassel-Wilhelmshöhe, hatte das wohl schon ausgiebig mit ihm besprochen.

Mit 15 Jahren war es für mich bereits das zweite Mal, daß ich mit Paule, wie wir Herrn Bachmann nannten, in die Bergwelt der Schweiz reiste. Ein Jahr zuvor hatten wir drei Wochen in einer Hütte bei Adelboden im Berner Oberland verbracht. Ziel der Reise war dieses Mal das Münstertal in Graubünden, dem östlichsten Kanton an der Grenze zu Italien. Kunsthistorikern ist dieses Tal wegen des Johannesklosters in Münster – von seinen rätoromanisch sprechenden Einwohnern Müstair genannt – bekannt. In der Kirche des zwischen 780 und 790 von Karl dem Großen als Stützpunkt an den strategisch wichtigen Alpenpässen Umbrail und Stilfserjoch gegründeten Klosters wurden um 1900 Wandmalereien freigelegt, die zu den berühmtesten Werken karolingischer Kunst gehören.

Wir fuhren mit der Bahn bis Davos und weiter mit dem Postbus nach Santa Maria. Beladen mit unserem Gepäck, ging es von dort zu Fuß weiter. Nach einer knappen Stunde

Beim Essen vor der Sennhütte. Der Dritte von links bin ich.

Anstieg erreichten wir unsere Unterkunft, eine aufgegebene, halbverfallene Sennhütte. Im ehemaligen Kuhstall betteten wir unsere Schlafsäcke auf Stroh.

Paule war ein hagerer, aber zäher Mittfünfziger, der das naturverbundene Leben in einer bescheidenen Berghütte genoß und hier, keiner Hausordnung unterworfen, nach seinen eigenen Regeln mit uns einen abwechslungsreichen und spartanischen Ferienaufenthalt gestaltete. „Das einfache Leben", wie auch der Titel des zur damaligen Zeit viel gelesenen Romans von Ernst Wiechert lautete, war die von uns angestrebte Lebensart. Mit der Abkehr von allen krankhaften Erscheinungen moderner Zivilisation wollten wir nach dem Vorbild des Schriftstellers in der Natur Ruhe und inneren Frieden finden.

Wir kochten unsere Mahlzeiten aus mitgebrachten Lebensmitteln, die wir durch frisches gekauftes Obst und Gemüse ergänzten, über dem offenen Feuer und unternahmen ausgedehnte Bergwanderungen. Unsere Nachbarn am Umbrail-Paß in 2000 Meter Höhe waren Sennen, Ziegenhirten und Zöllner.

In der Dorfkirche von Santa Maria führten wir vor Touristen und Bewohnern ein modernes Mysterienspiel auf, das sich mit dem Gleichnis von dem Mann beschäftigt, der seine Freunde und Bekannten zu einem Festmahl bittet, die jedoch alle eine Ausrede haben und nicht erscheinen, so daß er die Armen und Krüppel von der Straße zu sich holt und bewirtet, die geladenen Gäste aber verdammt.

Jeden Morgen begrüßte unser Posaunenchor den neuen Tag und verabschiedete ihn in der Abenddämmerung mit einem Choral von Johann Sebastian Bach. Die Akustik zwischen den Bergen, durch Echobildung verstärkt, trug die Musik bis weit hinunter ins Tal. Bei guter Sicht konnte man

Partie an der Dorfstraße von Santa Maria. 1954 verbrachte ich hier mit meinen Freunden vom CVJM eine wunderbare Zeit.

mit dem Fernglas beobachten, wie die Menschen im Dorf ihre Arbeit unterbrachen und stehenblieben, um zu lauschen.

Der Höhepunkt unserer Reise war die Besteigung des 3900 Meter hohen Ortler in den italienischen Alpen, dessen Gipfel wir nach zwei langen Tagesmärschen von unserer Hütte aus über Felsen und Gletscher erreichten. Bei dieser Bergtour wurden wir bis an die Grenze unserer Leistungsfähigkeit gefordert.

Die Ferienwochen im Münstertal hatten mich so beeindruckt, daß ich meine Tagebuchnotizen zu Hause in einem Reisebericht zusammenfaßte, in dem ich noch heute mit Vergnügen blättere. Über meinen Besuch auf der Präsura-Alm hielt ich interessante Details über die Arbeit der Sennen fest:

„Kühe sind der größte Reichtum des Dorfes Santa Maria. Sie und die kargen Felder sind die einzigen Garanten für den wirtschaftlichen Wohlstand seiner Bewohner. Nur bewährten und zuverlässigen Kräften vertrauen sie ihre Tiere an. Es sind vier Tiroler, 78, 50, 32 und 18 Jahre alt, braungebrannt, zäh und – bis auf Franz, den Jüngsten – mit langen Bärten. Franz wird einmal den väterlichen Hof erben. Er soll hier die Viehzucht erlernen. Die Berufswahl der anderen drei beschrieb mir Alfons, der fünfzigjährige Obersenn, wie folgt: ‚Der Alte hat schon von Geburt an nichts anderes gekannt als die Sennerei. Karl und ich aber waren bis Kriegsende Beamte in Meran. Als dann die Italiener die Verwaltung in unserer Heimat übernahmen, haben wir uns entschlossen, als Sennen in die Schweizer Berge zu gehen.'

Alfons sieht aus wie Luis Trenker, er spricht gern über die Arbeit auf der Alm. Er und Franz sind den ganzen Tag über in der Hütte, um Butter und Käse zu machen. Der alte Senn hütet 120 Stück Jungvieh, Karl die 420 Milchkühe. Die nächstgelegene Alm liegt drei Stunden Fußmarsch entfernt. Dort lebt ein 63jähriger Senn aus dem Kanton Zürich mit seinem neunjährigen Sohn und einer

Nach dem Besuch auf der Präsura-Alm hielt ich in meinem Tagebuch viele Details unserer Reise in die Schweiz fest – noch heute bin ich froh darüber.

80 Stück Vieh großen Herde. Der kleine Junge muß Tag für Tag bei jedem Wetter zwei Stunden ins Tal nach Santa Maria und wieder zurück laufen, um dort die Schule zu besuchen, für den Vater Besorgungen zu erledigen und die Milchlisten vorzulegen.

Die Sennhütte auf der Präsura-Alm umfaßt fünf Räume: Küche, Schlaf- und Wohnzimmer sowie zwei Lagerräume für den Käse. Alfons bewirtete mich mit frischer Milch, Brot, Butter und Käse. Es schmeckte vorzüglich. Danach forderte mich mein Gastgeber auf, ihm beim Buttern zu helfen. Der Milchrahm wurde mit lauwarmem Wasser verdünnt und erwärmt. Anschließend kam er in die Butterschleuder, die ich eine halbe Stunde lang mit einer

Handkurbel drehen mußte. Als wir die Schleuder öffneten, war der Rahm fest. Alfons zapfte die Buttermilch ab und legte den übrigbleibenden großen Kloß unzerteilt in einen Kübel mit kaltem Wasser, wo er ihn mehrfach umdrehte. Nach fünf Minuten nahmen wir den fertigen Butterkloß heraus und schnitten ihn in Würfel, die wir einzeln in Papier verpackten. Die Tagesproduktion von 20 Pfund Butter war fertig. ‚Beim Käse ist die Herstellung langwieriger und komplizierter', erklärte mir Alfons. ‚Und jeder Senn hat seine eigene, streng geheime Rezeptur.'

Nach einem ausführlichen Vortrag über die Käserei schloß er: ‚Ja, die Sennerei will gelernt sein. Im September kommt unser Alpkäse auf die Märkte in aller Welt. Sieh ihn dir an!'

Er führte mich in einen Kellerraum, wo auf langen Regalen ein Käse neben dem anderen lag. Ich wunderte mich über den geringen Umfang der Käseräder. Sie waren so groß wie Eßteller. Ich kannte bisher nur die großen Wagenräder, die zu Hause als Schweizer Käse verkauft wurden.

Alfons nickte schmunzelnd: ‚Ich weiß, was du meinst. Das ist der Emmentaler-Käse, der in Molkereien hergestellt wird. Wir auf der Alm machen die kleinere, aber bessere Sorte.'

Das konnten wir später beim Abendessen in unserem Lager bestätigen, als meine Freunde und ich den Käse, den mir Alfons zum Abschied geschenkt hatte, mit gutem Appetit verzehrten."

Verreisen, um andere Menschen und Landschaften zu entdecken, wurde zu einem wichtigen Bestandteil meines Lebens. Im darauffolgenden Herbst verbrachte ich mit meiner Klasse drei Wochen in einem Jugendlager auf der Insel Borkum. 1956 überquerte ich mit der Fähre die Straße von Dover nach England, wohnte zunächst in einem Londoner Privathaushalt und nahm dann an einem Zeltlager der methodistischen Kirche an der Küste von Cornwall teil.

Während der nächsten Sommerferien machte ich mit einem Freund eine Radtour bis Travemünde. Ausgerüstet mit einem Rundreiseticket der Bahn besuchten wir anschließend Dänemark, Schweden und Norwegen.

Eine meiner interessantesten Reisen während der Schulzeit war die Klassenfahrt der Unterprima mit dem Bus quer durch Italien. Sie führte uns über den Brenner nach Bozen, Padua, Venedig, Ravenna, Ankona, Pescara, quer durch den Stiefel von der Küste am Adriatischen Meer nach Salerno und Amalfi zum Tyrrhenischen Meer. Die nächste Station war Neapel, mit Ausflügen nach Pompeji, zum Vesuv und in das antike Paestum. Danach ging es zurück über Rom, wo wir mehrere Tage verbrachten, Pisa, Florenz, Bologna, Verona, durch Südtirol und Österreich nach Hause.

Wir übernachteten in Zelten und verpflegten uns hauptsächlich aus den im Anhänger des Busses mitgeführten Lebensmitteln. Unser Lateinlehrer, ein kenntnisreicher Italienfreund, verhalf uns zu einem facettenreichen Bild des Landes. Jeder Schüler hatte sich auf einen Reiseabschnitt vorbereitet und hielt unterwegs im Bus ein Einführungsreferat über die Sehenswürdigkeiten des Tages.

Ich hatte mir die Lagunenstadt Venedig ausgesucht. Durch Erlebnisschilderungen ergänzt, faßten wir diese Vorträge nach unserer Rückkehr zu einem umfangreichen Reisebericht zusammen:

> „Die Fahrt auf dem Canale Grande war wie der Traum einer glücklichen Nacht. Nie habe ich einem Erlebnis mit größerer Erwartung entgegengefiebert, nie wurde ich reicher belohnt.
>
> Es war Nacht geworden, dunkle, geheimnisumwitterte Nacht. Der geschwungene Bug der Gondel schnitt fast lautlos durch das Wasser des Kanals, eine schwarzblaue, das

fahle Mondlicht reflektierende Fläche, still, tief und träge. Der Gondoliere mit weiß leuchtendem Hemd am Ruder im Heck sang leise ein melancholisches Lied.

Als ich auf dem Markusplatz stand, war ich unfähig, auch nur ein Wort zu sprechen. Ich erblickte andächtig die Herrlichkeit dieses Ortes und hörte dem Märchen Venedig zu, ohne zu denken. Alle meine Sinne waren begierig, es aufzusaugen ...“

Da ich das Vergnügen hatte, die Unterprima zu wiederholen, kam ich auch nach Belgien und Holland. In den letzten Ferien vor dem Abitur fuhr ich, um Geld zu sparen, per Anhalter nach Paris.

Mit jeder Reise sind besondere Erinnerungen verbunden: in Borkum die heimlichen Treffen im Strandkorb mit einer um einige Jahre älteren, liebeshungrigen Drogistin, zu der ich mich nachts aus dem Lager schlich, in London die Versuche meiner von ihrer kinderlosen Ehe enttäuschten Gastgeberin, mich zu verführen. Es gelang ihr nur deshalb nicht, weil ich glaubte, ihrem jeden Abend spät aus seinem Buchhalterbüro heimkehrenden Mann danach nicht mehr in die Augen sehen zu können. Bei meinen amourösen Abenteuern im Zeltlager von Cornwall hatte ich weniger Skrupel.

Während der Reise durch Skandinavien saß ich zum ersten und hoffentlich zum letzten Mal in meinem Leben hinter „schwedischen Gardinen“. Das kam so:

Mein Reisebegleiter und ich hatten im Zug zwei englische Mädchen kennengelernt und mit ihnen angebandelt. Nachdem wir zusammen einen angenehmen Tag in Motala am Vätternsee in Schweden verbracht hatten, beschlossen wir, nach Einbruch der Dunkelheit im See zu baden. In Ermangelung der Badehosen und Badeanzüge, die wir in der Jugendherberge gelassen hatten, sprangen wir im Adams- beziehungsweise Evaskostüm ins Wasser.

Als wir wieder ans Ufer kamen, war es empfindlich kühl

und windig geworden. An Handtücher hatte keiner gedacht. Da kam mir eine Idee: Ich kletterte kurz entschlossen an einer der zahlreich am Landungssteg aufgestellten Fahnenstangen empor und holte die im Wind flatternde Flagge herunter, die groß genug war, um uns allen die Handtücher zu ersetzen. Dummerweise handelte es sich um die schwedische Nationalflagge.

Unser Badevergnügen war, ohne daß wir es bemerkt hatten, von zwei Polizisten beobachtet worden, die jetzt von Amts wegen einschritten. Sie erklärten, wir hätten uns der Mißachtung und Verunglimpfung eines nationalen Hoheitssymbols schuldig gemacht und müßten ihnen zur Polizeistation folgen. Dort angekommen, kontrollierte man unsere Ausweise, ermahnte meinen Freund und die Mädchen, solch eine Schandtat in Schweden nie wieder zu begehen, und ließ sie laufen. Mich, den Hauptschuldigen, behielt man in polizeilichem Gewahrsam und sperrte mich in eine Zelle, in der ich eine unruhige Nacht verbrachte. Ich sollte am nächsten Morgen dem Untersuchungs- oder Haftrichter vorgeführt werden. Ein Gesetzeshüter eröffnete mir diese unangenehme Perspektive mit strenger und finsterer Miene.

Der Polizist, der mir am nächsten Morgen die Zelle aufschloß, grinste dagegen freundlich und meinte, ich sollte mir die Nacht auf der Wache eine Lehre sein lassen. Dann ließ er mich laufen. Ich habe nie wieder ein nationales Fahnentuch entweiht.

(Weitere ZEITGUT-*Beiträge dieses Autors sind im Autorenverzeichnis am Ende des Buches vermerkt.)*

[Weil am Rhein, Baden-Württemberg – Basel und Zürich, Schweiz – Vaduz, Liechtenstein – Bregenz, Österreich; August 1956]

Karlheinz Dähn

Pfadfinder auf Tour

Ich war 17 Jahre alt, hatte gerade meine Lehre als Facharbeiter für Gleisbau bei der Bahn beendet und war übernommen worden. Gern hätte ich die Beamtenlaufbahn eingeschlagen, da aber derzeit keine Möglichkeit bestand, mußte ich eben warten.

Während meiner Schulzeit hatte ich mich hin und wieder gegen Mitschüler handgreiflich zur Wehr gesetzt. Sie hänselten mich, weil ich ein Flüchtlingskind aus der Ostzone, aus dem Vogtland, war, obwohl ich immer gut lernte.

Ich war sehr vielseitig, hatte mehrere Hobbys, so daß meine Mutter oft fragte, wie ich das denn alles zeitlich schaffe. Bei der Oberrhein-Jugendauswahl der Bahn stand ich im Fußballtor, spielte im Laiensinfonieorchester Violine, trat mit der Theater-Laienbühne bis zu fünfmal im Jahr auf und war, wie viele meiner Altersgenossen, bei den Pfadfindern. Da es mir in der Jugendorganisation sehr gut gefiel und ich dort Freunde gefunden hatte, war ich mit dem ganzen Herzen dabei. Derzeit leitete ich eine Gruppe von Jungpfadfindern.

Nachdem im vergangenen Winter Willi, mein bester Freund und ebenfalls Führer in der Pfadfinderschaft, mit zwanzig Jahren an Krebs gestorben war, herrschte unter uns Jugendlichen große Trauer.

Trotzdem mußte es weitergehen. So beschlossen wir, im Sommer gemeinsam eine Fahrradtour durch die Schweiz zu unternehmen. Fünf Jungen zwischen 15 und 19 Jahren meldeten sich für die Tour. Neben mir wollten mein Freund Siegfried, genannt Siggi, der wie ich bei der Bahn gelernt hatte, die Brüder Werner und Walter sowie Heiner, der noch nicht so lange dabei war, mitfahren. Termin und Route wurden festgelegt: Im August 1956 sollte es in fünf Etappen von Weil am Rhein über Basel – Zürich – Vaduz – Bregenz – Romannhorn – Schaffhausen wieder zurück nach Weil am Rhein gehen. Von meinem ersten Facharbeiterlohn kaufte ich mir ein Fahrrad mit Dreigangschaltung. Darauf war ich sehr stolz.

Schließlich war es soweit. An einem herrlichen Samstagmorgen starteten wir um 5 Uhr. Die Drahtesel waren übervoll bepackt: Zelte und Decken aus alten Beständen der US-Armee sowie Proviant, Kochtöpfe und Bekleidung. Die erste Etappe, zirka 110 Kilometer, sollte über Basel – Liestal – Olten – Zürich, am westlichen Zürichseeufer entlang bis zum Linth-Kanal, der den Walensee mit dem Zürichsee verbindet, führen. Nur Heiners Rad hatte wie meins Gangschaltung. Den anderen bereiteten die Steigungen auf den Schweizer Landstraßen weitaus mehr Mühe als uns. Davon ließen wir uns jedoch nicht beeinflussen, sondern genossen bei den Abfahrten die herrliche Landschaft um so mehr.

In der Nähe von Olten gab es den ersten Unfall. Auf abschüssiger Strecke prallte Walter gegen ein Hindernis und stürzte. Zum Glück ging alles glimpflich ab, so daß wir weiterfahren konnten, nachdem seine Blessuren verarztet worden waren. Walter hielt sich tapfer, trotz Schmerzen setzte er seinen Weg ohne zu klagen fort.

Die nächste Panne passierte mir. Am westlichen Ufer des Zürichsees kam ich mit dem Pedal meines Drahtesels an einen Randstein, und der Gang sprang heraus. Das Reparieren wollte und wollte nicht klappen, wahrscheinlich war das Rad durch die Zuladung überlastet. Mich packte so eine Wut, daß ich meinem neuen Fahrrad einen gewaltigen Fußtritt versetzte, was das Problem natürlich auch nicht löste.

Schließlich rückte Werner, unser Anführer, der in jeder Situation Ruhe bewahrte, alles wieder ins Lot.

Beim Fahren spornten wir uns gegenseitig an, klopften auch Sprüche: „Es gibt Dubel, Oberdubel und solche, die den Berg rauf bremsen." Aber keiner war beleidigt, jeder wußte, an erster Stelle standen Kameradschaft und Zusammenhalt. Nach acht Stunden Fahrt erreichten wir schlapp und dur-

Auf der Fahrt am Zürichsee entlang legten wir in dem kleinen Städtchen Thalwil eine kurze Rast ein.

stig einen kleinen einsamen Zeltplatz am Linth-Kanal. Hier bauten wir unsere drei Zelte auf und erfrischten uns kurz im eiskalten Wasser des Kanals. Rechtschaffen müde, aber glücklich, daß der Tag insgesamt gut verlaufen war, legten wir uns noch eine Weile vor die Zelte.

Gegen 19 Uhr reiste ein Ehepaar mittleren Alters mit einem großen Hauszelt an. Zu allem Unglück hatte sich inzwischen über dem Kanton Glarus eine rabenschwarze Wetterwand aufgebaut. Es dauerte gar nicht lange, bis es anfing zu stürmen. Da die Neuankömmlinge die Heringe erst an einer Seite ihres Zeltes eingeschlagen hatten, blies der Wind die andere Zelthälfte hoch und riß sie wieder heraus. Die beiden wurden von der Plane zugedeckt, und erst nach langem Wühlen gelang es ihnen, hervorzukriechen.

Grinsend beobachteten wir die Szene. Waren es Anfänger oder hatten sie einfach nur Pech?

Nachdem der Aufbau des Zeltes zum wiederholten Male gescheitert und das Paar schon dem Verzweifeln nahe war, nickte Walter uns kurz zu. Wie auf Kommando sprangen wir gleichzeitig auf und hatten das große Zelt innerhalb von wenigen Minuten mit vereinten Kräften aufgebaut. Nicht nur das Ehepaar war mit dieser Leistung sehr zufrieden.

Die ganze Nacht über stürmte und regnete es. Am nächsten Morgen war alles grau und naß. Wir packten unsere Siebensachen zusammen und radelten nach dem Frühstück in den klammen Lederhosen weiter bergan. Wegen der Anstiege mußten wir des öfteren vom Rad steigen. Wir kamen nur langsam voran. Regen, Sturm und kurzzeitiger Sonnenschein wechselten sich ständig ab. Zeitweise trugen wir unsere Regenüberzüge, das war recht unbequem.

Am Abend erreichten wir Liechtenstein und fanden oberhalb von Vaduz neben einem Bauernhof und einem kleineren Hotel einen Zeltplatz. Mit dem Landwirt, dem auch der Platz gehörte, wurden wir schnell einig, so daß wir unsere noch nassen Zelte bald aufgestellt und einen Wasserabflußgraben gezogen hatten. Trotz der Nässe, die uns frösteln ließ, waren wir guter Dinge. Nach dem Waschen und Umziehen wärmten wir uns beim Abendessen am Lagerfeuer auf und schmiedeten Pläne. Für den nächsten Tag stand die Besichtigung der Burg und der Stadt Vaduz auf dem Programm.

Obwohl es Hochsommer war, änderte sich das nasse Wetter nicht. Am Morgen kramte jeder aus seinem Textilvorrat die trockengebliebenen Sachen hervor, um sich für den Stadtrundgang fein zu machen. Unterwegs bemerkte ich, daß Siggi zwei verschiedene Kniestrümpfe trug, und schon ging die Lästerei wieder los. Siggi hatte einfach zwei Strümpfe ge-

Gelernt ist gelernt: Im Nu hatten wir am Linth-Kanal unsere drei Zelte aufgeschlagen. Noch schien die Sonne ...

nommen, die nicht naß geworden waren, egal, ob sie zueinander paßten oder nicht. Wir bummelten durch die schöne alte Stadt und stiegen auf die Burg Vaduz. Als die Wolken kurze Zeit aufrissen und die Sonne hervorkam, hatten wir eine wunderschöne Aussicht auf das Rheintal. Nachdem wir uns mit Proviant versorgt hatten, trafen wir am Nachmittag wieder auf dem Campingplatz ein. Erneut oder immer noch, man konnte das nicht so genau sagen, regnete es. Die Imprägnierung der alten US-Armee-Zelte hatte sich fast in Nichts aufgelöst, so daß es langsam, aber stetig ins Innere der Zelte tropfte. Was konnten wir tun?

Werner kam auf die glorreiche Idee, den Bauern zu fragen, ob wir in seiner Scheune übernachten dürften. Gesagt, getan. Der freundliche Landwirt erlaubte es uns mit der Einschränkung: „Ober kei Füher (Feuer) mache!"

Da es gerade nur leicht regnete, zogen wir kurzentschlossen die Heringe heraus, legten die Utensilien in die Zeltplanen und falteten die Zelte zusammen. Hintereinander, je-

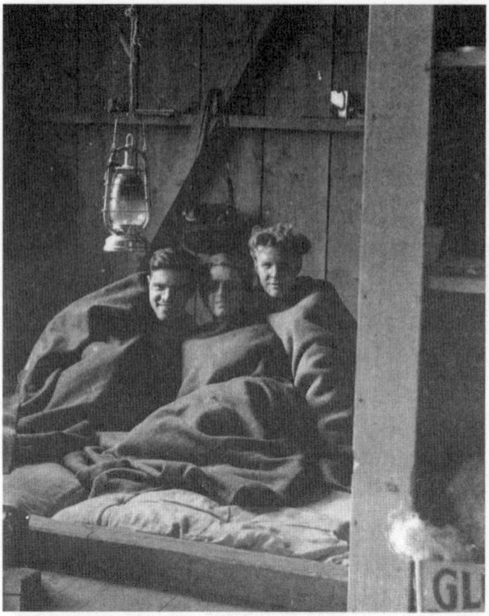

Nachdem unsere Zelte durchgenäßt waren, durften wir in einer Scheune schlafen.

weils ein Mann zwischen den Zeltbahnen, zwei Zipfel fest in der Hand und auf die Schulter gehoben, ging es im Zuckelschritt zur trockenen Unterkunft. Das muß so urkomisch ausgesehen haben, daß von den Balkonen des benachbarten Hotels heiteres Gelächter zu uns herüberdrang.

Die Scheune war trocken, das tat gut. Gerne wären wir hier länger geblieben, doch die Tour mußte weitergehen. Über Bregenz radelten wir am folgenden Tag nach Romannhorn, wo wir am Abend im Bodensee badeten und anschließend große Portionen einer Schweizer Spezialität, „Pellkartoffeln mit Limburger Käse", verdrückten.

Am fünften Tag fuhren wir über Konstanz und Schaffhausen am Oberrhein nach Weil am Rhein zurück, wo uns – was sagt man dazu? – herrlicher Sonnenschein erwartete!

(Weitere **ZEITGUT***-Beiträge dieses Autors sind im Autorenverzeichnis am Ende des Buches vermerkt.)*

[Hameln, Niedersachsen;
Frühjahr 1956]

Jürgen Hagenmeyer

Der Autoreisezug

Im Frühjahr 1956 berichtete die Ortszeitung meiner Heimatstadt, daß die Deutsche Bundesbahn beabsichtige, mit dem Sommerfahrplan erstmalig einen Autoreisezug von Hamburg über Hannover nach Basel SBB einzusetzen. Dieser Zug sollte nicht über die Hauptstrecke Hannover – Göttingen – Fulda, sondern über Hameln – Kassel – Frankfurt verkehren, wobei als Zulade-Station nur Hameln geplant war.

Das bevorstehende Ereignis versetzte nicht nur die eisenbahninteressierten Jungen meines Alters in helle Aufregung, sondern wurde von allen eifrig diskutiert. Hatte doch der etwas bärbeißig wirkende, aber durchaus gutmütige Studienrat Dr. Grußendorff am Gymnasium für Jungen in einem Presseinterview die Aufwertung der Bahnstrecke und damit auch meiner Heimatstadt hervorgehoben. Er galt in dieser Hinsicht als sehr kompetent, stellte er doch für die Lokalzeitung immer die Fahrpläne zu den weit entfernt liegenden Zielen zusammen.

„Komet“, wie der Zug heißen sollte, weckte bei den Älteren Erinnerungen an den legendären „Fliegenden Hamburger“ oder andere berühmte Züge aus der Zeit vor dem Krieg. Damals hatten nur zwei Schnellzugpaare von Köln nach Berlin die Stadt berührt. In den fünfziger Jahren war nur ein Schnellzug nach Braunschweig mit einem Kurswagen nach Berlin übriggeblieben.

Der große Tag war gekommen, der neue Schnellzug sollte gegen 21 Uhr eintreffen. Mein Freund Jürgen Koetzold und ich wollten natürlich dabeisein. Auf dem außenliegenden Bahnsteig 2, von dem gewöhnlich die Lokalzüge nach Lemgo abfuhren und der durch eine Rampe mit dem Vorplatz verbunden war, stand ein einsamer Mercedes-Benz, und ein jüngeres Ehepaar in Reisekleidung ging in der Abendsonne auf und ab. Der Jägerzaun trennte die Schaulustigen vom Ort des Geschehens. Nicht weit davon warteten empfangsbereit der Bahnhofsvorsteher, der Mann mit der roten Mütze, und ein Lokalreporter.

Wir hatten das Pfeifen schon von weitem gehört, nun tauchte in der Einfahrt die Dampflokomotive auf, eine Schlange roter und dunkelgrüner Wagen ziehend. Die Zuglaufschilder an den Waggons weckten Sehnsüchte.

Der Zug kam zum Stehen. In dem unscheinbaren ersten Waggon, der wie ein Packwagen aussah, schoben zwei Männer eine Jalousie hoch und zogen eine Rampe heraus. Die großen roten Räder der Dampflokomotive wurden von zwei Wartungslampen beleuchtet, und der Heizer verrichtete mit Ölkanne und Putzlappen sein Werk. Dampf quoll auf.

Unterdessen begrüßte der Bahnhofsvorsteher das Reisepaar und überreichte der Dame einen Strauß roter und weißer Nelken. Was sollte die Arme während einer Nachtreise mit den schönen Blumen? Ob sie sie in Bad Pyrmont schon wieder aus dem Fenster warf?

Nun wurde der Fahrer des Mercedes eingewinkt. Der Wagen rollte über die Rampe in den Waggon, die Jalousie wurde wieder geschlossen. Die Wartungslampen an der Lokomotive erloschen. Nach der Ansage für die Abfahrt und dem Pfiff des „Rotkäppchens“ setzte sich der Zug in Richtung Kassel in Bewegung. Die Kolbenschläge der Lokomotive wurden schneller, Menschen winkten. Allmählich zerstreuten sich die Schaulustigen, das große Ereignis war vorüber. Schnell wurde es Alltäglichkeit – für wenige Jahre.

[Wernigerode, Harz – Leipzig, damals DDR; 1955–1961]

Bärbel Böhme

Leipzig – wir kommen!

Vier Jahre Lernen an der Gerhart-Hauptmann-Oberschule in Wernigerode waren Vergangenheit. Vergessen die schweißnassen Hände während der Abiturprüfungen, vorüber der Abi-Ball in der vornehmen „Storchenmühle“ und die letzte gemeinsame Klassenfahrt. Die Lehrer nahmen die am Abend zuvor in umliegenden Gärten und öffentlichen Anlagen gemausten Blumen überrascht und dankend in Empfang.

Dann kam der Abschied von den Klassenkameraden und Mitbewohnern des Internats, wobei auch unser unzertrennliches Kleeblatt, wir vier Mädchen aus Elbingerode, auseinandergerissen wurde. Doch bald würde ein neuer, ein spannender Lebensabschnitt, das Studium, beginnen.

Für meine beste Freundin Ingrid und mich war lange vorher klar: Studienort kann nur Leipzig sein. Wir kannten wenig von der Welt, doch die Messestadt war für uns der Inbegriff der Zukunft. Große Freude herrschte, als wir erfuhren, daß wir zum Studium angenommen waren.

Für den Anfang buchten wir von zu Hause aus ein Hotelzimmer für 3,00 Mark pro Nacht. Ich mußte eher als meine Freundin zur Immatrikulation erscheinen. Erwartungsvoll fuhr ich los. Mein erster Eindruck von der Großstadt war: laut und voll. Die Straßenbahnlinie war mir bekannt, doch ich bedachte nicht, daß die Züge ja in zwei Richtungen fuhren. Natürlich landete ich erstmal am falschen Ende. Bei

Wernigerode im Harz, 1953. Unser Elbingeröder Kleeblatt auf dem Weg zur Schule. Im dunklen Mantel meine beste Freundin Ingrid, links stehe ich.

dieser Gelegenheit fiel mir ein, was meine Oma von ihrem ersten Leipzigbesuch erzählt hatte. Ein junger Mann habe ihr geraten, sie solle mit der harten B-Bahn fahren. Zur Erklärung: Die Straßenbahnen hatten damals Buchstaben als Kennzeichen, und die Sachsen haben so ihre Schwierigkeiten mit der Aussprache von „B“ und „P“.

Dank freundlicher Auskunft landete ich noch vor dem Dunkelwerden im Hotelzimmer. Ein Raum ohne Fenster, etwas Licht drang vom Flur durch die Türscheibe. Zur Toilette führte ein langer Gang. Zigarettenrauch, Alkoholdünste und von der Gaststätte heraufschallender Lärm sorgten für eine beängstigende Atmosphäre. Die Nacht würde schon irgendwie vorübergehen, tröstete ich mich, und am nächsten Tag würde Ingrid kommen. Zu zweit ist man stark.

Nach dem Einschreiben an der Karl-Marx-Universität gingen wir auf Zimmersuche. Wir klapperten einige Adressen ab, leider vergeblich. Doch dann hatten wir Glück. Wir konnten unsere zukünftige Wirtin überzeugen, in dem kleinen Raum ein zweites Bett aufzustellen. Von daheim ließen wir per Bahn ein Bettgestell schicken, und statt eines Spiralfederbodens wurde einfach ein Brett hineingelegt. Wir waren höchst zufrieden, Frau Thume auch, denn sie kassierte nun doppelt. Jede von uns zahlte im Monat 30 Mark. Bei einem Stipendium von 130 Mark war das viel Geld, doch wir lebten recht sparsam und lernten schnell, welche Lebensmittel wenig kosteten und trotzdem satt machten. Ganz oben auf der Liste standen Fleischsalat und Margarine. Am Wochenende verwöhnte uns unsere Wirtin mit gebratenen Rippchen und Kartoffeln für 1,50 Mark die Portion.

Unsere Wirtsleute waren waschechte Leipziger. Beim Frühstück sagte die redselige Wirtin immer wieder zu uns, sie müsse noch „feiern". Wir Ahnungslosen wunderten uns, daß nie gefeiert wurde, bis wir endlich begriffen, daß sie feuern, also heizen, meinte, denn noch wurde jeder einzelne Ofen in der Wohnung geheizt.

Da wir weder eine Zeitung hielten noch ein Radio besaßen, waren Informationen knapp. Um so mehr freuten wir uns, als auf der Gegenseite des Leipziger Hauptbahnhofes eine Leuchtschrift installiert wurde. Nun fuhren wir fast jeden Abend mit der Straßenbahn in die Innenstadt, um beispielsweise zu erfahren, wer die jüngste Friedensfahrtetappe gewonnen hatte.

Die Zeit verging wie im Fluge. Neue Eindrücke, nette Studienkollegen, viel zu lernen. Ernteeinsätze waren für uns 100 Landwirtschaftsstudenten ein Muß. Jeder hatte zu dokumentieren, daß er bereit war, seinen sozialistischen Staat zu unterstützen. Meistens war Kartoffellesen in irgendeiner landwirtschaftlichen Produktionsgenossenschaft angesagt. Die Bedingungen waren karg: alte Armee-Feldbetten, ein paar Waschschüsseln und Wasser von der Pumpe auf dem Hof. Was wollte man mehr?

Da zu unserer Studienzeit sowohl Pflanzen- als auch Tierproduktion gelehrt wurde, dauerte das Studium insgesamt sechs Jahre. Nach dem ersten Jahr, dem Grundstudium naturwissenschaftlicher Fächer wie Zoologie, Botanik, Physik, Chemie und Bodenkunde, begann ein Jahr Praxis.

Im Umkreis von Leipzig wurden Studentengruppen von einem Ausbilder betreut und an alle landwirtschaftlichen Tätigkeiten herangeführt. Diese Ausbildungsbetriebe waren zumeist VEGs, also Volkseigene Güter. Wir besaßen einen eigenen Traktor der Marke „Aktivist“ sowie ein Pferdegespann, Muschi und Senta, für die wir verantwortlich waren. Die Einsätze in Kuh- und Schweinestall wechselten wöchentlich. Wir arbeiteten im Schafstall und auf der Weide, verrichteten alle anfallenden Feldarbeiten und fuhren Futtertransporte. In unserer Studiengruppe waren auch zwei Nordkoreaner, die selbstverständlich voll dazugehörten.

Technikausbildung im zweiten Studienjahr: Beim Binden von Getreide.

Annerose, Inge und ich, rechts, mit Hacken und Proviant auf dem Weg zur Feldarbeit in Schwarzenberg 1957.

Trotz harter, ungewohnter Pflichten blieb noch Zeit für kulturelle Betätigung. Für die Dorfkinder in Seehausen studierten wir das Märchen „Frau Holle" ein und wurden von ihnen wie berühmte Schauspieler gefeiert. Ansonsten gab es auf dem Lande kaum Abwechslung. Einmal wöchentlich wurde im Saal der Gaststätte ein Film gezeigt, dessen Inhalt eine Weile für Gesprächsstoff sorgte. Während der Praktikumszeit lernte ich meinen späteren Mann kennen.

Ein besonderer Höhepunkt für uns Studenten war ein Flug von dem damaligen kleinen Flugplatz Leipzig-Mockau nach Berlin, um die Sehenswürdigkeiten der Hauptstadt und Potsdams zu besuchen. 1961 schlossen wir das Studium als Diplom-Landwirte ab.

Im Oktober 1993 traf sich in unserem ehemaligen Ausbildungs- und meinem jetzigen Wohnort Leipzig-Seehausen fast die gesamte Seminargruppe. Jeder schilderte seinen beruflichen Werdegang. Die Lebenswege in Ost und West waren doch sehr unterschiedlich verlaufen.

(Weitere ZEITGUT-Beiträge dieser Autorin sind im Autorenverzeichnis am Ende des Buches vermerkt.)

[Herdecke/Ruhr, Nordrhein-Westfalen – Braunschweig; 1955–1959]

Dieter Zimmermann

Nestflüchter

Nach der Flucht aus Schulpforta bei Bad Kösen in der DDR im Jahre 1952 dauerte es eine Zeitlang, bis wir in unserer neuen Umgebung im Westen nicht mehr als Fremdlinge betrachtet wurden. Das hatte ich auch in der Schule zu spüren bekommen. Das spätere Friedrich-Harkort-Gymnasium in Herdecke/Ruhr war zu Beginn der fünfziger Jahre Aufbauschule. Diese Schulform begann mit der Untertertia, der 8. Klasse, und endete mit dem Abitur in der Oberprima, der 13. Klasse.

Meine Klasse war infolge der Nachkriegswirren ein nach Herkunft und Alter der Schüler recht buntes Häuflein. Doch nach den anfänglichen Schwierigkeiten bildete sich über alle Gegensätze hinweg eine gute Gemeinschaft heraus, und Freundschaften entstanden. Die zwei, drei Streber unter uns wurden vom Rest der Klasse gemieden und mehr oder weniger zu Einzelgängern.

Natürlich gab es auch Kontrahenten. Mit 16, 17 Jahren werden, wie im späteren Leben auch, Machtkämpfe ausgefochten. Dabei ging und geht es darum, wer in der Gunst der Mitschüler aufsteigt und eine der Leitfiguren wird.

Einen ausgeprägten Hang zur Uniformität unter den Schülern, wie er heute zu beobachten ist, gab es in den 50er Jahren nicht. Die meisten kleideten sich so, wie es ihnen paßte. Nur ärmlich durfte die Kleidung nicht aussehen. Doch keiner lachte darüber, wenn der andere in ordentlichen Knikkerbockern zur Schule kam. Bezahlten Nachhilfeunterricht kannten wir nicht, unsere Eltern hätten dafür auch kein Geld gehabt. Die Klassenkameraden halfen sich gegenseitig, ohne etwas dafür zu fordern.

Hatte ich mich bis jetzt schlecht und recht durchgehangelt, waren meine Zensuren in der Obersekunda so unerfreulich, daß den Lehrern meine Versetzung nicht gerechtfertigt erschien. Mein Vater, Lehrer an eben dieser Schule, stimmte zu, daß ich die Klasse wiederholte. Ich sollte einen Denkzettel bekommen.

Im Wiederholungsschuljahr lud mein Vater unseren Lateinlehrer mit Frau zu uns nach Hause ein. Vor Herrn List-

Meine Klasse bei einer der beliebten Wanderungen auf einer Klassenfahrt. Mode war kein Thema, jeder zog an, was er hatte. Ich, linksaußen, trage meine unverwüstlichen Lederhosen. Ganz rechts, in Knickebockern, läuft unser Sportlehrer, Herr Lengemann.

er hatte ich immer Respekt gehabt, doch an dem betreffenden Abend betrank er sich dermaßen, daß mein Vater und ich ihn nach Hause bringen mußten. Seitdem war meine Angst vor ihm verflogen.

Unter den neuen Mitschülern war auch Claus Lammer, der später mein Freund wurde. Sein Vater, einst als Bergmann aus Oberschlesien gekommen, war schon lange tot, seine Mutter kannte er nicht. Claus lebte „bei seine Omma", wie sie im Pütt sagen. Ab der Obersekunda, mit 17 Jahren, entwickelte er ziemlich ausgefallene Lebensgewohnheiten. Er wurde „Revoluzzer".

Das fing mit ganz harmlosen Dingen an. Es machte Claus Spaß, den Lehrern zu widersprechen, sie zu provozieren. Einmal traf es unsere Geschichtslehrerin, die im damals üblichen autoritären Stil unterrichtete. Sie gab zu bestimmten Ereignissen die Interpretation gleich vor, wir hatten sie nur abzuspeichern, aber nicht zu diskutieren. Der Großteil der Klasse hielt sich aus Vernunftsgründen daran. Wir behandelten gerade die Französische Revolution, und Fräulein Laibach trug ihre These vor. Auf ihre gängige Floskel, ob das allen klar sei, antwortete Claus laut und deutlich: „Nein!"

„Wo liegen denn Ihre Schwierigkeiten?" fragte sie erstaunt.

Claus entgegnete: „Meine Schwierigkeiten liegen darin, daß ich das Problem ganz anders betrachte."

Darauf die Lehrerin: „Die richtige Interpretation habe ich Ihnen doch eben erläutert!"

Claus gab sich damit nicht zufrieden und fuhr fort: „Ich will Ihnen mal erläutern, wie ich das sehe."

Fräulein Laibach wollte nichts hören. Das halte bloß den Unterricht auf. Oder glaube er denn, er sei klüger und wisse mehr als sie?

„Ja!" erwiderte Claus trotzig.

Großes Schweigen allerseits. Dann erhielt er wegen ungehörigen Benehmens einen Eintrag ins Klassenbuch.

Als sein Banknachbar erlebte ich hautnah einige seiner

Angewohnheiten. Nicht selten kam Claus mit einer Alkoholfahne zum Unterricht. Oft prahlte er damit, er habe wieder zwei rohe Eier gefrühstückt, die er aus dem Hühnerstall seiner Großmutter geklaut hätte. Eier seien die gesündeste Nahrung. Was das Thema Sexualität betraf, war Claus dem Rest der Klasse weit voraus. Einmal besuchte ich ihn in Witten, wo er in einem Haus aus der Jahrhundertwende eine recht exzentrisch gestaltete Dachkammer bewohnte. An der Wand hing ein Plan von Witten und Umgebung, auf dem Claus an jede Stelle, wo er „es schon mal hatte", ein kleines Fähnchen gesteckt hatte. Während er anfangs monogam lebte, also immer nur eine Freundin hatte, weitete er sein Betätigungsfeld bald aus. Nicht ohne gewissen Neid hörte ich mir seine amourösen Berichte an.

Die Pille gab es damals noch nicht, dafür betrieben die Jungen unserer Klasse einen schwungvoller Handel mit Kondomen. Einer unserer Mitschüler hatte eine Friseuse zur Freundin, die an der Quelle saß und Sonderpreise machen konnte. Mir waren derlei Aktivitäten vor den Klassenkameraden peinlich, ich bezog meinen Bedarf von Claus.

Im März 1959 legte ich am Friedrich-Harkort-Gymnasium mein Abitur ab. Aufgrund meiner schlechten Ergebnisse im Schriftlichen hatte ich das Vergnügen, in Deutsch, Englisch und Latein zur mündlichen Prüfung antreten zu dürfen. Der Deutschlehrer gab mir ein Gedicht von Hermann Löns. Meine Interpretation lag wohl derart daneben, daß er mir schließlich leise zuflüsterte, ich würde das sicherlich so und so meinen. Zum Glück verstand ich und die Situation war gerettet.

Wir alle, drei Mädchen und zehn Jungen, bestanden das Abitur. Zum Abschluß erwartete uns die Unterprima mit einer Literflasche Schnaps, ein Schlückchen für jeden. Anschließend feierten wir – zunächst ohne Lehrer – im „Afrikahaus", einer Kneipe, die manche Herdecker als drittklassig bezeichneten. Das Ende unserer feucht-fröhlichen Ab-

Meine Klassenkameraden Dieter Heine, ich, der Name meines Nebenmannes ist mir entfallen, Sportlehrer Lengemann, Horst Ströker und Peter Böhlmann während einer Besichtigung des Schlosses Brühl bei Köln (von links).

schiedsrunde bekam ich nicht mehr mit. Nach jedem Bier hatten wir einen Escorial, der an die 50 Prozent hatte, gehoben. Wie ich später von meiner Mutter erfuhr, hat mich Claus nach Hause gebracht. Nach dem Erwachen am nächsten Tag war mein erster Gedanke: „So muß der Tod aussehen!"

Obwohl ich das Abitur in der Tasche hatte, wußte ich immer noch nicht, was ich werden und welche Fachrichtung ich studieren wollte. Von der Persönlichkeit her war ich trotz meiner 20 Jahre ziemlich unreif. Natürlich hatte mein Vater versucht, mir die Lehrerlaufbahn schmackhaft zu machen. Aber ich hatte in der Schule ein paar Situationen erlebt, die mir diesen Beruf nicht gerade als erstrebenswert erscheinen ließen.

Auf dem Gymnasium hatte ich mich in ein Mädchen zwei Klassen tiefer verliebt, das später meine Frau wurde. Damals achteten die Eltern sehr genau auf den Umgang ihrer Kinder, denn sie wollten im Bilde sein, ob der Freund oder die Freundin ihren Vorstellungen entsprach. Nicht nur die äußere Erscheinung mußte stimmen, sondern auch die soziale Herkunft. Das Bekanntmachen der Eltern mit dem Freund oder der Freundin erwies sich zumeist als eine anstrengende, steife Prozedur. Zum Glück waren meine Eltern nicht ganz so förmlich.

Schwieriger gestaltete es sich mit den Eltern meiner Freundin. Ihr Vater, ein mittelständischer Unternehmer, wollte von mir alles ganz genau wissen, vor allem, welchen Beruf ich zu ergreifen gedachte.

Ich erklärte, daß ich das selbst noch nicht wisse, aber Lehrer, wie mein Vater, wolle ich auf keinen Fall werden.

Das gefiel ihm. In seiner urwestfälischen Art witzelte er: „Wenn Beamte sterben, werden aus ihnen Schlaftabletten gemacht."

Die Vorstellungen meines künftigen Schwiegervaters über meine berufliche Zukunft gingen in die Ingenieur- oder in die kaufmännische Richtung. An Maschinenbau hatte ich selbst schon gedacht. Er setzte mir die Vorteile des Ingenieurberufs auseinander, bis er mich davon überzeugt hatte, dieses Fachgebiet zu studieren.

Ich bewarb mich sowohl in Aachen als auch in Braunschweig. Vor dem Studium war ein halbes Jahr Praktikum Pflicht. Meine Mutter fädelte ein, daß ich bei dem Ehemann einer Freundin, einem Geldschrank- und Tresorfabrikanten, das vorgeschriebene Praktikum absolvieren konnte.

Bei Issermann in Herdecke waren etwa 25 Leute in Büro, Fertigung und Planung beschäftigt. Im Umkleideraum standen Elektroplatten, auf denen wir unser Essen, das wir im „Henkelmann" von zu Hause mitbrachten, aufwärmten.

Damals galt noch die 48-Stunden-Woche. Samstags arbeiteten wir bis 11 Uhr, dann wurde eine Stunde lang geputzt und gefegt. Punkt 12 Uhr verteilte der Vorarbeiter die Lohntüten. Normalerweise bekam ein Praktikant kein Geld, aber mit Hilfe eines kleinen Tricks in der Verwaltung konnte die Firma mir wöchentlich 70 DM auszahlen.

Der Inhaber, der betagte Herr Heimann mit einem Glasauge, war ein Unternehmer alten Typs. Als er mich mit den anderen den Besen schwingen sah, steuerte er auf mich zu und nahm ihn mir mit den Worten aus der Hand: „Das haben Sie als künftiger Diplomingenieur doch nicht nötig!"

Vor den Kollegen war mir das ungeheuer peinlich.

Zuerst lernte ich, mit der Feile umzugehen, danach das Elektroschweißen. Die Kollegen hatten ihren Spaß, wenn mir die Elektrode klebenblieb. Aber sie meinten es nicht gehässig, hinterher zeigten sie mir, wie es ging. Einfache Dreharbeiten beherrsche ich noch heute.

Als Praktikumsnachweis wurde ein Berichtsheft verlangt, in das die ausgeführten Tätigkeiten genau einzutragen waren. Ich schob diese lästige Pflicht bis eine Woche vor dem Praktikumsende vor mir her. In einer Eilaktion schrieb ich dann über die Hälfte der Berichte aus Fachbüchern ab, den Rest trug ich aus dem Gedächtnis nach.

Die Technische Hochschule Braunschweig, heute Universität, antwortete als erste positiv auf meine Bewerbung. Im Wintersemester 1959/60 begann ich dort mein Studium. Da mir meine Eltern die selbständige Wohnungssuche in der fremden Stadt nicht zutrauten, begleiteten sie mich bei den Besichtigungen. Das Für und Wider wurde lange diskutiert, bis die fünfte Unterkunft endlich für gut befunden wurde. Mir hatte die erste am besten gefallen.

In dem spartanisch eingerichteten Zimmer stand ein kleiner, eiserner Bullerofen, den ich selbst heizen mußte. Ich war auch für das Brennmaterial zuständig. Als ich im November einzog, waren Holz und Kohlen nicht vorrätig, so daß mein erster Abend recht frostig ausfiel. Später heizte ich manchmal derart ein, daß das Ofenrohr glühte und es im

Zimmer beinahe zu warm war. Hatte ich mich mit Nahrungsmitteln und einem Kasten Bier eingedeckt, konnte es hier ganz gemütlich sein.

Um das Hauptgebäude der Hochschule gruppierten sich einige mehr oder weniger intakte Institutsgebäude. Im Krieg waren 70 Prozent der Gebäude zerstört worden. Der Großteil der Seminarräume befand sich in angemieteten, teils weit voneinander entfernt gelegenen Häusern. Ich erinnere mich, daß die Mathematik-Vorlesung von Professor Iglisch in einem Kino stattfand. Das Praktikanten-Amt, in dem ich das erwähnte Berichtsheft vorlegen mußte, war in der ehemaligen Klavierfabrik Grotrian untergebracht. Das Heft wurde nur abgestempelt. Das Auditorium-Maximum existierte noch nicht. Die Raumsituation der Hochschule verbesserte sich glücklicherweise bald.

Zu Beginn schien mir der Hochschulbetrieb völlig undurchsichtig. Es beruhigte mich, daß es anderen Studienanfängern ebenso erging. Ich schloß mit Detlev Uhlmann Bekanntschaft, dessen Vater in Wesel am Rhein Schmied war. Während seine Brüder handwerkliche Berufe erlernt hatten, durfte Detlev studieren, weil er kurz nach Kriegsende an Tbc erkrankt und deshalb körperlich nicht voll leistungsfähig war. Wir aßen nicht nur in der Mensa gemeinsam zu Mittag, sondern trafen uns abends bei mir oder bei ihm. Unsere Abendessen arteten bisweilen in Saufgelage aus. Später trat Detlev einer katholischen Studentenverbindung bei. Das brachte uns etwas auseinander.

Eines Tages folgte ich einer Einladung des CORPS CRETIA, einer schlagenden Verbindung. Auf der Werbeveranstaltung wurde behauptet, die Verbindung verfüge über alle Prüfungsfragen und Klausurthemen. Im CORPS-Haus könne man preisgünstig wohnen, und es sei immer für Geselligkeit gesorgt. Die „Alten Herren" würden uns, wenn nötig, jede Unterstützung geben, und die zu schlagende Mensur würde ein rechtes Selbstvertrauen verleihen.

Es entsprach meiner damaligen Begeisterungsfähigkeit und Naivität, daß ich mich von den Werbern kritiklos begeistern ließ und der Verbindung beitrat. Ich zog ins Verbindungshaus und hatte mich den dortigen Gepflogenheiten zu unterwerfen. Die Geselligkeiten reichten von der gewöhnlichen Sauferei über Fechtunterricht bis zum hochoffiziellen Ballabend, bei dem sich immer das Problem einer ausreichenden Anzahl geeigneter, folglich standesgemäßer Damen stellte. Schließlich seien wir die „Elite“.

Je genauer ich den Verein kennenlernte, desto mehr widerte mich sein Elite-Gebaren an. Zudem stellten sich die meisten Versprechungen als Flop heraus. Als ich zum ersten Mal auf dem „Paukboden“ zusah, wie eine Mensur geschlagen wurde, hatte ich bereits genug. Auf einem der Bälle schüttete ich, wohlgemerkt unbeabsichtigt, meiner Tischdame roten Sekt über ihr weißes Kleid. Das war den ganzen nächsten Tag über Gesprächsthema der Verbindung.

Jetzt reichte es mir endgültig. Doch aus der Verbindung auszutreten gestaltete sich schwierig. Ich mußte schriftlich schwören, über Einzelheiten des Verbindungslebens strengstes Stillschweigen zu wahren. Ausschlaggebend war wohl meine Erklärung, niemals eine Mensur schlagen zu können. Nach langem Hin und Her war ich endlich wieder frei.

Eine neue Studentenbude mußte gefunden werden. Die Unterkünfte wurden über das Schwarze Brett oder von Kommilitone zu Kommilitone direkt gehandelt. Ein Gustav Niemann bot mir zu Sonderkonditionen seine Bleibe an. Ich hätte ahnen müssen, daß an der Sache etwas faul war, doch in meiner Notlage nahm ich sofort an.

Das Zimmer war winzig, aber die Wirtin, deren Ehemann an der Ostfront vermißt war, besaß einen Fernsehapparat, damals keine Selbstverständlichkeit. Gleich zu Anfang meinte die Frau zu mir, es sei nicht gut, nur über den Büchern zu hängen, ich könne ruhig mal abends zu ihr zum Fernsehen kommen. Da mich am Abend Bücher wirklich nicht gefangenhielten, fand ich Fernsehen ganz interessant und nahm das Angebot dankend an. Die Wirtin öffnete eine Flasche Wein, Marke „sehr süß". Eine zweite folgte, und die gute Frau rutschte auf dem Sofa immer dichter an mich heran. Mir wurde die Situation unheimlich, und jetzt war mir auch klar, weshalb mein Vorgänger mir die Bude so schnell überlassen hatte. Ich ergriff ebenfalls die Flucht.

Meine nächste Bleibe fand ich in einer herrschaftlichen Wohnung in der Fliegerstraße. Frau Deterich, die betagte Wirtin, vermietete von ihrem reichlichen Wohnraum zwei Zimmer an Studenten, um ihre Rente aufzubessern. Die Räume waren sehr groß und vor allem hoch, die Decken mit Stuckornamenten üppig verziert. Mein Balkon zeigte zu einem riesigen Hinterhof, der als Kinderspielplatz und Mülldeponie diente.

Der zweite Untermieter, ein angehender Bauingenieur, stand im Gegensatz zu mir jeden Morgen um 6.30 Uhr auf und ging pünktlich aus dem Haus, um ja keine Vorlesung zu verpassen. Nach einiger Zeit fragte er mich, wann ich denn morgens so aufstünde. Wenn er das Haus verließe, hätte ich mich immer noch nicht gerührt.

Ich erhob mich meistens erst gegen 10 Uhr und ging anschließend zu Eddie in die Stehbierhalle um die Ecke gemütlich frühstücken. Dem braven Mitbewohner aber erklärte ich, daß ich vor allem die nachmittäglichen Übungen besuchen würde.

Nachdem er eine besonders schwierige Prüfung erfolgreich durchgezogen hatte, lief bei ihm auch einmal etwas aus dem Ruder. Am nächsten Morgen gab es gegen vier Uhr auf dem Flur ein ziemliches Getöse. Am Nachmittag kam Frau Deterich zu mir und bat mich, nach dem Herrn zu sehen. Er sei erst in der Frühe und dazu in bedenklichem Zustand nach Hause gekommen und habe seither kein Lebenszeichen von sich gegeben. Ich hätte ja Erfahrung in solchen Dingen – das fand ich dann doch recht keß.

Ich fand meinen Nachbarn in seinem übel verschmutzten Bett liegend vor. Kleinlaut bat er mich um eine Selters. Am folgenden Tag ging er nicht zu seiner geliebten Vorlesung. Als Dank für meine Anteilnahme büffelte er vor meiner nächsten Mathematik-Prüfung vier Abende lang mit mir, woraufhin ich die Prüfung tatsächlich bestand.

Im Laufe der Zeit schloß ich mich zwei Kommilitonen des Maschinenbaus an. Wir verstanden uns gut und hatten hinsichtlich des Studiums dieselben Probleme. Der eine, Ernst Maaß, stammte von der Insel Rügen und hatte „drüben" Abitur gemacht, das hier nicht anerkannt worden war. Vor dem Studium hatte er das Abitur noch einmal ablegen müssen. Günter Walkdorf, der andere Student, kam aus Lübeck. Mit ihm verband mich die Vorliebe für Motorräder. In der freien Zeit, die wir uns zu Beginn des Studiums nach Bedarf nahmen, tourten wir gemeinsam durch die Gegend.

Student zu sein bedeutete anfangs für mich vor allem der Besitz von grenzenloser Freiheit. Der elterlichen Aufsicht entkommen, glaubte ich, alles tun und lassen zu können, ohne mich an irgendwelche Regeln halten zu müssen. Doch die Ernüchterung nach entsprechenden Studienergebnissen folgte auf den Fuß. Nachdem ich das planlose In-den-Tag-hinein-Leben reichlich ausgekostet hatte, fand ich zu einer einigermaßen vernünftigen Einstellung und widmete mich hauptsächlich meinem Studium.

(Weitere ZEITGUT-*Beiträge dieses Autors sind im Autorenverzeichnis am Ende des Buches vermerkt.)*

[Berlin;
1955–1958]

Sybille Salrein

Für die Prüfung gewappnet?

Als ich bei meinen Eltern durchgesetzt hatte, mit der Mittleren Reife die Schule zu verlassen, beschloß ich, eine Buchhändlerlehre anzufangen. In einer evangelischen Firma, deren Chef nicht im Dienste, aber im Sinne der Kirche zu arbeiten behauptete, fand ich eine Lehrstelle. Zuvor mußte ich mich auf dem Arbeitsamt einem Eignungstest unterziehen, überflüssigerweise, wie ich fand, ein berufsvorbereitendes Praktikum wäre sinnvoller gewesen, aber das gab es in jenen Jahren noch nicht.

Am Montag, dem 4. April 1955 – der Erste war ein Freitag gewesen – trat ich an. Meine allererste Tätigkeit in der Buchhandlung Hugo Rothers in Zehlendorf bestand darin, Prospekte zu stempeln. Abends tat mir die Hand weh.

Das Haus, in dem sich der Laden befand, war alt. Im Winter wurde er mit einem Kanonenofen geheizt. Falls der Bote unterwegs war, mußte ich das Feuer anfachen. Das gelang mir selten auf Anhieb, mir fehlte die Übung, da wir daheim Zentralheizung hatten. In meiner Anfangszeit wurde der Laden von einer Putzmacherin und ihrem Lehrling mitgenutzt. Wenn eine Dame eintrat, wußte man nie, ob sie ein Buch oder einen Hut kaufen wollte.

Oft trug ich schwere Pakete zur Post. Mittags mußte ich für die Buchhalterin 100 Gramm Cremehütchen holen und danach, was besonders unangenehm war, den Chef vom Mittagsschlaf wecken. Abends hieß es noch ausfegen und abwaschen. Wöchentlich hatte ich Staub zu wischen, die Schaufensterscheiben und den Linoleumfußboden zu putzen und die Toilette zu reinigen.

Später kam ein zweites Geschäft in der City, nahe dem KaDeWe, hinzu. Der Buchladen war ein ehemaliges Schuhgeschäft, dessen Hocker zum Anprobieren der Schuhe sich als recht nützlich erwiesen, um an die oberen Regale zu gelangen. Von der Nürnberger Straße mußte ich morgens häufig zum Bahnhof Zoo laufen, wo die Frau des Chefs für die Pfarrer, die das Konsistorium besuchten, bis zum Bau der Mauer einen Büchertisch unterhielt. Wenn Kirchenbasare stattfanden, vor allem in der Adventszeit, stand ich an den Wochenenden ebenfalls hinter dem Büchertisch.

Samstagmittag hatte ich nach Ladenschluß noch die Aufgabe, dem Gefängnispfarrer von Moabit 50 Exemplare der Wochenzeitung „Das Sonntagsblatt" zu bringen.

Mit mir zusammen lernte die Tochter der Buchhalterin. Wir besuchten dieselbe Berufsschulklasse. Zum Personal meiner Lehrfirma gehörten außer uns beiden Lehrlingen der erste Sortimenter und seine Frau. Außerdem gab es eine Verkäuferin, die neben der „Eierschale", einem bekannten Jazzlokal, am Breitenbachplatz wohnte. Dieser Kollegin kullerten beim Lachen die Tränen, weshalb ihr die früheren Kollegen zum Abschied ein „Tränenkrügelein" geschenkt hatten. Das bekam einen Ehrenplatz auf dem Sekretär, den sie sich als erstes neues Möbelstück nach dem Krieg geleistet hat. Zu dessen Einweihung war auch ich eingeladen. Damals kannte ich höchstens Goethes Sekretär Eckermann. Neugierig besah ich das Möbel und war enttäuscht. Muttis Schreibklappe am Bücherschrank aus kaukasischem Nußbaum war viel größer! Und die Schreibtische von Großvater und Vati gefielen mir viel besser als dieses schmale Ding.

Um den Umsatz zu steigern, probierte der Chef Neues aus: Er nahm Kirchenbedarf, die Ausstattung der Kirchen mit

Unser Berufswunsch: Buchhändlerin bzw. Buchhändler. Meine Klasse an der Kaufmännischen Berufsschule Friedrich List in Berlin-Halensee bestand überwiegend aus Mädchen, rechts Lehrer Krägenbrink. Ich sitze in der ersten Reihe als zweite von links.

Geräten, auch Talare für Pfarrer in sein Sortiment auf. Maßnehmen durften wir Lehrlinge nicht, das erledigten die Verkäuferinnen. Aber die silbernen Abendmahlskelche durfte ich putzen. Diese Sachen wurden von den Gemeinden aber bald über spezielle Versandhäuser bestellt, deren Preise günstiger waren. Aus diesem Grund mußte der Chef den Bestand weit unter dem Wert verkaufen. Auch ich konnte ein paar hübsche Stücke preiswert erstehen und hatte so gleich meine Weihnachtsgeschenke.

Gelegentlich wurde ich zum Dekorieren der Schaufenster herangezogen, doch leider hatte ich auf diesem Gebiet wenig Geschick, obwohl ich einen Kurs belegt hatte. Zum Glück war „Dekoration“ kein Prüfungsfach. Beim Dekorieren am Fehrbelliner Platz würden ihr alle Beamten der umliegenden Behörden zuschauen, erzählte mir eine Mitschülerin.

1957 besuchte ich mit meinen Eltern den Ball des Westfalenbundes beim 61. Stiftungsfest in Berlin. Erst nach meiner Lehrzeit begann ich, mich für das andere Geschlecht zu interessieren.

„Wie unangenehm“, meinte ich. – Da lachte sie und fand's wohl schick, im Mittelpunkt zu stehen.

Eine andere Mitschülerin, ich erkannte sie an ihren auffallenden grün-schwarz-weiß-karierten Hosen, fuhr eines Sommer-Sonntages 1957 nahe meinem Elternhaus in Dahlem in einem mit Amerikanern besetzten Auto stolz an mir vorbei. Als ich sie am Montag in der Schule fragte, was sie denn mit den Soldaten zu tun habe, kicherte sie verlegen.

Am Montag- und Mittwochvormittag besuchte ich die Berufsschule in Halensee. Hier gefiel es mir. Den Klassenlehrer fand ich toll. Er lockerte den Unterricht mit Geschichten und Witzen auf und empfahl uns, statt des Feuilletons besser den Handelsteil der Zeitung zu lesen. Die anderen Lehrer waren mehr oder weniger langweilig. Einer, ansonsten Dozent an einer Volkshochschule, stellte sich vorn hin, hielt seinen Vortrag und verschwand sofort wieder. Keine Fragen, keine Diskussionen.

Der Schreibmaschinenunterricht fiel meistens aus. Auch Stenographie scheiterte häufig am Lehrermangel. Uns war es recht, wir nutzten jede unterrichtsfreie Stunde, um über den Kurfürstendamm zu bummeln.

Die meisten Lehrlinge hatten wie ich die Mittlere Reife, die Abiturienten waren gleich zu Beginn der Lehre eine Klasse höher eingestuft worden. Den beiden Mitschülerinnen aus der Volksschule halfen wir alle gemeinsam beim Lernen. Von den sechs Jungen in unserer Klasse lernten vier in derselben Firma. Sie saßen im Klassenraum an der Tür und fühlten sich wohl manchmal ausgeschlossen, denn die Pausengespräche drehten sich natürlich um Mädchenthemen.

Mittwochs hatten nur wir Mädchen zwei Stunden Turnen auf dem Schulhof. Das fanden wir ungerecht. Da es kaum Sportgeräte gab, machten wir Ballspiele. Montags mußten wir nach dem Unterricht noch ins Geschäft, aber am Mittwoch hatten wir frei, um die Hausaufgaben zu erledigen. Der Arbeitstag war lang, von 9 bis 18.30 Uhr. Im ersten Lehrjahr betrug die Tischzeit zwei, später nur noch eine Stunde. Schichtdienst gab es nicht. Nur wenn ich zum Arzt mußte, bekam ich frei, ansonsten hieß es, Urlaub nehmen. Ich erhielt im ersten Lehrjahr 45 DM, im zweiten 55 DM und im dritten Lehrjahr 70 DM Ausbildungsbeihilfe. Meine Eltern übernahmen für mich die größeren Ausgaben. Das Anfangsgehalt eines Kaufmannsgehilfen im Buchhandel, der einem Handwerksgesellen entspricht, lag etwa bei 200 Mark.

Nach Feierabend war ich in der Regel viel zu müde, um noch irgend etwas zu unternehmen. Manchmal besuchte ich Dichterlesungen, meist in der traditionsreichen Buchhandlung Elwert & Meurer in Schöneberg, oder Veranstaltungen des Arbeitskreises Berliner Jungbuchhändler, in dessen Vorstand ich im dritten Lehrjahr gewählt wurde. Der Arbeitskreis Evangelische Jungbuchhändler, dem ich ebenfalls angehörte, tagte ab und an in Ostberlin. Dabei lernte ich die östlichen Vororte kennen, die ich aber, wie auch Berlin-Mitte, selten aufsuchte.

In der Berufsschule traf ich eine ehemalige Mitschülerin aus der Gertraudenschule wieder. Sie lud mich zu sich ein. Wie staunte ich, als ich sah, daß sie nicht bei ihren Eltern, sondern zur Untermiete wohnte! Da sie nicht zum Einkaufen gekommen war, gab es zum Abendbrot nur Knäckebrot mit Teewurst. Daheim hätte ich diese Wurstsorte nicht angerührt, hier schmeckte sie mir.

Kurz vor der Prüfung wollte ich beinahe alles hinschmeißen und mir einen anderen Lehrherren suchen, denn mein Chef war so bigott und widerlich, daß es mich vor ihm ekelte. Meine Eltern bestürmten mich durchzuhalten und stell-

Während der Tagung des Arbeitskreises der Berliner Jungbuchhändler in Hohen-Tübingen vom 14. bis 18. Juni 1958, an der ich teilnahm. Vorn stehend Herr Mausch, der 1. Vorsitzende, Herr Glage und ein Kollege vom Reclam-Verlag.

ten ihn zur Rede. Aus Rache wollte er mich nicht zur Prüfung zulassen. Ich sei, so meinte er, zu unreif. Doch mein Klassenlehrer setzte durch, daß ich geprüft wurde. Meine bisherigen Zeugnisse waren gut. Trotz schlechter Noten in Rechnen und Buchführung bestand ich in allen theoretischen Fächern.

Meine Jahresarbeit schrieb ich über vorlutherische Bibelübersetzungen. Das Thema hatte ich zwar schon einmal vorgetragen, aber ich hatte keine Lust, ein anderes zu bearbeiten, weil ich meine spätere Arbeitsstelle schon fast sicher wußte. Es reichte auch. Die Mitschüler aus Verlagen waren ohnehin im Vorteil, wurden ihre Mappen doch von der hausinternen Buchbinderei besonders hübsch gestaltet. Aber es kam ja auf den Inhalt an!

Die praktische Verkaufsprüfung fand in einer Charlottenburger Buchhandlung statt, deren Besitzer der Schwiegervater eines Kollegen aus dem Arbeitskreis Berliner Jungbuchhändler war. Bei der Prüfung mimte er unterschiedliche Kundentypen, die ich individuell zu bedienen hatte. Am Ende überzeugte mein Verkaufstalent.

Nach erfolgreichem Lehrabschluß überließ ich meine Schulbücher großzügig der Tochter der Buchhalterin, die wegen zu schlechter Deutschnoten die Prüfung nicht bestanden hatte. Eines Tages rief sie mich an, sie habe im Umschlag eines Buches Fotos meiner Klassenkameraden aus der Berufsschule gefunden. Obwohl mich meine Vergeßlichkeit ärgerte, erklärte ich großspurig, daß das nicht mehr so wichtig sei, denn ich würde jetzt für Studenten arbeiten. Meine Patentante hatte nämlich ihre Beziehungen spielen lassen und mir eine Arbeitsstelle in der Universitätsbibliothek vermittelt mit der Aussicht, später die Bibliothekarschule besuchen zu können.

[Hameln, Niedersachsen;
Sommer 1956]

Jürgen Hagenmeyer

Ein Koffer voller Gartenzwerge

Als sich die politischen und wirtschaftlichen Verhältnisse in der jungen Bundesrepublik stabilisiert hatten, kamen auch häufiger Deutsche, die im Ausland lebten, zu Besuch in die alte Heimat, um Verwandte und Freunde wiederzutreffen. Sie wollten den Stätten ihrer Kindheit und Jugend neu begegnen und sich den Wiederaufbau ansehen. Manche von ihnen hatten in der unmittelbaren Nachkriegszeit Familien in Deutschland mit Paketen voll damals kostbarer Dinge unterstützt.

Obwohl die beengten Wohnverhältnisse und die allgemeine Sparsamkeit in jener Zeit eine größere Gastlichkeit kaum erlaubten, sagte sich auch bei uns mehrfach Besuch aus dem Ausland an. So auch Margret Nobiling, eine Jugendfreundin meiner Mutter, die seit Jahrzehnten in wohldotierten Verhältnissen in Sao Paulo in Brasilien lebte und das Kriegsgeschehen in Europa nicht miterlebt hatte. Vor dem Krieg war mein Vater als Schiffsoffizier bei Aufenthalten in Südamerika mehrfach Gast ihres Hauses gewesen. Meine Mutter hatte sie seit Jugendtagen nicht mehr getroffen. Dann und wann hatten wir von dort Pakete erhalten, und so sahen wir ihrem Besuch im Sommer 1956 erwartungsvoll entgegen.

Für die wenigen Tage ihres Hierseins wohnte Tante Margret in einem Hotel, war jedoch tagsüber mit uns zusammen. Ich war 17 Jahre alt, ging noch zur Oberschule und hatte große Ferien. Deshalb wurde ich zu ihrer Begleitung „abkommandiert", was mir durch üppige Eis- und Kuchenportionen entgolten wurde. Selbstverständlich stand auch der Kauf von Souvenirs und Mitbringseln für Freunde in Brasilien auf der Tagesordnung.

„Jürgen, wo bekomme ich Gartenzwerge?" fragte sie mich in ihrem leicht fremdländisch klingendem Deutsch.

Ich erstarrte, denn jene bunten Tongebilde waren für mich schon immer der Inbegriff von Kitsch. Zudem hatten wir keinen Kleingarten, in dem man winzige Rasenflächen oder Wegekanten mit ihnen hätte bestücken können.

Kuckucks-Uhren aus dem Schwarzwald waren zwar erhältlich, aber ebenso wie Hummel-Figuren nicht erwünscht, und die heute vielfältig angebotenen Pyramiden und anderen Holzarbeiten aus dem Erzgebirge waren damals, bedingt durch die politischen Verhältnisse, selten und sehr teuer.

Nach kurzem Nachdenken fiel mir ein Laden für Gartenbedarf ein, der vermutlich auch Gartenzwerge führte. Und tatsächlich ertönte, als wir dort eintraten und meine Begleiterin die ersten Exemplare erblickte, einen Ausruf des Entzückens. „Liegend mit Brille und Buch" in mittlerer Größe fand ihren besonderen Beifall. Diese Darstellung belustigt mich bis heute. Ein Exemplar dieser Spezies wurde sofort geordert. Sogleich brachte der Inhaber einen Katalog herbei, in dem die Wichtel in allen Größen und Positionen abgebildet waren. Zur Kollektion gehörten auch Schneewittchen und die Tiere des Waldes. Ich hielt mich währenddessen taktvoll, leicht errötend im Hintergrund.

„Gnädige Frau, ich könnte Ihnen die nicht verfügbaren Exemplare kurzfristig beschaffen. Wie lange werden Sie hier sein?" entspann sich der Dialog.

Ja, die Zeit würde ausreichen.

„Gut, ich brauche etwa fünfzehn, möglichst unterschiedliche Gartenzwerge. Bitte rufen Sie mich an, sobald sie eintreffen!"

Die Auswahlprozedur zog sich hin. Auf die immer wieder gestellte Frage meiner Begleiterin, wie ich bestimmte Zwerge fände, versuchte ich, möglichst ausweichend zu antworten. Der Kauf wurde abgeschlossen und im voraus bezahlt. Ich lächelte gequält.

Am übernächsten Tag rief der Ladeninhaber bei uns an: „Ihre Gartenzwerge sind da!"

Nun galt es, die „süßen Stücke" abzuholen und bruchsicher zu verpacken, damit sie unversehrt nach Brasilien verschifft werden konnten.

Ein Koffer mußte her. Nach dessen Erwerb ging's zurück zum besagten Laden. Das Einpacken der Gartenzwerge dauerte geraume Zeit. Anschließend trug ich den schweren Koffer mit dem kostbaren Inhalt zum Hotel. Natürlich gab es zur Belohnung Kaffee und Kuchen in der damals schönsten Konditorei der Stadt.

In Erinnerung an diesen Einkauf entlocken mir die liebevoll arrangierten Kollektionen dieser „Kunst-Wichtel" in Klein- und Vorgärten heute immer noch ein Lächeln.

(Weitere ZEITGUT-Beiträge dieses Autors sind im Autorenverzeichnis am Ende des Buches vermerkt.)

[Kürten, Nordrhein-Westfalen;
etwa 1956]

Günther Paffrath

Der Weihnachtsbaumdieb

Am 6. Oktober feierten wir das Erntedankfest. Bis dahin war ich kein sehr eifriger Kirchgänger, wobei ich unter „eifrig" ohnehin größere zeitliche Intervalle des Kirchenbesuchs verstehe. Doch zu diesem besonderen Anlaß war es für mich als Jungbauer ein inneres Bedürfnis, dem Schöpfer für Milch und Eier, Korn und Kartoffeln zu danken.

An diesem Tag wurde in unserer Kirche der neue Pfarrer eingeführt. Da ich in der zweiten Reihe, unmittelbar hinter seiner Familie, saß, konnte ich das feierliche Geschehen aus nächster Nähe beobachten. Kirchenbesucher, Presbyter und Amtsbrüder des neuen Pastors blickten mit ernsten Gesichtern drein. Ganz anders jedoch der neue Pfarrer. Er erschien mir quirlig und fröhlich, sein rotblondes Kraushaar wippte bei jeder Bewegung. Neben ihm saß in betont aufrechter Haltung seine dunkelhaarige Frau, daneben die Tochter mit dem in unserer Region seltenen Namen Rahel. Und genau hinter dieser saß ich. Was mir an der etwa Achtzehnjährigen auffiel, war ihr wunderschönes, schwarzes, kräftiges Haar, das, zu einem langen Zopf geflochten, über ihr dunkelblaues Samtkleid herabhing. Ich konnte den Blick von dieser Haarpracht einfach nicht wenden.

Als wenig später der Organist unvermittelt die ersten Musiktöne in voller Kraft erklingen ließ, wendete sich der prächtige Haarkopf in Richtung Orgel. Für einen Moment vergaß ich fast zu atmen und starrte auf dieses feine Profil, einer marmornen Göttin gleichend.

Die dunkelblauen Augen, langbewimpert unter schwarzen Brauen, sahen an mir vorbei hinauf zur Orgel. Wenn sie mich angeschaut hätten, ich glaube, ich wäre überrot geworden. Ihr Blick streifte mich jedoch nicht einmal. Dennoch hatte mich die Schönheit des Mädchens innerhalb weniger Sekunden in ihren Bann gezogen. Rahel!

In der Folgezeit sprach ich den Namen der Angebeteten oft leise vor mich hin. Wie gut konnte ich Jakob verstehen, der für seine Rahel sieben Jahre umsonst gearbeitet hatte. Ich würde mindestens sieben mal sieben Jahre für meine Rahel arbeiten.

Vorerst begann ich, meine Lebensgewohnheiten zu ändern. Anstatt dreimal im Jahr ging ich fortan jeden Sonntag zur Kirche, hoffend, hinter dem schwarzen Zopf, hinter der märchenhaften Lichtgestalt sitzen zu dürfen.

Meinen Eltern entging diese wundersame Wandlung nicht. Wahrscheinlich fragten sie sich, welches Schlüsselerlebnis mich wohl der Kirche so nahegebracht haben könnte.

Meine Verhaltensänderung beschränkte sich nicht auf den eifrigen Kirchenbesuch. Auch meine Umgangsformen wurden andere, und ich legte größeren Wert auf meine Garderobe sowie auf gerade Körperhaltung und auf meinen Gang, der gravitätischer wurde.

Dennoch dauerte es bis in den November hinein, ehe ich es wagte, Rahel nach dem Gottesdienst auf dem Kirchvorplatz anzusprechen. Ich machte sie darauf aufmerksam, daß die Witterung sehr unfreundlich sei, was sie bestätigte. Sie bot mir an, mich unter ihren Schirm, einen kleinen, lilageblümten, zu stellen. Dieser schützte zwar ihr schönes Haupt vor dem Regen, mich jedoch benutzte er mehr als Regenrinne. Dennoch war es für mich der herrlichste Augenblick meines jungen Lebens. Ich genoß förmlich jeden Tropfen, der von ihrem Schirm auf meinen Nacken floß.

In eine freundlich-lockere Unterhaltung vertieft, schritten wir die wenigen Meter bis zum Pfarrhaus, wo ich mich von ihr verabschiedete. In ihren dunkelblauen Augen sah ich ein kurzes Aufleuchten, als ich die Hoffnung äußerte, es möge doch am nächsten Sonntag aus dem Sonn- ein Regentag werden, der es mir erlaube, mich wieder unter ihren Schirm stellen zu dürfen.

Dieser Wunsch ging nicht in Erfüllung, der folgende Sonntag war ein strahlender Novembertag. Nach dem Gottesdienst trat ich wieder zu Rahel und wies darauf hin, daß heute ein besonders schöner Tag sei, was sie ebenso fand. Diesmal führten wir ein etwas längeres Gespräch. Mit Freude stellte ich eine harmonische Übereinstimmung zwischen ihrem äußeren Erscheinungsbild und ihrem Wesen fest. Jetzt nahm mein Bestreben, ihr möglichst nahe zu sein, neue Dimensionen an.

Nachdem ich bereits Mitte November dem Kirchenchor beigetreten war, schloß ich mich Anfang Dezember einem Bibelkreis und einer kirchlichen Jugendgruppe an. Alle diese Bemühungen zielten darauf hin, nicht nur vor Rahel, sondern auch vor ihren Eltern zu bestehen, die möglicherweise Vorbehalte gegen einen freundschaftlichen Umgang ihrer Tochter mit einem Jungbauern haben könnten.

Insgesamt war ich in einer sehr glücklichen Stimmung, die sich auch von der immer winterlicher werdenden Witterung nicht beeinträchtigen ließ. Der Winter nahte indessen mit Schneeregen und Reif.

Ende November verhandelten mein Vater und ich mit mehreren Weihnachtsbaumaufkäufern. Wir hatten vor einigen Jahren eine große Waldwiese mit jungen Fichten bepflanzt, die in diesem Jahr Weihnachtsbaumgröße erreicht hatten und verkauft werden konnten. Anfang Dezember begann also die „Waldernte". Der Ertrag für zahlreiche harte Arbeitsstunden sollte nun zu unserem Wohl in bare Münze umgewandelt werden. Mitte Dezember war die Aktion abgeschlossen.

Nur vereinzelt erschienen noch private Käufer, um ihren Weihnachtsbaum direkt bei uns, dem Erzeuger, zu erwerben. Wir waren somit in jenen Tagen häufig draußen in der Fichtenparzelle. Dabei fiel uns auf, daß immer wieder Bäume fehlten, also Diebe am Werk gewesen sein mußten. Meistens an Stellen, wo ohnehin schon Bestandslücken waren. Offenbar hatte man sich daran erinnert, daß es sich in unserem Wald leicht klauen und unter einem gestohlenen Weihnachtsbaum gut singen ließ. Da wir uns nur ungern die Früchte unserer Arbeit fortnehmen und der Willkür in unserem Wald freie Bahn lassen wollten, patrouillierten wir regelmäßig um unseren Baumbestand.

Eines Abends, es schneite leicht, war ich wieder auf der Pirsch. Bald wurden die Flocken dichter und dichter. „Bei Schnee wird es einfacher sein, eine Spur zu verfolgen", dachte ich mir und malte mir aus, wie ich einen Dieb mit harschen Worten anhalten und zur Rede stellen würde. Es tat mir gut, meinem Zorn über die Baumklauer in leisen Selbstgesprächen freien Lauf zu lassen.

Da plötzlich sah ich etwa hundertfünfzig Schritte unterhalb von meinem Standort eine Gestalt in dunkelgrünem, inzwischen schneebesprühtem Loden aus unserer Parzelle treten. Eine spitze Kapuze, ebenfalls schon schneeüberzukkert, ließ den Menschen wie einen Riesenwichtel erscheinen. Mühsam schleppte er zwei Weihnachtsbäume mit sich den Berg hinan. Ich stieß einen Ruf aus und begann, den Hang hinabzurutschen. Der Kapuzen-Mensch schien mich gesehen zu haben, denn er schlug eilig einen schmaleren Nebenweg ein. Als ich parierte, änderte er die Richtung, dennoch kam ich ihm immer näher. Schließlich war ich nur noch wenige Meter hinter ihm.

Er hatte an Geschwindigkeit zugelegt und mußte sich gehörig anstrengen, denn die Weihnachtsbäume ließen sich gewiß nicht leicht ziehen. Obgleich er wissen mußte, daß ich direkt hinter ihm war, hielt er nicht an. Da ich wegen der

Enge des Weges und der Breite der beiden Bäume nicht an ihm vorbei konnte, rief ich laut: „Hallo!"

Dann noch einmal: „He, hallo!"

Der Dieb blieb stehen, drehte sich um, und ich erstarrte. Unter der schneebedeckten Zipfelmütze schauten rotblonde Locken und darunter das Gesicht unseres neuen Pfarrers hervor!

Ich geriet in große Verlegenheit, hatte ich doch den Vater meiner Angebeteten beim Weihnachtsbaumklau gestellt. Der Pfarrer mochte die „Baumentnahme" vielleicht als Kavaliersdelikt ansehen, möglicherweise hatte er sich auch gar nichts dabei gedacht. Für mich aber würde es das Ende meiner großen Liebe bedeuten, fände ich jetzt nicht die richtigen Worte. Ich begann das Gespräch mit der überflüssigen Frage: „Haben Sie Weihnachtsbäume geholt?"

„Das habe ich, junger Freund. Aber – wo bin ich bloß hier? Ich habe wohl den rechten Weg verfehlt!"

Im Innern bestätigte ich letztere doppeldeutige Feststellung, stieß indessen, heiser vor Erregung, lediglich hervor: „Woher haben Sie die Bäume?"

„Die habe ich vom Schöpfer erstanden, einen für mich und einen für das Gemeindehaus. Aber weshalb fragst du, mein Sohn?"

Seine ruhige, freundliche Art und die Formulierung „mein Sohn" verwirrten mich ziemlich, darum fragte ich erneut: „Bei *wem* kann man solche schönen Bäume erwerben?"

„Bei Gott, in Gottes freier Natur", wiederholte er.

Seine Unbefangenheit irritierte mich.

„Weshalb fragst du so eindringlich?", wollte der Pfarrer wissen. „Und warum bist du mir so auffällig gefolgt? Ich habe dich schon eine Weile hinter mir gespürt. Gelt, du bist doch der fleißige Kirchgänger, der mir schon immer aufgefallen ist und von dem meine Tochter Rahel manchmal spricht?"

Bevor ich, nach den passenden Worten suchend, etwas erwidern konnte, beantwortete er seine Frage selbst: „Laß mich raten, junger Freund. Du willst sicher auch einen Baum haben, und weil ich gleich zwei besitze, denkst du, ich könnte dir getrost einen abgeben, so wie das der Martin mit seinem Mantelteil getan und wie es unser Heiland gepredigt hat. Es sei drum so, wie du es dir wünschst. Du kriegst den rechten hier. Es ist der größere Baum, ihn hatte ich fürs Gemeindehaus ausgewählt."

Einen Augenblick sah er mich schweigend an, dann fügte er hinzu: „Sicher bist du damit einverstanden, wenn ich dich bitte, mir für diesen schönen Baum, den ich eigenhändig gefällt und bis hierher geschleppt habe, zehn Mark zu zahlen. Der Küster kann dann einen Ersatzbaum kaufen."

Ich war drauf und dran, ihm die Meinung zu sagen: Der Baum würde aus unserem Wald stammen, er könne doch nicht verlangen, daß ich meinen eigenen Baum kaufe und ihm den zweiten kostenfrei überlasse. Und daß ich es nicht gutheißen würde, wenn er sich in einem fremden Wald einfach bediene. Jedoch war ich viel zu verwirrt, um klare Worte zu finden, verschüchtert stieß ich lediglich hervor, ich wisse nicht, ob ich genug Geld bei mir hätte.

Ich kramte nach meiner Geldbörse, fand sie auch in einer meiner zahlreichen Jackentaschen und bezahlte tatsächlich meinen eigenen Baum.

Den Dieb ließ ich unbehelligt von dannen ziehen. Allerdings nahm ich mir insgeheim vor, zur Strafe den Gottesdienst mindestens drei Wochen lang nicht zu besuchen.

So geschehen an einem Freitag.

Am darauffolgenden Sonntag saß ich wieder brav hinter Rahels langem, schwarzem Zopf.

(Weitere ZEITGUT-Beiträge dieses Autors sind im Autorenverzeichnis am Ende des Buches vermerkt.)

[Dessau-Haideburg und Raguhn bei Wolfen,
Sachsen-Anhalt – West-Berlin – Leipzig;
1955/56]

Margit Laue

Nicht nur Schwärmereien

1955 sind meine Freundin Jutta und ich Schülerinnen der Klasse 11a der Rosa-Luxemburg-Oberschule in Dessau. Kaum zu glauben, was in unseren Köpfen und Herzen alles Platz findet an Schwärmereien für die unterschiedlichsten Persönlichkeiten von Schule, Bühne und Leinwand. Von dort beziehen wir unsere Idole und platonischen Lieben und den Stoff, aus dem wir unsere Träume zimmern. Wir suchen das Besondere und schweben in höheren Regionen.

In unseren eintönigen, ziemlich provinziell eingeduselten Lebensgewohnheiten sind es vor allem die Neuen, die unsere sensationshungrigen Mädchenherzen erzittern lassen. Sie wirken auf uns wie Botschafter aus einer anderen Welt. In der Schule ist es der feinsinnige und überaus gepflegte neue Kunstlehrer, der – genau wie der junge, frisch an unser Landestheater verpflichtete Schauspieler Heinz Behrens, ein später in der DDR bekannter Fernsehdarsteller, – zu unserem Gemeinschaftsidol erhoben wird.

Vor allem letzterer, mit rötlich-blonder Mähne und in reizvollem Kontrast dazu stehenden braunen Augen, hat es uns mächtig angetan. Schülerbälle, Tanzstundenkränzchen und sonstige Veranstaltungen im Kristallpalast lassen wir vorübergehend sausen, um ihn buchstäblich in jeder Rolle, die er auf der Bühne verkörpert, anzuschauen. Als er gerade als Mortimer in „Maria Stuart“ vor der Titelheldin kniet, höre ich Jutta neben mir aufstöhnen: „Ach, ich bin schon wieder ganz verliebt!“ Dabei drückt sie das Opernglas fest an ihre Augen. Sie also auch! Ich übernehme aus ihrer Hand das beschlagene Glas, schaue hindurch und ... oh, mein Gott ...

In der Pause gebrauchen wir erstmalig den erst kürzlich aufgeschnappten Ausdruck vom „gewissen Etwas“ und stimmen darin überein, daß er der erste Mann unseres Lebens ist, dem dieser Begriff zukommt. An diesem Abend festigt sich in mir einmal mehr der Entschluß, Schauspielerin zu werden. Ja, das ist es nun endgültig! Ich gehe zum Theater, und eines Tages werde ich seine Kollegin sein!

Mechthild, der Freundin aus der Nachbarschaft, ist es inzwischen gelungen, Mitglied im Opernchor zu werden. Damit ist sie ihrem beruflichen Ziel nähergerückt und zugleich ihrem angebeteten Bariton. Auch ich trete dank ihrer Fürsprache Statisterie und Extrachor bei und habe hier, von großem Lampenfieber begleitet, fünfzehnjährig mein Theaterdebüt als kleiner Chinese in „Turandot“ und als Edeljungfrau mit dicken schweren Zöpfen in „Lohengrin“.

Zum ersten Mal darf ich hinter den Kulissen die Atmosphäre echter Bühnenluft schnuppern: diesen typischen Geruch aus Holz und Kulissenfarbe, Parfum, Puder und Schnürbodenstaub. Auf mehreren Ebenen liegen Garderoben und diverse Arbeitsbühnen; überall wird trainiert, gesungen und geprobt. In den labyrinthischen Gängen, am Schwarzen Brett und in der Kantine kommt es zu ersten Begegnungen zwischen mir und Mortimer im dunkelblauen, historischen Samtkostüm. Seine Blicke treffen mich ins Mark, und je nach Eindeutigkeit und Intensität werden sie überschwenglich in meinem Tagebuch beschrieben. Immerhin stehe ich nun hin und wieder auf den gleichen Brettern und atme die gleiche süßlich-schwere Theaterluft wie er. Auch ich scheine mich dem Objekt meiner Sehnsucht anzunähern, aber wir werden nie auch nur einen einzigen Satz miteinander reden. Oh qualvolle, verwirrende Pubertät!

Über mein liebevolles Großelternhaus kann ich mich nicht beklagen, auch wenn mir mitunter erträgliche Verständnislosigkeit entgegenschlägt, die in Ausrufen von Oma Martha gipfelt: „Du bist und bleibst vergnügungssüchtig, wie kann man nur so vergnügungssüchtig sein!"

Dies bezieht sich darauf, daß ich mit Jutta, Mechthild und anderen Freundinnen stets irgendwo unterwegs bin. Schließlich müssen wir unseren Helden begegnen, sie abpassen und zufällig treffen, sie vor oder hinter den Kulissen des Theaters anhimmeln und schwärmerisch ihren Anblick genießen. Das alles zehrt von unserer Zeit und Energie, und oft kommen wir angeregt und erschöpft – und meistens sogar glücklich – erst spät in der Nacht wieder zurück.

Plötzlich kommt aus Frankreich der Film „Die Kartause von Parma" in unsere Kinos. Sein Hauptdarsteller: Gérard Philipe. Vom ersten Moment sind wir seiner sensiblen mimischen Ausdruckskraft und seinem jungenhaften Charme verfallen. Im Sturm erobert er reihenweise die Mädchenherzen unserer Stadt, wir liegen ihm zu Füßen. Die „Kartause" wird zum Kultfilm jener Tage, auch wenn dieses Wort damals noch nicht existierte. Alles rennt drei- bis viermal mit mindestens zwei Taschentüchern bewaffnet in diesen ergreifenden Film, in dem Gina Lollobrigida seine Partnerin ist.

Beim zweiten Besuch leisten wir uns zu viert eine Loge, damit wir hemmungsloser heulen können. Mit verquollenen Augen und feuchten Taschentüchern verlassen wir nach zweieinhalb Stunden traurig und benommen das Lichtspielhaus in der Johannisstraße. Von Stund an verblassen alle anderen Schwärme, es gibt nur noch den einen: Gérard Philipe – Kommunist, Franzose, Filmschauspieler.

Gott sei Dank, weitere Produktionen mit ihm in der Hauptrolle folgen: „Fanfan, der Husar", „Rot und Schwarz" und „Aufenthalt vor Vera Cruz". Wir sehen sie alle. So wie James Dean für Amerika und Karin Baal und Horst Buchholz für den Goldenen Westen, wird er für uns zum ranghöchsten Idol unserer Teenagerjahre, das an einsamer Spitze steht und dem kein anderes mehr folgen wird.

An so viele mit sozialistischer Propaganda durchsetzte Filme wie „Ernst Thälmann, Sohn seiner Klasse“, „Fackelträger“, „Wie der Stahl gehärtet wurde“, gewöhnt, nimmt die ostdeutsche Bevölkerung dankbar die neue Filmwelle aus Frankreich auf und huldigt ihrem Hauptakteur, erklärt ihn zum Liebling der gesamten DDR-Nation. Aus Zeitungen und Illustrierten sammeln wir Bilder und Berichte, kleben sie in Alben, kaufen seine Postkartenfotos, rahmen sie und zeichnen sein Porträt. Die Euphorie und der Kult um Gérard halten an.

Im Jahr 1956 geschieht eine Menge. Das Abitur steht bevor, ich komme in die mündliche Prüfung, Gegenwartskunde und Englisch. Die Wanderbühne erhält ein festes Haus in unserer Stadt, meine Mutter, die in den letzten Jahren mit ihrer Puppenbühne durch die Lande zog, wird seßhaft. Sie wird zur Mitbegründerin, Regisseurin und späteren Leiterin des Städtischen Puppentheaters, das noch heute besteht und vor einigen Jahren an die Oper des Anhaltinischen Theaters Dessau angeschlossen wurde. Sie ist nun wieder viel zu Hause und beginnt, für Jugend- und Puppentheater zu schreiben, für „Auerbachs Kinderkalender“, für Kindersendungen im Fernsehen. Ihre Stücke werden übersetzt und in Polen, Schweden und der Tschechoslowakei aufgeführt; zwei Kinderbücher werden veröffentlicht.

Die Sache mit meiner Singerei kommt langsam ins Rollen. Ich habe einfach Spaß daran. Bei einem Schlagerwettbewerb des Mitteldeutschen Rundfunks singe ich im Kristallpalast „Istanbul“ und „Ganz Paris träumt von der Liebe“. Für „Istanbul“ erhalte ich den dritten Preis.

Inzwischen habe ich mich an der Theaterhochschule in Leipzig beworben und erhalte den Termin für die Eignungsprüfung, auf die ich mich mit Hilfe einer Schauspielerin unseres Theaters vorbereite. Sie erarbeitet mit mir Szenen zum Vorsprechen aus dem „Sommernachtstraum“, aus „Faust“ und „Minna von Barnhelm“. Noch zu verkrampft und auch mit dem berühmten S-Fehler behaftet, habe ich nicht den Eindruck, daß sie mich für besonders talentiert hält. Trotzdem bestehe ich die Eignungsprüfung.

Mitte März schlägt wie ein Blitz eine Schlagzeile auf dem Titelblatt der „Freiheit“ ein:

Gérard Philipe kommt in den Bezirk Halle

In Co-Produktion mit der DEFA wird der Film „Till Ulenspiegel“ in der Landschaft bei Raguhn gedreht, vierzig Fahrradminuten durch den Wald von Haideburg entfernt. Jutta und ich sind wie elektrisiert: Das ist kein Zufall! Ausgerechnet in unsere unmittelbare Nähe kommt der große Gérard! Wir müssen ihn sehen, nach Möglichkeit sogar persönlich kennenlernen.

Gleich am nächsten Tag fahren wir los, den vorgesehenen Drehort ausfindig zu machen. Es ist Wochen zu früh, die Aufbauarbeiten haben noch nicht einmal begonnen. Auf dem kahlen, leeren Gelände treffen wir nur einen einzigen Menschen: André, den Architekten, der die Aufbauarbeiten leiten wird. Er lädt uns ein, ihn dort zu besuchen, wenn alles fertig ist. Das erweist sich später als Glücksfall.

Von Ungeduld und freudiger Erwartung ist die folgende Zeit erfüllt, die Jutta und ich bis zu Beginn der Dreharbeiten noch aushalten müssen.

Eines Morgens starten wir mit etwas erspartem und von unseren Großvätern zusätzlich erschnorrtem Geld zu einer Tagesfahrt nach West-Berlin. Wir haben uns in den Kopf gesetzt, uns für das bevorstehende Ereignis neu einzukleiden. Wir benutzen eine damals noch mögliche, als Geheimtip geltende Route mit dem Zug bis Belzig. Dort steigen wir in die S-Bahn, um so über die Sektorengrenze in den westlichen Teil von Berlin zu gelangen. Jeden Moment müssen wir damit rechnen, in eine Kontrolle zu geraten, welche die sofortige Umkehr bedeuten würde. Aber wir haben Glück, nach einigen Stationen setzen wir unsere Füße sicher auf West-Berliner Boden.

Zielstrebig begeben wir uns in das berühmte KaDeWe, ein Riesenkaufhaus mit überquellenden Angeboten in allen Abteilungen. Uns klopft das Herz beim Anblick all der wundervollen Dinge, die wir uns nicht leisten können. Immerhin erwerben wir jeder einen der hochmodernen schwarzen Pullover und passend dazu schwingende rotkarierte Röcke sowie dreiviertellange, ebenfalls schwarze Popelinehosen mit seitlichem Beinschlitz. Die aktuellen breiten Gummigürtel und knallfarbigen flachen Lackschuhe geben dem Ganzen den letzten Pfiff. Damit sind wir modisch auf dem allerneuesten Stand, sogar nach westlichem Maßstab.

Da wir unsere Westklamotten auf der Rückfahrt natürlich gleich anbehalten müssen, macht mein Freund Max am Abend runde Augen, als er uns in einem weißen Auto, das er aus der Kfz-Werkstatt seines Vaters ausgeliehen hat, vom heimatlichen Bahnhof abholt. Wir steigen stolz wie Oskar ein und lassen uns nach Hause chauffieren. Welch ein ungewohnter Luxus an einem einzigen Tag!

„Die neuen Klamotten sehen schick aus", sagt Oma Martha, „sie stehen dir gut."

Pfefferminztee und grüne Bohnen mit Birnen und Speck stehen seit Stunden in der Röhre. Nachdem ich gegessen habe, sitzen wir noch ein Weilchen gemütlich zusammen, der Großvater zündet sich ein Pfeifchen an und grinst dabei pfiffig und spitzbübisch zu mir herüber, als wüßte er schon alles. Ich erzähle von unserem Ausflug, von den Kinos, Schaufenstern und tollen Geschäften auf dem Ku'damm, erkläre, daß sie den Kurfürstendamm so nennen, und daß das natürlich nichts mit Kühen zu tun hat, denn er sei die größte Straße in der riesigen Stadt, der Prachtboulevard von Berlin, so wie es die Champs Élysées von Paris sein soll. Den ganzen Tag über flanieren dort gutgekleidete Menschen und sitzen in Cafés und Restaurants, wo sie mit zufriedenen Gesichtern Torte, Eis und andere leckere Speisen zu sich nehmen.

Am nächsten Morgen setze ich mich mit einem Postkartenfoto von Gérard Philipe in der Tasche in einen Zug nach Halle an der Saale. Hier gehe ich zu einem mit meiner Mutter befreundeten Puppenbildner, dem ich kühn einen von mir entworfenen Auftrag erteile: eine Handspielpuppe, die Gérard Philipes Gesichtszüge trägt. Dazu stelle ich mir ein rot-schwarzes Till-Eulenspiegel-Kostüm vor, das auf einen seiner bis dahin berühmtesten Filme, „Rot und Schwarz", anspielen soll, und zeichne es auf einen Bogen Papier.

Der Puppenschnitzer und seine lustige Frau sind von der Idee begeistert und sagen, die Phantasie hätte ich von meiner Mutter, und ihr zuliebe wollen sie mir helfen und die Puppe für mich anfertigen.

Polizeiabsperrung, Himmel und Menschen am Drehort, als es nach Wochen endlich soweit ist.

„Da wollen wir durchkommen?" fragt Jutta kleinlaut, und mir sinkt beim Anblick der vielen Vopos und dieser riesigen Menschenansammlung das Herz um Zentimeter in Richtung einer mulmigen Magengrube. Aufgedonnert geschminkt und frisiert und in unsere neuen Sachen gekleidet, haben wir uns vor einer Dreiviertelstunde zuversichtlich und gutgelaunt auf unsere Fahrräder geschwungen. Allmählich, und ohne daß es einer vom anderen wußte, wurden wir jedoch, was Sinn und Zweck unseres Unternehmens betraf, von leise bohrenden Zweifeln beschlichen, während wir kräftig in die Pedale traten und durch die würzige Waldesluft radelten.

Was wollten wir eigentlich? Bildeten wir uns etwa ein, auf diesem Weg zum Film zu kommen? Glaubten wir wirklich, daß sich auch nur einer der Schauspieler oder gar ein Regisseur nur einen einzigen Augenblick für uns interessieren würde? Betrieben wir seit Wochen diesen Aufwand und spürten diese aktivierende Erregung, nur um am Ende nichts anderes als ein Autogramm von Gérard Philipe zu ergattern?

Und wenn schon! Sicher, ein Autogramm müßten wir auf jeden Fall mit nach Hause bringen, schon deshalb, um vor unseren Freunden und Schulkameraden nicht als hoffnungslose Spinnerinnen dazustehen. Dann hätten wir wenigstens den Beweis in Händen, dabeigewesen zu sein, und Dabeisein ist ja bekanntlich alles.

Nach der Möglichkeit, bei dieser Filmproduktion als Statisten mitzuwirken, haben wir uns längst erkundigt. Und tatsächlich werden Statisten gesucht, sogar jede Menge, unglücklicherweise jedoch nur Männer.

Wir erfahren, daß die Dreharbeiten bereits gestern morgen begonnen haben. Jutta macht ein langes enttäuschtes Gesicht und sagt wieder: „Es hat keinen Sinn, wir kommen hier nicht durch. Was nun?“

„Keine Ahnung“, erwidere ich, „am besten, wir kehren gleich wieder um“, obwohl ich im Traum nicht daran denke.

„Kommt überhaupt nicht in Frage! Die ganze Aufregung umsonst, stell dir mal die Blamage zu Hause vor!“

„Fragen wir doch nach André, der hat uns schließlich eingeladen.“

„Na klar, das ist es doch! Wir sagen, André ist unser Freund, und den wollen wir besuchen. Wieso sind wir nicht gleich darauf gekommen?“

Wir wenden uns an einen Vopo, der in einem kleinen Zelt verschwindet, um sich über Funk mit André in Verbindung zu setzen. Nach etlichen bangen Minuten kommt er zurück und teilt uns mit, daß wir ausnahmsweise eine Sondererlaubnis erhalten. Er händigt jedem von uns mit umständlichem und wichtigtuerischem Gehabe einen Passierschein aus, aus dem hervorgeht, daß wir uns auf dem Drehgelände aufhalten dürfen. Jutta tauscht mit mir einen glücklichen, triumphierenden Blick. Die Schranke geht für uns nach oben, und für Augenblicke fühlen wir uns selbst wie kleine Stars. Die schaulustige Menge tritt staunend und bewundernd zurück und bahnt uns eine Gasse, durch die wir strahlend hindurchgehen, einen etwa dreihundert Meter langen begrünten Wall entlang, der zum eigentlichen Drehplatz führt.

Voller Begeisterung verfolgte ich auf dem Gelände bei Raguhn die Dreharbeiten zu dem Film „Till Ulenspiegel". Ich habe nur Augen für meinen Schwarm.

Das gesamte Team blickt automatisch nach oben, als wir auf dem Kamm des Walls erscheinen und flink hinunterkrabbeln. Auch Gérard Philipe schaut, und Joris Ivens und Jean Camet und Joe Davray und Gérard Philipes Double Pierre, ein Bild von einem feurigen Südfranzosen. Auch hier wimmelt es von Polizisten, Fotografen, Schauspielern, Statisten und Leuten, die zum Stab gehören. André steht in einiger

Entfernung im Gespräch mit einem jungen Mann, hat uns aber schon entdeckt und schaut schmunzelnd in unsere Richtung. Wir gehen direkt auf Gérard zu und begrüßen ihn auf Englisch, da wir Französisch leider in der Schule nicht gelernt haben.

Er ist liebenswert und natürlich und tatsächlich von einem hinreißenden Charme, der uns nun, von Angesicht zu Angesicht, von neuem bezaubert. Sein Gesicht ist mit Sommersprossen übersät, was sehr verblüfft, und er ist schlanker und viel größer, als es auf der Leinwand den Eindruck macht, ich reiche ihm gerade bis an seine Schultern. Wir ziehen sein Foto aus unseren Umhängetäschchen und bitten sofort um ein Autogramm. Er sagt freundlich: „Oui, oui", aber sein Kugelschreiber will nicht, und es kommt zu einer spaßigen, verrückten Szene. Die anderen Schauspieler um Gérard schmeißen ihre Beine in die Höhe und singen in einem total zerhackten und bruchstückhaften Deutsch:

Pigalle, Pigalle,
das iss ein großes Mausesfalle
mittes vom Paris,
Pigalle, Pigalle,
das Dings in disse Mausesfalle
smeckt ein sükkersüß ...

Ehe wir uns versehen, drehen wir uns mit den zu Albernheiten aufgelegten temperamentvollen Franzosen im Kreis herum, vom ständigen Klicken der Fotografen begleitet. Gérard schreibt inzwischen seinen Namenszug auf unsere Autogrammpostkarten. Juchhuuh, wir haben es geschafft!

Wir bedanken uns, ich sage, wir kommen noch einmal wieder, und unser angebeteter Teenagertraum fragt, als würde es ihn tatsächlich interessieren: „When?"

Wir sind überrascht und überrumpelt, selig und aufgeregt und den vergnügten Franzosen offenbar eine willkommene Abwechslung. Wer hätte das gedacht?

Unser Idol Gérard Philipe in dem Film „Rot und Schwarz", einer französisch-italienischen Gemeinschaftsproduktion nach dem Roman von Stendhal. Aus Zeitungen und Illustrierten habe ich Bilder und Berichte gesammelt und in ein Album geklebt, Postkartenfotos gekauft und eingerahmt. Die Krönung des Heftes ist seine Widmung!

Alsdann steuern wir auf André zu, begrüßen ihn überschwenglich und bedanken uns. Er führt uns auf dem Gelände herum, erklärt und zeigt uns Set und Zelte und den DEFA-Tonwagen, in dem ich in den nächsten Wochen zu Hause sein werde.

Die Prüfungen liegen hinter mir, ich habe das Abitur bestanden. Jetzt freue ich mich auf meine letzten großen Ferien. In den nächsten Wochen verbringe ich fast jeden Ferientag bei den Dreharbeiten, wo es reichlich Abwechslung gibt. Am späten Nachmittag radle ich durch den Wald nach Hause, esse bei den Großeltern, gehe dann zu Jutta, um der ganzen Familie euphorisch meine Tageserlebnisse vom Film zu erzählen. Jutta kommt nicht noch einmal mit, sie ist zufrieden ein Autogramm von Gérard Philipe zu besitzen, aber auf meine Berichte will sie nicht verzichten und ihre Familie ebensowenig.

Aus Halle hole ich die Till-Ulenspiegel-Puppe ab, sie ist einmalig geworden, ein kleines Kunstwerk. Als ich sie Gérard nach dem Essen im Zelt überreiche, ist es beinahe rührend zu erleben, wie der große Star sich darüber freuen kann. Er setzt sie sich sogleich gekonnt auf seine rechte Hand und spielt damit. Für den Rest der Mittagspause bleibt die Puppe der bewunderte Mittelpunkt der Filmleute aus Frankreich und Ost-Berlin.

Nachmittags stehen wir während einer Drehpause auf der Geländewiese herum, und einmal legt Gérard seinen Arm um meine Schultern, schaut mit seinen vielen Sommersprossen zu mir hinunter und schenkt mir dieses unwiderstehliche Lächeln, von dem die halbe Welt verzaubert ist.

Der Film ist abgedreht, die Franzosen laden mich nach Leipzig ein, wo sie während der Dreharbeiten im Parkhotel wohnten. Nach dem letzten Drehtag fahre ich mit der Bahn nach Leipzig. Im Restaurant des Hotels treffe ich meine neuen Freunde. Wir essen zusammen und brechen dann zu einem Stadtbummel auf. Joe und der witzige, völlig überdrehte kleine Jean bringen mir ein französisches Liedchen bei, das wir sogleich trällern:

Revoir Paris ... retrouver ses amis,
oh la, la, la ... c'est magnifique ....

Lachend und singend laufen wir durch die Straßen und erregen überall Aufsehen. Wir trinken Kaffee und essen Eis, ich dolmetsche bei ihren Einkäufen und helfe, ihre Päckchen zu tragen. Ich versuche, auch für eine Französin gehalten zu werden, und bemühe mich bei meiner Übersetzung in die deutsche Sprache um einen französischen Akzent. Ausgelassene Stunden, die mich in Glückseligkeit versetzen.

Am Abend gestaltet die DEFA die offiziellen Abschiedsfeierlichkeiten mit Lobeshymnen auf die gelungene deutsch-französische Co-Produktion, mit Vorträgen und Ansprachen im üblichen Kulturgeschmuse des Systems, voller Phrasen und politischer Bedeutsamkeit, daß es schwerfällt, überhaupt zuzuhören – wie immer bei solchen Anlässen.

Als ich am gleichen Abend zu später Stunde in der Leipziger August-Bebel-Straße mit meinem Köfferchen vor Tante Friedas Wohnungstür stehe, gibt es ein ziemliches Donnerwetter. Ich sei noch viel zu jung, um mich in der großen Stadt allein herumzutreiben ...

Ich lasse es über mich ergehen. Viel lieber denke ich an den harmlosen, allerdings doch sehr heftigen Flirt mit Pierre, Gérards Double, in der Hotelhalle, der mich reichlich verwirrte, mir aber außerordentlich schmeichelte. Noch Jahre danach träume ich davon, ihn an der Cote d'Azur in Nizza einmal wiederzusehen, denn er hat mir sogar seine Adresse gegeben.

(Leicht gekürzter Auszug aus dem Buch „Hei Litler. Kindheit in zwei Diktaturen", Snayder Verlag, Paderborn 1999.)

[Hamburg-Horn;
1957–1960]

Ingo Becker-Kavan

Wie Elvis

Ob unser Klassenlehrer die Anbahnung selbst vorgenommen hatte oder ob andere mit- und nachgeholfen hatten, weiß ich nicht. Jedenfalls kam in der Untersekunda mit dem in der Nähe des Berliner Tores gelegenen Mädchengymnasium ein Tanzstundenkurs zustande. Offensichtlich hatte niemand den Schulnamen „Klosterschule" mit den Schülerinnen in Verbindung gebracht. Die Tanzstunden sollten aus Kostengründen im Schulgebäude stattfinden, und was bot sich da mehr an als der Raum für Gemeinschaftskunde?

Im leergeräumten Klassenraum saßen sich in langen Stuhlreihen Jungen und Mädchen getrennt gegenüber. Die Musik kam von einem Plattenspieler, den der engagierte Tanzlehrer persönlich bediente. Fast weißhaarig mit Stirnglatze, bewegte er sich leichtfüßig über das Parkett, genauer über das Linoleum. Unser Lehrer hatte es sich nicht nehmen lassen, dieser Veranstaltung, der er offensichtlich erheblichen Unterhaltungswert zumaß, als Betrachter beizuwohnen.

Einige von uns Jungen erlernten tatsächlich bald den einen oder anderen Tanzschritt – vor, lang, links und Wechselschritt –, andere freilich nicht. Ich selbst war stets in Sorge, der Tanzlehrer könne mich als Demonstrationsobjekt auswählen. Gott sei Dank blieb ich verschont.

Die Mädchen machten ihre Sache recht gut, wenigstens die meisten von ihnen. Einige gaben sich recht flott, doch

Abtanzball der Tanzstunde 1957. Etwas ungelenk und verlegen bewegen wir Jungen uns, nachdem wir der Größe nach auf die Mädchen verteilt wurden. Jedes hatte beim Empfang eine Rose bekommen. Die vierte von rechts ist meine spätere Ehefrau.

mir gefiel keine. So stapfte ich mehr schlecht als recht dem Ende der Tanzstunden entgegen, wobei ich versuchte, den wenig ermutigenden Rat meines sich offensichtlich gut amüsierenden Lehrers zu befolgen, mich nicht wie ein Stock auf der Tanzfläche zu bewegen.

Beeindruckend war für mich, mit welch verbissenem Drang nach Vollständigkeit mancher Klassenkamerad den eben erlernten Rumba-Schritt in allen Facetten zu Ende tanzte, ohne sich von der Musik beirren zu lassen. Das war schon toll. Ein paarmal versuchte ich, während des Tanzens zwei, drei Sätze mit meiner Partnerin zu wechseln, was dem Takthalten stets wenig zuträglich war, bisweilen gar zu kleinen Karambolagen führte.

Der Abtanzball fand im festlichen Rahmen in einem Restaurant im Beisein der Eltern, Geschwister und Freundinnen, soweit vorhanden, statt. Wir bekamen etliche Tanzkarten, und ich weiß noch gut, wie schwer es mir fiel, diese einigermaßen zu füllen.

Zu dieser Zeit hatte sich für uns Halbwüchsige schon längst ein Wandel in der Unterhaltungsmusik vollzogen: weg von den Pferdehalfter-, Hawaii- und Försterhausschlagern und hin zu der „unmöglichen amerikanischen Musik".

Schon zu meiner Konfirmation im Jahre 1956 hatte ich mir unbegreiflicherweise, wie meine Eltern meinten, es aber

Als Elvis-Fan kaufte ich mir, sobald es meine Finanzen zuließen, Singles zum Preis von vier, später fünf Mark; so auch diese mit dem Titel „Hound Dog". Ich besitze sie heute noch.

dennoch zuließen, Schallplatten der Firma RCA von einem gewissen Elvis Presley schenken lassen: „Tutti Frutti", „Hound Dog", „Don't be cruel" und eine Reihe anderer Titel. Ich wurde ein regelrechter Elvis-Fan, kaufte mir, sobald meine Finanzen es zuließen, Single-Platten zum Preis von vier, später fünf Mark.

So wurde ich beim Abtanzball nicht müde, den Mädchen zu erklären, daß diese Musik hier für mich natürlich nichts sei, wobei ich es verständlicherweise unterließ einzugestehen, daß ich den Rock 'n' Roll auch noch nicht so recht tanzen konnte.

Zum äußeren Zeichen meiner Verbundenheit mit dem „King" ließ ich mir wie mein großes Vorbild bis zum oberen Ende des Ohrläppchens, von der häuslichen Obrigkeit gerade noch geduldet, Koteletten wachsen. Überhaupt war die Frisur ein heißes Thema unter uns Jungen. Natürlich schoben wir den an sich fälligen Haarschnitt immer – so weit es nur ging – hinaus, um mit möglichst langen Haaren zu imponieren und vielleicht auch ein wenig älter auszusehen. Besonders erfolgreich war darin keiner von uns.

Meine Bemühungen, zum gemeinsamen Abendessen in der Küche die zwischenzeitlich verräterisch gewachsene Haarpracht mit Frisiercreme der Marke „Brisk" zu bändigen, waren meist vergeblich. Ein kurzer Blick von Mutter reichte, um die gefürchtete Bemerkung zu veranlassen: „Die Loden müssen ab. Morgen gehst du zum Friseur!"

Da dieses Schicksal unausweichlich war, gab es für uns Jungen nur eines: einen Friseur zu finden, der an den Haaren keinen allzu nachhaltigen Kahlschlag verursachte. Nicht wie in der Kinderzeit, als mit der Haarschneidemaschine der gesamte Hinterkopf und auch die Seiten bis weit über die Ohren unbarmherzig von den Haaren befreit wurden.

Mit den Jahren hatten wir zum Façonschnitt wechseln dürfen, und den machte am besten der Friseurmeister August Engel. Er hatte seinen kleinen Frisiersalon in einem älteren, im Krieg beschädigten Mehrfamilienhaus an der Horner Landstraße. Draußen über der Tür hing, wie es sich für einen Friseur gehörte, der Messingteller als Zeichen der Zunft. Er war an einem Eisenstab befestigt und schwang im Wind. Nach Feierabend wurde er abgehängt.

Es dauerte nicht lange, und wir drei Brüder waren bei August Engel Stammkunden, besser gesagt, bei seinem Gesellen Rudolf, den wir besonders mochten. Leider verließ Rudolf ziemlich bald den Salon, wohl nicht zuletzt, weil dem Meister die Zahlung des Gesellenlohnes zuviel wurde. Lieber arbeitete er mit Lehrlingen, denen damals praktisch nur ein Taschengeld gezahlt wurde.

Ein Kinderhaarschnitt kostete im „Salon Engel" bis zur Konfirmation 75, danach 90 Pfennige. Zur Konfirmation gratulierte August Engel mit einer Glückwunschkarte ins Elternhaus und nahm uns sozusagen in die Welt seiner Erwachsenen auf. Jedenfalls bezahlten wir dann wie alle anderen den vollen Preis.

Ich ließ mir gerne vom Meister selbst die Haare schneiden, auch wenn bei ihm alles ein wenig länger dauerte. Er erzählte dabei Anekdoten aus seiner eigenen Lehrzeit irgendwo im Holsteinischen, davon, daß seinerzeit alles mit Handbetrieb gemacht wurde, da elektrische Geräte und Strom noch Luxus waren. Überhaupt seien morgens immer eine Reihe von Männer zum Rasieren erschienen, was heute kaum noch vorkomme.

Mir gefielen die Geschichten, führten sie mir doch eine völlig unbekannte Welt vor Augen, auch wenn ich die meisten von ihnen mehrfach hörte. Irgendwie unterschieden sie sich dann doch immer.

Mitte der fünfziger Jahre, also zu Zeiten des frühen Elvis Presley, durfte ich meine Frisur mit dem braven Linksscheitel ändern. Ich ging zu August Engel und verkündete, fortan ohne Scheitel, mit längeren Haaren über den Ohren und in der Mitte Bürstenschnitt frisiert werden zu wollen.

„Hausmusik" bei der Silvesterfeier 1958 in unserer Wohnung. Meine Freunde Horst und Gunther (erster und zweiter von links und ich hinter meinem Bruder Gero, träumten von einer eigenen Band. Gero spielte in den 60er Jahren in einer Beat-Band.

Nachdem er den Schnitt zu meiner Zufriedenheit ausgeführt hatte, stand ich unentwegt vor dem Spiegel, um die Seitenhaare sorgsam nach hinten zu kämmen. Das war keine einfache Sache. Später wurden die Haare am Hinterkopf zusätzlich noch zusammengekämmt. Brav, aber dennoch auf der Höhe der Zeit, verpaßte August mir auch diese Variante, zu der ich mir die Koteletten wie Elvis wachsen ließ.

Eines Tages wurde das Haus, in dem sich der „Salon Engel" befand, abgerissen. Doch gestattete man dem Meister, wenige Schritte von der Baustelle entfernt eine Holzbude zu errichten, um sein Geschäft weiter betreiben zu können. Wovon hätten er und seine Familie sonst auch leben sollen?

Bei Fertigstellung des neuen Wohnblockes wurde im Souterrain ein Raum mit eigenem Eingang eingerichtet, der den „Salon Engel" künftig aufnahm. In der Etage darüber bezog der Meister eine Wohnung. Er stellte seine uns seit Jahren bekannte Salonausstattung in den neuen Geschäftsraum – und alles war eigentlich wie früher.

Eine Änderung brachten die Jahre allerdings doch mit sich. Offensichtlich wollte von den Jungen keiner mehr Friseur werden. Und so war August Engel einer der ersten, der Mädchen in die Lehre nahm. Das war damals fast eine kleine Sensation, denn Frauen im Herrensalon waren bis dahin undenkbar gewesen.

Während meiner gesamten Schulzeit ging ich zu Meister Engel zum Haareschneiden, auch noch als Student, ebenso als Referendar. Immer erkannte mich der Meister sofort wieder und erkundigte sich nach meinem Werdegang und dem meiner Brüder.

Mitte der siebziger Jahre riß der Kontakt ab, besser gesagt, ich nahm mir nicht mehr die Zeit, nach Horn zu fahren, nur um dort zum Friseur zu gehen.

[Kiel;
1957–1963]

Hannelore Schwedler

Die Gunst der Stunde

Im Sommer 1953 waren meine Mutter, ihr Bekannter und ich von Kronshagen nach Kiel zu meinem verwitweten Großonkel gezogen. Meine Mutter sollte ihm den Haushalt führen. In der 46 qm großen 2-Zimmer-Wohnung in der Howaldtstraße fand ich es entsetzlich trist. Wir bewohnten zu dritt das ehemalige Schlafzimmer. Zeitweise lebte auch der seit dem Ersten Weltkrieg psychisch kranke, älteste Bruder meiner Mutter bei uns. Der schwerhörige Onkel saß den ganzen Tag in seinem Fenstersessel und stopfte und qualmte seine stinkende Pfeife. Um 19 Uhr schloß der „olle Gnatzkopf", wie Mutter ihn nannte, die Speisekammer ab, eine Stunde später ging er zu Bett.

Aus unserer Wohnung sei immer ein solcher Krach gekommen, gestand mir später meine Freundin, daß sie Angst gehabt hätte, mich zur Schule abzuholen. Mir blieb als einziger Zufluchtsort nur das Klo, wo ich stundenlang las.

Als meine Freundinnen Inge und Heide zur Jugendweihe angemeldet wurden, wollte ich das auch, kam aber bei meiner Mutter damit nicht durch. Ich sollte 1957 konfirmiert werden. Die Kirche kannte ich lediglich vom Reformationstag, an dem wir mit der Schule hingingen. Von der Luther-Kirche stand nur noch der Turm. Das verbliebene Kellergewölbe diente als Kirchenraum, im Gemeindehaus, wo der Pastor wohnte, fand der Konfirmandenunterricht statt.

Bibel, Beten und Gebote sagten mir nichts, ich fühlte mich unfrei und unehrlich dazu. Doch einige Lieder mit sentimentaler oder traurig klingender Melodie gefielen mir. Für derlei Stimmung war ich sehr empfänglich.

Für die Konfirmation hatte ich mir im Hinblick auf spätere Tanzveranstaltungen einen königsblauen Stoff auswählen dürfen, während alle anderen Mädchen dunkelblaue Kleider trugen. Die Feier bei uns zu Hause war wenig christlich. Sie ist mir als großes Besäufnis mit vielen, nicht stubenreinen Witzen, die ich widerlich fand, in Erinnerung.

Mein Wissensdurst war riesengroß. Aus der Leihbücherei holte ich mir alles mögliche, von Trivialheftchen bis zu Büchern von Hemingway, Steinbeck, Baldwin oder Tolstoi. In der Schule wie in der Jugendgruppe „Freie Turnerschaft Adler“ sog ich alles auf, was mir wichtig schien, literarische Themen, erste politische Diskussionen und neue Filme. Einen Film allerdings konnten wir anschließend in der Gruppe nicht besprechen, weil wir zu erschüttert waren. Der Film hieß „Bei Nacht und Nebel“. Er zeigte Aufnahmen aus Konzentrationslagern. Wie gering kam mir angesichts der Tatsache, daß Menschen so etwas Grauenhaftes erlebt hatten, mit einmal meine eigene Person vor. Mit diesem Film war ein Teil von mir schlagartig erwachsen geworden.

Die Sommerferien 1957 verbrachte ich im Zeltlager „Adlerhorst“ am Behler See, das unserem Turnverein gehörte. Hier begann ich, Tagebuch zu führen. Gedanken und Gefühle auf dem Papier festhaltend, schwelgte ich abwechselnd in sentimental-romantischer oder in nachdenklicher Stimmung. Meinen Gefühlszustandsbericht „Drei Stunden aus dem Sommer“ gab ich als Jahresarbeit für den Mittelschulabschluß ab. Das war gewagt, denn alle meine Mitschüler hatten Sachthemen gewählt. Über die Eins, die ich erhielt, habe ich mich riesig gefreut. Bei Klassenlehrer Winzer, der uns in den letzten drei Schuljahren in Deutsch, Geschichte, Erdkunde und Zeichnen unterrichtete, lebte ich richtig auf.

Zur Konfirmation am 17. März 1957 nähte mir meine Schwägerin Helga ein königsblaues Satinkleid, das ich später zum Tanzen anziehen konnte.

Der Mittelschulabschluß nahte und mit ihm die Entscheidung über meine Zukunft. Während ich weiterhin zur Schule gehen wollte, verlangte meine Mutter, ich solle im Büro lernen. Ich wurde vom Jugendamt vorgeladen. Auch mein Vormund vertrat die Meinung: „Du gehst ins Büro!"

„Aber ich will das nicht!"

„So, was willst du dann?"

„Ich will Lehrerin werden!"

Das komme überhaupt nicht in Frage, entschied der Vormund. Wer solle denn das bezahlen?

Körperlich recht schmächtig, fühlte ich mich mit 16 Jahren auch sonst in keiner Weise reif genug, die Schule schon zu verlassen. Doch das Jugendamt war eine zu respektierende Obrigkeit, gegen die ich keinerlei Chance hatte.

Ausschlaggebend für meinen Berufswunsch waren zwei Kuren auf der Insel Föhr, bei denen ich einen feindseligen Umgang und übergroße Härte gegenüber uns Kindern erlebte. „So darf man nicht mit Menschen umgehen“, hatte ich gedacht und mir geschworen: „Das werde ich einmal besser machen.“ Mein Vorbild war Lehrer Winzer.

Lustlos schrieb ich Bewerbungen, lustlos ging ich zu den Vorstellungsgesprächen und Eignungstests. Wir waren ein geburtenstarker Jahrgang mit großem Andrang auf die Ausbildungsplätze. Relativ spät fand ich im Kaufhaus C. A. Kock, Holtenauer Straße/Ecke Waitzstraße eine Lehrstelle. Mir graute vor dem, was mich erwartete.

März 1958. Gern besuchte ich, links, meine Freundin Birthe. Sie besaß einen Plattenspieler, das war für mich ein fast unerreichbarer Luxus.

Nach wie vor spielten meine Freundinnen und ich jeden Tag auf der Straße den beliebten Völkerball. Mit den Rollschuhen sausten wir die abschüssige Bergstraße hinunter. Unten angekommen, mußten wir uns am Laternenpfahl festhalten, um zu stoppen.

Zu Hause lief alles unverändert ab. Meine Mutter wuselte im Haushalt, ihr Bekannter versuchte sich erfolglos als Nähmaschinenverkäufer, er hatte inzwischen sogar ein Moped. Der Großonkel saß nach wie vor mit seiner Stinkpfeife am Fenster und starrte stundenlang ins Leere. Die meiste Zeit überwog eine gereizte Stimmung. Mein Ruhezentrum blieb das Klo, wo ich mich unbeobachtet meinen Tagträumen hingeben konnte.

Das Abschlußfest meiner Klasse fand im „Café Brühl" am Dreiecksplatz statt. Einige Mädchen machten den Jungen schon längst schöne Augen. Auch Inge und Heide hatten mich im Zeltlager damit genervt. Ich hinkte dieser Entwicklung um einiges hinterher. Zwar merkte ich, wer von den Jungen mich mochte, doch meine Gefühle gingen über die einer Kameradschaft nicht hinaus. Beim großen Abschlußball der Schule im Hotel „Bellevue", dem heutigen „Maritim", hatte mein Klassenkamerad Hans ein Auge auf mich geworfen. Als wir zwischendurch an die frische Luft gingen, sagte er: „Dich möchte ich einmal heiraten."

Hans war ein netter Junge, und es tut mir heute noch leid, wenn ich daran denke, daß ich damals als Reaktion auf seine Worte in schallendes Gelächter ausbrach.

Das Tanzen machte mir viel Spaß. Klassenkamerad Dieter beherrschte den Rock'n Roll bis zum Über-die-Schulter-Werfen und Durch-die-Beine-Ziehen. Walzer, Fox und Tango lernten wir in der Volkstanzgruppe des „F. T. Adler".

Am 1. April 1958 begann ich im Kaufhaus die Lehre. Wir waren zu dritt, eines der Mädchen kam aus dem Kinderheim „Hof Hammer", sie war wie ich ein Jugendamtsmündel. Besonders uns beide ließ der Chef spüren, wie wenig freundlich er sein konnte.

Während meines ersten Lehrjahres starben kurz nacheinander mein Großonkel und Mutters Bekannter. Meine Mutter erhielt nicht, wie erhofft, die Wohnung, sondern mußte mit mir in die Howaldtstraße 9 ins Erdgeschoß ziehen. Dort richteten wir uns mit gebrauchten Möbeln „neu" ein. Jetzt hatten wir ein Wohn- und ein Schlafzimmer, das bedeutete eine enorme Verbesserung.

Weil mein mürrisch-herrischer Chef wegen seiner Behandlung der Lehrlinge Schwierigkeiten bekam, durfte ich im November 1959 aus der Lehre aussteigen.

Noch einmal versuchte ich mein Glück. Und tatsächlich, das Kindertagesheim „Schützenpark" stellte mich als Praktikantin ein! Wenn schon mein großer Traum, Lehrerin zu werden, in meiner Lage unerfüllbar war, wollte ich wenigstens Kindergärtnerin lernen. Ich müsse mich bewähren, meinte das Jugendamt, das von meiner Eignung für diesen Beruf noch nicht überzeugt war.

Im Kindertagesheim gefiel es mir von Beginn an, hier fühlte ich mich gut aufgehoben. In die dreijährige Susanne war ich regelrecht vernarrt. Ihre Eltern waren während des Aufstandes 1956 aus Ungarn geflohen und nun in Kiel gelandet. So ein niedliches Kind mit schwarzem, lockigem Haar wollte ich später auch gern haben.

Eine der Kinderpflegerinnen, die erneut schwanger war, aber bereits ein uneheliches Kind hatte, versuchte, selbst abzutreiben. Natürlich wurden die Fehlversuche im Kollegium besprochen, so daß ich dabei meinen Wissensstand in Sachen Sexualität wesentlich erweitern konnte. Während die Kollegin im Dienst fehlte, durfte ich zu meiner großen Freude die Kindergruppe allein betreuen.

Ich bestand die Probezeit. Ab Ostern 1960 besuchte ich die Städtischen Bildungsanstalten für Frauenberufe, kurz Frauenfachschule genannt, und von 1961 bis 1963 das Kindergärtnerinnenseminar. Nach Meinung der Schuldirektorin gehörte ich als Mündel mit Jugendamtszuzahlung nicht hierher, aber die wunderbare Klasse mit der tollen Klassenlehrerin wog diese unverschämte Diskriminierung dreimal auf. Ostern 1963 schloß ich mit dem Examen ab.

[Essen – Lido di Jésolo , nahe Venedig, Italien, Sommer 1957]

Erika Tappe

Eine italienische Nacht

Mit meiner Zwillingsschwester Ingrid und vier weiteren Geschwistern erlebte ich die Nachkriegsjahre in meiner Geburtsstadt Essen. Meine Mutter hatte während unserer ersten Evakuierungsetappe in Krumbach, Bayern, die Mutter von fast gleichaltrigen Zwillingen kennengelernt und sich mit ihr angefreundet. In Essen wohnten wir nun zwar fast eine Stunde Fahrzeit auseinander, dennoch freundeten der Zwilling Karin und ich uns wieder sehr an. Leider trafen wir uns nur in den Ferien, da sie eine Internatsschule besuchte. Meine allererste Auslandsreise unternahm ich mit Karin.

Im Sommer 1957 bin ich gerade 18 Jahre alt geworden. Von meiner Familie verreist niemand. Karin aber darf mit Klaus, einem Freund ihrer Familie und dessen Freund, zum Zelten an den Gardasee fahren. Nach vielen Überredungsversuchen von Karin und auch deren Mutter, die gerne eine Gefährtin an der Seite ihrer Tochter hätte, erlauben meine Eltern, daß ich mitfahren darf. Die Jungen sind in unserem Alter. Klaus' Freund fährt einen VW Käfer, in den wir das Gepäck und alle Campingutensilien hineinstopfen. Ein Zelt für die Männer, ein Zelt für uns Mädchen, viele Versprechungen – endlich kann das Abenteuer beginnen.

Am Gardasee aber gefällt es uns auf dem Campingplatz überhaupt nicht, weil er völlig überfüllt ist und das Wasser dort sehr seicht und zum Schwimmen wenig geeignet ist.

Schon überschreiten wir das strengste Verbot, weiter nach Süden zu fahren.

Nach dem Wälzen einiger Campingführer landen wir auf einem herrlichen NSU-Campingplatz in Lido di Jésolo in der Nähe von Venedig. Der Platz ist streng bewacht, Italiener dürfen ihn nicht betreten. Die einzigen, die wir zu Gesicht bekommen, sind die Kellner im Restaurant und Antonio, der Bademeister, der in seinem Ruderboot die Badenden bewacht. Wir lernen nette junge Deutsche kennen, und unsere „Aufpasser" gehen bald eigene Wege. Karin und ich halten wie Pech und Schwefel zusammen, kein männliches Wesen kann uns trennen.

Am letzten Abend vor der Heimfahrt machen wir vier abends dennoch gemeinsam einen Bummel in dem etwa eine halbe Busstunde entfernten Ort, um einige Mitbringsel zu besorgen. Nach einiger Zeit trennen wir uns, damit jeder sei-

Meine erste Reise nach Italien führte mich 1957 nach Lido di Jésolo, nahe Venedig. Hier sah ich zum ersten Mal Esel, die ich zuvor nur aus dem Märchenbuch kannte.

ne Einkäufe erledigen kann, zu viert ist es zu mühsam. Die Geschäfte sind bis 24 Uhr geöffnet. Um Mitternacht wollen wir uns am letzten Bus treffen, um miteinander zurückzufahren,

Ich habe mich für diesen Ausflug fein gemacht, habe mein zartgrünes Sommerkleid mit Dirndlausschnitt und breitem Bastgürtel und darunter einen wunderschönen weiß-rosa Petticoat angezogen. Am Ausschnitt ist das Kleid mit rot-karierten Stoffrüschen unterlegt, am weit schwingenden Rock ist eine Applikation angebracht: ein Sonnenschirm aus Bast und ein Liegestuhl mit rotkariertem Bezug. Mit meinem blonden Pferdeschwanz gebe ich ein sommerlich fröhliches Bild.

Zur verabredeten Zeit stehe ich an der Bushaltestelle. Ich warte, von meinen Freunden ist nichts zu sehen. Der letzte Bus kommt, Männer steigen ein. Mit meinen vielen kleinen Päckchen im Arm renne ich aufgeregt hin und her und halte Ausschau nach meinen Gefährten. Sind sie etwa schon weg? Ich kann doch nicht allein hier stehenbleiben!

In letzter Minute springe ich in den anfahrenden Bus. Er fährt die vertraute Strecke, ich bin beruhigt. Endlich kommt der Schaffner durch den überfüllten Wagen auch zu mir. Als ich mein Ziel ansage, bricht ein Wortschwall über mich herein. Ich verstehe überhaupt nicht, was er meint. Die vielen Männer, die mich schon zuvor verstohlen musterten, werden ebenfalls lebhaft und beteiligen sich am Gespräch. Mir wird ziemlich mulmig. Langsam müßte ich doch am Ziel sein!

Ich spähe nach draußen in die finstere Nacht. Nur vom Busscheinwerfer erhellt, fahren wir jetzt durch eine mir völlig unbekannte, waldreiche Gegend. „Stop, – stop!“ rufe ich aufgeregt und drängele mich durch zur Tür. Aber die Leute halten mich fest und bemühen sich, mich zu beruhigen. Vergeblich versuche ich, ihnen klarzumachen, das ich woanders hin muß. Sie können oder wollen mich nicht verstehen.

Wir fahren nun schon eine Stunde, und langsam steigen Angst und Schrecken in mir hoch. Endlich hält der Bus.

Schnell stürze ich nach draußen, doch dann merke ich, daß alle Mitreisenden den Wagen verlassen, auch der Fahrer. Noch einmal rede ich eindringlich auf ihn ein, er aber geht einfach weg, wie all die anderen. Um mich herum ist es nun stockdunkel, kein Scheinwerfer erhellt mehr die Gegend. Das einzige Licht und auch Lärm dringen aus einem Haus auf der anderen Straßenseite, sonst kann ich in der Dunkelheit keine anderen Gebäude ausmachen. Mir bleibt nichts anderes übrig, als ebenfalls dorthin zu gehen.

Ich trete als letzte ein, sehe viele Männer, Rauch, einen Tresen, es herrscht gewaltiger Lärm – ich bin in einer Kneipe. Hereingeweht wie eine zarte erschrockene Sommerblume in diese von Gerüchen geschwängerte Luft muß ich wohl ziemlich fehl am Platze aussehen, denn die Gespräche verstummen, und die Leute starren mich äußerst verblüfft an.

Jetzt lösen sich zwei stark geschminkte Frauen aus der Männergruppe, kommen auf mich zu und zupfen an meinem Kleid. Dann hebt die eine meinen Rock und faßt an meinen Petticoat, worauf auch die andere beginnt, ihn zu betasten. Sie fangen an zu kichern und zu kreischen, die Männer lachen. Schnell ziehe ich meinen Rock wieder nach unten. Die Umstehenden lachen noch lauter. Vor Angst und Wut zitternd schreie ich sie an: „Laßt mich in Ruhe, sonst hole ich die Polizei!“

Die Weiber lachen und johlen und schieben mich zur Theke. Der Wirt, ein älterer Mann, lacht ebenfalls. Dann spricht er mich plötzlich auf Deutsch an. Von meiner Verzweiflung aber will er nichts hören. Dafür sagt er mir viele deutsche Wörter auf, die er während der Kriegsgefangenschaft in Deutschland gelernt hat. Auf einmal unterbricht er seine Rede und sagt, ich könne bei ihm schlafen.

Ich frage ihn, ob mein letztes Geld denn für die Übernachtung reiche und ob er beim Campingplatz anrufen könne.

Er aber grinst nur und sagt: „Du kannst bei mir im Bett schlafen!“

Meine Freundin Karin und ich, rechts, an einem Brunnen in Venedig. Die beiden kessen Italiener wollen sich unbedingt mit uns fotografieren lassen.

Anschließend spricht er wieder mit seinen Kumpanen, alle biegen sich vor Lachen.

Ich drohe, daß ich jetzt zu Fuß nach Hause laufe und der Polizei sage, wie schlecht sie sich benehmen. Wieder übersetzt er, und schallendes Gelächter antwortet ihm. Fast fange ich an zu weinen. Was soll ich nur machen?

Einerseits fühle ich mich beschützt in dem Haus und gleichzeitig ganz schrecklich ausgeliefert. Solange so viele Menschen um mich herum sind, bin ich relativ sicher. Der Wirt aber macht mir Angst und ist doch der einzige, der mich etwas versteht. Ich merke, daß die Männer beratschlagen, danach verläßt einer den Raum. Nach einer Weile kommt er zurück, und ich werde nach draußen geschoben. Vor dem Haus auf der Straße steht ein Mann in Motorradmontour neben seiner großen Maschine. Ich solle aufsitzen, wird mir bedeutet, und während ich noch ängstlich zögere, packt man mich und schon sitze ich hinter dem Motorradfahrer. Unter dem Gejohle der Zurückbleibenden fahren wir ab.

Ein Stück geht es die Hauptstraße in Richtung Jésolo, und mir wird etwas leichter ums Herz. Plötzlich verlangsamt er die Fahrt, und wir biegen in einen einsamen Feldweg. Rechts ein Wassergraben, links ein Wassergraben mit Schilf. Gespenstisch leuchten Maisfelder im Lichtkegel, der immer schwächer wird, je langsamer wir über den furchtbar buckligen Sandweg fahren.

Jetzt hält der Fahrer an. Mir wird ganz kalt vor Angst, als er absteigt, und in meiner Phantasie, die Purzelbäume schlägt, sehe ich mich schon als Leiche im Wassergraben schwimmen ...

Er aber nimmt mir zuerst alle Päckchen ab – ich zittere – und steckt sie sich unter die Jacke. Dann bedeutet er mir, mich mit meinen Armen um ihn zu schlingen und mich festzuhalten. Ich wage es, ihn zu umarmen, während er die Maschine startet. Nun leuchtet das Scheinwerferlicht wieder heller, und nach einiger Zeit erreichen wir eine Landstraße, die mir allmählich immer bekannter vorkommt.

Langsam entspanne ich mich und beginne, die nächtliche Fahrt zu genießen. Schließlich kommen wir an der Schranke und beim Pförtner unseres Campingplatzes an, wo meine aufgeregten Freunde mich erleichtert in Empfang nehmen. Ich aber bedanke mich bei meinem Retter mit einem Kuß auf seine Wange. Laut lachend fährt er davon.

(Weitere **ZEITGUT**- *Beiträge dieser Autorin sind im Autorenverzeichnis am Ende des Buches vermerkt.)*

[Lam – Zwiesel, Bayerischer Wald – Köln;
Sommer 1958]

Hans Engels

Noch 3 Pfennige

Manchmal bedarf es nur eines kleinen Anstoßes, um Erinnerungen aufstrahlen zu lassen. In seinem musikalischen Gemälde „Aus Böhmens Hain und Flur" entführt der tschechische Komponist Bedrich (Friedrich) Smetana den Hörer in die lichtüberflutete Landschaft eines herrlichen Sonnentages ...

Und plötzlich schlagen die Glocken der Kirche von Lam und lassen ihren vielstimmigen Klang bis hoch hinauf in die langgezogenen bewaldeten Höhenzüge erklingen. Sie rufen die Menschen zum Gottesdienst. Von allen Seiten strömen sie herbei, mit heiterem Herzen, wie es scheint, wie Gesicht und Gehabe erzählen, und alle sind gekleidet in ihrem schönsten Sonntagsstaat. Vor dem Portal trennen sich ihre Wege. Während die Frauen und Kinder durch die Tür in die Kirche entschwinden, müssen die Männer noch Wichtiges vor dem Portal miteinander besprechen; man sieht sich ja so selten.

Meine Freunde und ich sind hier Fremde, acht Kölner Jugendliche im Alter von 16, 17 Jahren auf großer Fahrt. Und deshalb weiß man nicht so recht, wohin man gehört. Gott sei Dank nimmt man nicht allzuviel Notiz von uns.

Nun mahnen die Glocken ein letztes Mal den baldigen Beginn der Heiligen Messe an, und auch die Männer beeilen sich, um den Anfang doch noch mitzubekommen.

Das Kirchenschiff ist wohlgefüllt, aber nur mit Frauen und

Kindern. Also rumpeln auch wir genau wie die Männer die steile Treppe zur Empore hoch, um uns das heilige Geschehen von oben anzuschauen. Ein wenig zurückhaltend sind wir schon, doch schließlich nehmen wir die noch freigebliebenen Plätze ein.

Schon zieht der Meßdiener am Seil der Türglocke, und der Gottesdienst beginnt. Die Orgel braust auf, und dann tönt ein ganzes Orchester mit einem Chor und seinen Solisten. Es dauert eine Weile, bis ich in dem recht lauten Stimmengewirr Mozarts Krönungsmesse erkenne. Dennoch ist es Freude für Musiker und Zuhörer. Es ist beileibe nicht immer das Vollkommene, das die Herzen der Menschen bewegt.

Den Breitschultrigen, der vor mir in der Bank sitzt, scheint die Musik wenig zu berühren. Sein kräftiger Stiernacken sinkt immer tiefer. Selbst beim Jubel des Glorias wacht er nicht auf. Als die Musik etwas leiser tönt, läßt er ein tiefes Baßgrollen erklingen, während der Kopf mit der Schulter langsam auf- und niedergeht.

Plötzlich kommt Leben in den Stiernackigen, denn der Herr Pfarrer beginnt mit der Predigt. Der Aufgewachte stößt seinen Nachbarn an, beide greifen in die Innentasche ihrer Jacketts und ziehen ihre Notizbüchlein heraus. Die dicken Finger blättern, fahren Tabellen auf und ab, streichen aus und notieren mit einem Bleistiftstummel. Von dem erstaunlich leisen Gemurmel verstehe ich zwar nichts, doch es ist nicht schwierig zu erkennen, welch wichtige Geschäfte hier ablaufen.

Gerade als der Pfarrer die Gläubigen auffordert, dem Inhalt seiner Predigt mit einem kräftigen „Amen“ zuzustimmen, scheint das Geschäft perfekt zu sein. Wie alle erheben sich auch meine beiden Vorderen zum Credo. Ein kurzer Handschlag, die Kuh ist verkauft!

Der Gottesdienst zog sich noch eine Weile hin, und als wir hernach in das gleißende Sonnenlicht hinaustraten, ging es schon auf Mittag zu. Gemächlich machten wir uns auf den

Weg zu der ein wenig außerhalb liegenden Jugendherberge. Für gewöhnlich blieben wir dort nur über Nacht, aber heute, am Sonntag, hatten wir auch das Mittagessen bestellt. Wir verteilten Teller und Besteck, und dann standen plötzlich drei große Kessel auf dem Tisch. Im ersten wartete lauwarmes Sauerkraut auf seine Genießer, der zweite war gefüllt mit ungeschälten kalten Kartoffeln – bald merkten wir, daß es Pellkartoffeln waren –, und aus dem dritten Kessel lugten ein paar blasse Eisbeine heraus, die bei näherem Hinsehen aus Haut, Fett und Knochen bestanden.

Wir alle waren zwar, was das Essen betraf, nicht wählerisch, aber das Eisbein rührte keiner an. Wir stopften das Sauerkraut in uns hinein, denn es soll ja so gesund sein, und kippten die Kartoffeln in einen leeren Rucksack. Für 20 Pfennige erstand ich in der Herbergsküche ein Paket Salz. Hernach zogen wir ein paar Minuten den Berg hinauf und lagerten uns an einer schattigen Stelle, um die Kartoffeln aufzuteilen, zu pellen und mit etwas Salz zu verzehren.

Trotz großer Sparsamkeit wurde unsere Reisekasse immer leerer, und es blieb uns schließlich nichts anderes übrig, als den Herrn Pfarrer um Hilfe zu bitten, damit wir nicht verhungerten.

Er war ein ausnehmend freundlicher Herr mit viel Verständnis für unsere Notlage, er versprach uns zu helfen. Am nächsten Tag überraschte er uns mit drei langen Blechdosen. Er wisse zwar nicht, was genau darin sei, aber es sei gewiß etwas zum Essen.

Und so kam es, daß wir am Dienstag Emmentaler Schmelzkäse mit Brot aßen und Quellwasser tranken, am Mittwoch Leberwurst mit Brot und Quellwasser und am Donnerstag Chester-Käse mit Brot und Quellwasser. Da wir jeweils nur die Hälfte der Ration verbraucht hatten, waren wir für die nächsten drei Tage auch noch reichlich versorgt.

Irgendwann in diesen Tagen führte uns unser Tatendrang auch auf den Großen Osser, über den die strengbewachte

Grenze zur Tschechoslowakei führte. Wir konnten über eine breite Waldschneise mit einem Stacheldrahtzaun, der sich kilometerweit dahinzog, hinüberblicken nach Böhmen, der Heimat Smetanas. Aber dort war keine andere Welt, da erstreckten sich die gleichen weiten dunklen Gebirgszüge, die gleichen sanften Täler. Hier wie dort wehte der gleiche Wind, rieselte der gleiche Regen, deckten die gleichen Schneeflokken im Winter das weite Land zu, und über allem strahlte eine Sonne.

Der Verstand mochte das damals alles nicht so recht begreifen, aber das Gefühl spürte schon mit Betroffenheit, die Taten menschlichen Ungeistes angesichts von Stacheldraht, Wachtürmen und Militärpräsenz.

Es war wirklich ein Wunder, daß mir am Ende der Ferienzeit noch 15 DM blieben, um in Zwiesel für meine Mutter einen Kuchenteller aus Kristallglas zu erstehen, der anschließend wohlverpackt in schmutziger Wäsche in meinem Rucksack einen sicheren Platz fand.

Als ich mit meinen Freunden in Köln aus dem Jugendsonderzug stieg, dämmerte gerade der Morgen. Noch über eine Stunde mußten wir auf die erste Straßenbahn warten. 30 Pfennige kostete die Fahrt. Und als ich daheim mein Portemonnaie herumdrehte, fielen noch 3 Pfennige heraus.

... Und da wären wir wieder bei den kleinen Anstößen, die Erinnerungen wach werden lassen: Den Kuchenteller besitze ich noch heute, als Erbstück meiner Mutter. Jedermann kann wohl verstehen, was er mir bedeutet.

*(Weitere **ZEITGUT**-Beiträge dieses Autors sind im Autorenverzeichnis am Ende des Buches vermerkt.)*

[Cuxhaven - Sankt Andreasberg, Oberharz,
Niedersachsen;
31. Mai–9. Juni 1958]

Gudrun Findeisen

Eine Klassenfahrt – Liebe inbegriffen

In meiner Schulzeit hatte ich das Glück, Klassenlehrer zu haben, die gern mit uns auf Reisen gingen. Auf diese Weise lernten wir einen großen Teil Deutschlands kennen. Nur ins Ausland fuhren wir leider nicht. Es gab an unserer Schule, der „Oberschule für Mädchen“, dem heutigen „Lichtenberg-Gymnasium“ in Cuxhaven, noch keinen Schüleraustausch, wie er seit 25 Jahren mit dem „Lycée St. Paul“ in Vannes, Cuxhavens französischer Partnerstadt, betrieben wird.

Da wir keine Auslandserfahrungen machen konnten, war das, was wir über die Menschen jenseits der deutschen Grenze lernten, doch sehr theoretisch.

Das mußte unserer Klassenlehrerin, Fräulein Dr. Grüger – damals wurden unverheiratete Frauen jeden Alters so angeredet –, zu denken gegeben haben, denn eines Tages überraschte sie uns mit dem Vorschlag, unsere diesjährige Klassenfahrt zu einem internationalen Jugendtreffen im „Haus Sonnenberg“ im Harz zu machen. In dieser von deutschen Lehrern ins Leben gerufenen internationalen Begegnungsstätte bei Sankt Andreasberg im Oberharz würden wir junge Menschen aus aller Welt treffen und gleichzeitig viel Wissenswertes zum Thema „Mensch und Technik in unserer Zeit“ erfahren. Professoren und Dozenten aus dem In- und Ausland würden Vorträge halten, hinzu kämen Diskussionen, Filme und Ausflüge.

Wir waren begeistert! Das war doch für uns 12-Kläßler mal etwas anderes, als nur durch Museen und Kirchen zu rennen oder kilometerweit zu wandern. Endlich würden wir unsere Sprachkenntnisse auch anwenden können. Neugierig nahmen wir das Tagungsprogramm in Empfang und murrten auch nicht, als uns aufgetragen wurde, bei den Vorträgen mitzuschreiben. Jede Schülerin sollte ein bestimmtes Thema gründlich ausarbeiten, das später als Deutscharbeit bewertet werden würde.

Gut gelaunt fuhren wir 16 Mädchen und unsere Lehrerin am 31. Mai 1958 mit dem Zug für zehn Tage in den Harz. Ein modernes, lichtdurchflutetes Haus auf einer großen Wiese, umgeben von Bergen, empfing uns. Die Schlafräume mit vier oder sechs Betten und einem Balkon gefielen uns, die Seminarräume ebenfalls.

Auf der Liste standen 80 Tagungsteilnehmer, einschließlich der sechs Dozenten und einer Simultansprecherin. 21 kamen aus Großbritannien, 53 aus Westdeutschland, ein Professor war aus Frankreich angereist. Fünf ausländische Studenten aus Göttingen waren vertreten, von denen zwei aus dem Iran stammten, je einer war in Palästina, im Sudan und in der Vereinigten Arabischen Republik*) beheimatet. Die Vortragsthemen lauteten: „Der Mensch im Atomzeitalter", „Du und die Menschenrechte", „Jews and Christians together today", „Wirtschaftshilfe für die Entwicklungsländer als europäische Aufgabe", „Moderne Musik – Ausdruck unserer Zeit", „Das Polen von Gomulka – Warum hat Polen das Los von Budapest nicht geteilt?", „Der Film als Erziehungsmacht", „Demokratie im Alltag" sowie „Aspekte der Raumfahrt", mit dem ich mich beschäftigte. Der Vortrag war sehr interessant, nur konnte sich keine von uns vorstellen, daß in absehbarer Zeit Menschen auf dem Mond landen würden.

---

*) Dieser Staat war durch die Vereinigung von Ägypten und Syrien 1958 entstanden und ist 1961 wieder aufgelöst worden.

Der Tagungsleiter mit den fünf ausländischen Studenten. Der erste von rechts ist Ahmad aus dem Iran.

Unsere Lehrerin war ein Organisationstalent, sie hatte die Reise gut vorbereitet. Nur eines hatte sie nicht bedacht: Wir waren keine zwölfjährigen Mädchen mehr, sondern junge Damen. Einige männliche Tagungsteilnehmer umschwärmten uns heftig, und es blieb nicht aus, daß die eine oder andere sich verliebte.

So auch ich. Gleich am Begrüßungsabend knisterte es. Mir gegenüber saß ein gutaussehender, sportlich-gepflegter, charmanter junger Mann, dem die Lebensfreude nur so aus den braunen Augen sprühte. Ich tippte auf Franzose. Doch nein, viel exotischer, er kam aus dem Iran!

Ahmad hieß er, war 23 Jahre jung, sprach gut Deutsch und studierte in Göttingen Medizin. Wir mochten uns auf Anhieb, und es war unmöglich, das vor meiner gestrengen Lehrerin zu verbergen. Aber es wäre uns damals nicht in den Sinn gekommen, in Gegenwart anderer mit dem Freund eng umschlungen oder gar küssend zu flanieren, wie es heute viele Pärchen ungeniert auf dem Schulhof tun. Man war als Mädchen gut beraten, seine Sympathie für ein männliches Wesen nicht allzu offen zur Schau zu stellen.

Armes Fräulein Doktor! Sicher hatte sie unseretwegen schlaflose Nächte. Doch ihre Sorgen waren unbegründet, denn wir blieben alle ziemlich brav. Nicht einmal an dem nächtlichen Klettern vom Balkon, um wegen verschlossener Haustür unbemerkt in den Wald zu gelangen, beteiligte ich mich und auch kein anderes Mädchen aus meiner Klasse. Zum Glück, denn unsere Lehrerin setzte, als sie am nächsten Morgen von dem nächtlichen Treffen hörte, meine Freundin Gisela ein, ihr alle „Sünderinnen" zu melden. Auf welch eine harte Probe wäre unsere heute noch bestehende Freundschaft gestellt worden, hätte ich da mitgemacht!

Auch ohne derartige Abenteuer waren die Tage im „Haus Sonnenberg" sehr abwechslungsreich. Neben den Vorträgen und Diskussionen standen gesellige Abende sowie eine große Harzrundfahrt mit Besuch der Zonengrenze auf dem Programm. Genügend Zeit für Gespräche in kleiner Runde blieb auch, ebenso zum Volleyballspielen. Mein Freund und ich schlossen uns von diesen gemeinsamen Unternehmungen nicht aus, waren auch gern bei den Abenden in St. Andreasberg dabei, wo wir nach Klängen aus der Musik-Box in einem kleinen Lokal tanzten.

Ahmad und die anderen ausländischen Studenten empfanden unsere aufgeschlossene, unvoreingenommene Art und unsere Fröhlichkeit als angenehm. Leider hatten sie in Deutschland schon weniger gute Erfahrungen gemacht. In einem Lichtbildervortrag mit landestypischer Musik vom Tonband vermittelten uns Ahmad und David ein lebendiges Bild von ihrer Heimat. Stolz berichteten sie von den reichen Kulturschätzen und den Fortschritten, die der Iran derzeit machte.

Mit viel Charme und Diplomatie gelang es meinem Freund, für mich bei unserer Lehrerin „freizubekommen", damit wir beide zwischen dem offiziellen Programm auch mal etwas allein unternehmen konnten. Welches junge Mädchen stapft schon gerne mit seiner Lehrerin durch den Wald, um Zweige, Moos und Tannenzapfen für einen Bastelwettbewerb zu sammeln, wenn es statt dessen mit dem Freund durch den Harz brausen könnte?

Mit Ahmad auf einem neuen, roten Motorroller unterwegs auf fast leeren Straßen, wobei der junge Mann lauthals den Schlager „Ich werd' dich nie, nie, nie vergessen!" schmetterte – welche Glückseligkeit!

Auf einem neuen, roten Motorroller brausten mein Freund Ahmad und ich durch den Harz.

Um unseren Abschied etwas hinauszuzögern, fuhr Ahmad am Abreisetag mit seinem Motorroller nach Hannover, wo meine Klasse, bevor sie mit dem Zug nach Cuxhaven weiterfuhr, einige Stunden Aufenthalt hatte, die zur freien Verfügung standen. Wir genossen den Bummel durch die Stadt.

Vor der Abreise aus dem Harz schoß eine Mitschülerin rasch noch ein Gruppenbild als Andenken. Die Fünfte von links in der ersten Reihe mit schwarzen Haaren und Pferdeschwanz ist meine Freundin Gisela, ich bin die Dritte von rechts.

Auf der Heimfahrt nach Göttingen passierte es: Ein LKW-Fahrer übersah beim Abbiegen das Zweirad. Ahmad stürzte, flog durch die Luft und wäre beinahe überrollt worden. In letzter Sekunde konnte er sich retten. Welch ein Schreck für mich, als die erste Post von ihm aus dem Krankenhaus Einbeck kam!

Zum Glück hatte er nur Prellungen und Blutergüsse davongetragen. Sein Roller hatte jedoch Totalschaden.

Wir schrieben uns etliche Male, ein Telefon besaßen meine Eltern noch nicht. In den Sommerferien waren meine Schwester und ich mehr als vier Wochen unterwegs. Wir besuchten unsere Brüder in Tübingen und Düsseldorf sowie weitere Verwandte in Heidelberg. Einen Zwischenstop in Göttingen machte ich bewußt nicht. Was hätte er gebracht?

In seinen Semesterferien fuhr Ahmad nach Hause in den Iran. Im Oktober erhielt ich noch einen lieben Gruß aus Teheran, danach brach der Kontakt leider ab. Ob Ahmad, wie geplant, nach den Semesterferien in Düsseldorf weiterstudierte oder im Iran blieb, ob er überhaupt noch lebte, ich wußte es nicht!

Ich tröstete mich mit dem Spruch auf einem kleinen, gerahmten Bild, das Ahmad mir bei unserem gemeinsamen Bummel durch Goslar gekauft hatte:

„Leuchtende Tage – nicht weinen, daß sie vergangen, sondern lächeln, daß sie gewesen."

Keine der in jenen Frühlingstagen geschlossenen Freundschaften war von Bestand. Und unsere Englischkenntnisse haben wir auch nicht wesentlich verbessert.

Eines hat die Klassenfahrt auf jeden Fall bewirkt: Sie hat uns sensibel gemacht für die Probleme der Menschen in anderen Ländern, für eine bessere Verständigung der Völker untereinander.

(Weitere ZEITGUT-Beiträge dieser Autorin sind im Autorenverzeichnis am Ende des Buches vermerkt.)

[Halle/Saale, damals DDR;]
14. Januar 1959]

Wilfried Flach

Täglicher Antifaschismus

Heute war wieder etwas los! Die 7b, unsere Parallelklasse in der Hallenser Dr. Kurt-Fischer-Schule, hatte mit uns zusammen bei Herrn Dorow Unterricht. Wir saßen zu dritt und zu viert in den Bänken gequetscht und hörten uns seine Propagandareden an. Obwohl eine Deutschstunde auf dem Stundenplan vorgesehen war, hielt er es für nützlicher, uns über den Kampf der Arbeiterklasse gegen ihre Unterdrücker aufzuklären. So fragte er: „Welche Arbeiterführer kennt ihr?"

„Lenin" – „Stalin" – „Walter Ulbricht", klang es aus den verschiedenen Reihen.

„Und wen noch?"

„Hitler!"

Das hätte nicht kommen dürfen. Alle zogen die Köpfe ein.

„Wer hat das gesagt?" brüllte Herr Dorow.

Niemand meldete sich. Die Klasse hüllte sich in tiefes Schweigen.

„Wenn sich der Betreffende nicht sofort meldet, dann ist heute in diesem Sauhaufen 'was los! Dann stehen Brotbeutel und Seitengewehr waagerecht! Dann wird auf dem Schulhof gerobbt, bis euch die Zunge aus dem Hals fällt!" geiferte die Stimme des Lehrers.

Alles erstarrte vor Angst. Jeder traute dem vor Wut schäumenden Feldwebel das Allerschlimmste zu. Im Klassenraum herrschte Totenstille.

Erscheinen Pflicht! Beim 1. Mai-Umzug, hier in den fünfziger Jahren in Leipzig-Engelsdorf, tragen die Kinder und Jugendlichen Transparente mit Losungen und den Bildnissen bedeutender Funktionäre der Arbeiterbewegung. Foto: Hermine Geidel

Endlich erhob sich zaghaft eine Hand. Nun hagelten über unseren Klassenkameraden Bewernick wüste Beschimpfungen und Drohungen herab.

Der kommt bestimmt in den Jugendknast, dachte ich überängstlich.

Für meinen Freund Bernd Nilius war jetzt die Unfähigkeit dieses Lehrers bewiesen. „Siehst du, so werden Antifaschisten erzogen!" sagte er später zu mir. Doch sein spöttischer Gesichtsausdruck verriet, daß er, wie so oft, das Gegenteil meinte.

(Tagebuchnotiz vom 14. Januar 1959)

[Korntal bei Stuttgart;
Februar 1959]

Willi Volka

Stubendienst

In unserem Internat in Korntal bei Stuttgart wohnten etwa 80 Schüler von der Tertia bis zur Oberprima, der Abiturientenklasse. Das Gymnasium, das wir besuchten, war eine dreizügige Staatsschule mit ungefähr 700 Schülerinnen und Schülern. Mädchen waren erst ab der Oberstufe bei uns.

Im Schülerheim hatten wir verschiedene Pflichten zu erfüllen, so auch den Stubendienst am Abend, wenn die Lern- und Aufenthaltsräume verlassen waren. Einige Lehrer verdienten sich ein Zubrot, indem sie es übernahmen, uns nachmittags beim Lernen zu beaufsichtigen und abends beim Zubettgehen zu kontrollieren. Mancher Pauker entwickelte dabei besondere Methoden, so auch Herr Seetz, der Musiklehrer. Tagsüber litt er darunter, daß an unserem stärker naturwissenschaftlich ausgerichteten Gymnasium das Fach Musik nicht recht ernstgenommen wurde. Ihm selbst lag sehr viel daran, uns musisch allseitig zu bilden.

Abends im Internat markierte Seetz den starken Mann. Beim „Schuh-TÜV" lief er zur Höchstform auf. Nicht nur das Oberleder mußte glänzen, auch an den Sohlen durfte kein einziges Schmutzkörnchen haften. Wie sehr der Musiklehrer manchmal seine Antipathien gegenüber mißliebigen Schülern auslebte, zeigte sich bei einer dieser Inspektionen. Ede mußte seine Schuhe ein zweites Mal putzen und vorzeigen, obwohl wir ihm vorher wohlweislich ein bereits kontrolliertes Paar ins Schuhfach geschmuggelt hatten. Ein Beweis, wie ungerecht Seetz sein konnte.

Zugegeben, Ede war ein etwas schwieriger und rüpelhafter Bursche. Einmal nahm er sich kurzen Ausgang und sprang von der ebenerdig liegenden Lernstube aus dem Fenster – und dem Seetz fast vor die Füße. Was für ein Triumph für den Lehrer, hatte er seinen „Spezi" doch wieder einmal ertappt! Beim Mittagessen im großen Speisesaal mußte Ede aufstehen. Herr Seetz berichtete, was vorgefallen war und endete mit der Bemerkung: „Wenn man schon aus dem Fenster springen muß, sollte man wenigstens schauen, ob jemand kommt."

Schlagfertig konterte der lange Ede: „Herr Seetz, ich habe nach rechts und nach links geguckt, doch ich habe niemanden kommen sehen." Alles brüllte vor Lachen. Jeder verstand die Anspielung auf den kleinen Lehrer.

Zwischen den beiden herrschte ewig Kampf, den Ede schließlich verlor. Er hatte bereits die ultimative Verwarnung bekommen, beim nächsten geringsten Vorfall würde er das Internat verlassen müssen. Als wir wieder einmal die Treppe hochstürmten, griff sich Seetz stellvertretend Ede, was dieser laut mit „Du Arschloch!" quittierte. Noch am selben Tag mußte er packen.

Ein anderer Lehrer, Herr Dr. Seyfert, war bei uns Schülern wie bei seinen Kollegen gleichermaßen gefürchtet, denn er stellte den Stundenplan auf, somit waren alle von ihm abhängig. Irgendwann hatte er den Spitznamen „Su" bekommen, weil er häufig das Wort „so" gebrauchte, was bei ihm wie „su" klang. Er unterrichtete uns in Mathematik.

Su wohnte gegenüber vom Internat und hatte immer am Freitagabend Aufsicht. Mit Vorliebe „bewies" er uns unsere Unfähigkeit, für Ordnung und Sauberkeit zu sorgen. Wer bei ihm in Ungnade fiel, konnte sich auf einiges gefaßt machen. Der Verdacht lag nahe, daß Su nur jemanden suchte, der für ihn Kohlen in den Keller trug oder Gartenarbeit verrichtete. Ein gefürchtetes Druckmittel war, uns die Heimfahrt am nächsten 14tägigen Reisesonntag zu sperren.

An einem Freitag Mitte Februar 1959 erschien Su gegen 22 Uhr, um die Stuben abzunehmen. Als Stubendienst hatte ich mich redlich bemüht. Im ersten Raum fand er nichts. Unvermittelt fragte er mich: „Gehst du an Ostern?"

Die Frage war eine Drohung. Volker, Niko und ich hatten einen Jugendfilmring gegründet, der ihm nicht in seine Vorstellung über das, was Schüler zu tun hätten, paßte.

,,Nein, ich gehe nicht", sagte ich.

„Dein Verhalten ist dumm", entgegnete er ohne nähere Erklärung. Auch die zweite Stube war soweit in Ordnung, bis Su verlangte: „Nimm den Kleiderbügel und fahre damit unter den Schrank!"

Ich strich mit dem Bügel die vier, fünf Zentimeter unter dem Schrank entlang, wobei natürlich allerhand Schmutz zum Vorschein kam. Zwischen Papierresten und Staubfusseln zeigte sich sogar ein Tannenzweig.

„Am nächsten Freitag nochmal!" befahl Su.

Die dritte Stube. Ich hatte Bleistiftreste auf einer Untertasse übersehen, die ich jetzt eilig entfernte.

Su: „Fährst du heim?"

Ich: „Nein."

„Warum nicht?"

„Weil ich nicht fahre." Pause.

Su: „Dann bleibst du eben hier."

Gegen 23 Uhr kam ich endlich ins Bett und konnte lange nicht einschlafen.

Am Freitag darauf hatte ich erneut schwer geschuftet. Herr Kochinke, unsere Stubenaufsicht, bot mir einen Apfel an, während ich auf Su wartete. Endlich kam er mit seinem katzenhaften, kraftlosen Gang die Treppe heraufgeschlichen. Ich wollte mit der ersten Stube beginnen, doch er steuerte geradewegs die mittlere an, ging zur Fensterfront, beugte

Nicht jedes Wochenende war Reisesonntag. Hier unternahmen wir Heimschüler einen Sonntagsausflug in die Umgebung von Korntal. Ich bin der Erste von links.

sich vor, starrte auf die Borde, trat zurück, dann trat er wieder vor und wies mit dem Zeigefinger auf eine Stelle. Dort mußte noch etwas liegen. Ich sah genau hin und entdeckte ein weißes Farbbröckchen.

Jetzt lehnte sich Su über ein Pult. Am Rand eines der Bleche, die über die Tintenfaßlöcher genagelt oder geschraubt waren, lag ein kleines Dreckklümpchen und auf der Tischdecke erblickte er ein feines, dunkelblaues Fädchen, kaum einen Zentimeter lang. Das Leitwerk eines Flugmodells lag etwas schräg auf einem Akkordeon, daneben stand ein Eimer, der Kabel enthielt. Ich mußte ihn wegtragen.

In der nächsten Stube steuerte Su zielstrebig auf die linke Ecke zu. Am Morgen hatten die Putzfrauen das Bord naß gesäubert. Ich konnte wahrlich nichts ausmachen. Su ließ

Hermann, seinen Hilfssheriff, in der Ecke Staub wischen. „Nennst du das sauber?“

Hermann schaute, als wollte er sagen, so streng müsse man nun wirklich nicht sein.

„So etwas wagt der Kerl mir vorzusetzen! Also, du weißt Bescheid, nächsten Freitag nochmal. Und wenn die anderen am langen Wochenende heimfahren, bleibst du hier.“

Am kommenden Montag stand eine Mathearbeit bevor. Ich mußte unbedingt eine gute Note erzielen, um Su zu beschwichtigen. Sein Hilfssheriff war ein Einserkandidat, von denen es in einer Klasse bestenfalls einen oder zwei gab. Gute Noten begannen gewöhnlich mit der Zwei.

Am darauffolgenden Freitag war Su gnädig. Bevor er ging, ließ er aber noch die Bemerkung fallen: „Ein gutgeschultes Auge sieht eben alles.“ Ich dachte: „Wenn du kehren müßtest, würde ich bestimmt auch was finden!“

Als ich am Samstag von draußen kam, stand Herr von Lersner an der Treppe und fragte: „Fährst du nicht heim?“

„Nein.“

„Warum nicht?“

„Ich habe den Reisesonntag gesperrt bekommen.“

„Warum?“

„Wegen des Stubendienstes.“

„Du darfst fahren. Herr Dr. Seyfert (Su) hat es dir erlaubt, aber nur bis Montagabend.“

Wie der Blitz rannte ich hinaus, wo die Eltern eines Mitschülers noch mit ihrem Wagen standen. Freundlicherweise nahmen sie mich mit. Unterwegs hielten wir an einer Tankstelle an und aßen zu Mittag. Mir war es peinlich, daß sie mich einluden. Um uns herum saßen Leute mit gebräunten Gesichtern, sie mußten vom Skiurlaub gekommen sein.

Als ich im Unterricht an der Tafel vorrechnen mußte, unterlief mir einmal ein grober Fehler. Su drohte, mir die Tanzstunde am Abend zu verbieten. Damit verunsicherte er mich derart, daß gar nichts mehr ging, ich an meinen Platz geschickt wurde und ein anderer Schüler zu Ende rechnen mußte. Als Strafe erhielt ich jede Menge Zusatzaufgaben, die ich am Abend bei ihm persönlich abzugeben hatte.

Da ich mir die Tanzstunde nicht entgehenlassen wollte, arbeitete ich den ganzen Nachmittag hindurch. Mit Ach und Krach schaffte ich rechtzeitig alle Aufgaben. Jedoch am Abend begriff ich keinen einzigen Tanzschritt.

Su erwartete von mir, daß ich mich auf eine Zwei hocharbeitete, er hielt mich für faul, wollte mich zwingen, fleißiger zu lernen. Bei den Hausaufgaben legte er besonderen Wert auf die Form. Alle Bruchstriche mußten mit dem Lineal gezogen sein, Streichungen waren nicht erlaubt. Die optische Prüfung der Hausaufgaben erfolgte zu Beginn jeder Unterrichtsstunde. Danach mußte ein Schüler die Aufgaben vorlesen oder an der Tafel vorrechnen. Damit verging viel Zeit.

Wenn unsere Aufmerksamkeit im Unterricht nachließ, griff Su zu einem Trick. Urplötzlich stellte er die Frage, was es denn für Neuigkeiten in der Welt gebe. Die Eifrigen unter uns meldeten sich sofort und berichteten, was sie an politischen Tagesmeldungen gehört oder gelesen hatten.

Su sagte jedesmal: „Nein“, bis er dann loslegte: „Da haben doch die Amerikaner Soldaten ausgesetzt. Die müssen sich eine Woche in den Bergen ohne Proviant, ohne Zelt und ohne Waffen von einem Punkt zum anderen durchschlagen.“

So etwas fanden wir spannend. Wenn er glaubte, daß unsere Konzentration wiederhergestellt war, erklärte er den neuen Stoff, klar, knapp und logisch. Dazu brauchte er nicht allzuviel Zeit. Danach wurde kurz die Anwendung geübt, anschließend gab es reichlich Hausaufgaben, damit sich das Neue fest einprägte. Su nannte die Mathematik die „Königin der Wissenschaften“. Das war noch vor dem Programmierzeitalter.

(Weitere ZEITGUT-Beiträge dieses Autors sind im Autorenverzeichnis am Ende des Buches vermerkt.)

[Hamburg-Horn;
1958–1960]

Ingo Becker-Kavan

Quicklies, Vickies und Neckos

Ein wichtiger Moment in meinem Dasein als Halbwüchsiger – als solcher bezeichnet, obwohl ich bereits mit fünfzehn meine heutige Körpergröße von 1,80 m erreicht hatte – war für mich der Tag, an dem meine jahrelangen Sparanstrengungen endlich Früchte tragen sollten. Der strikte Verzicht auf den Kauf von Süßigkeiten, gestattet hatte ich mir lediglich das wöchentlich erscheinende Bildheftchen „Akim, der Sohn des Dschungels“ für 20 Pfennige, erlaubte mir, von meinem Taschengeld zu sparen.

Bis zum zehnten Schuljahr erhielten meine beiden Brüder und ich von unseren Eltern Taschengeld in Höhe der jeweiligen Klasse, der wir angehörten. Mühsam häufte ich über Jahre 150 bis 160 DM an. Schon lange wußte ich, was ich vom Ersparten kaufen wollte: ein neues Fahrrad. Mein Bruder Gero hatte ein gebrauchtes Herrenrad, das er liebevoll „Sonja“ nannte, Harro besaß ein ältliches Knabenrad, ebenfalls gebraucht gekauft, und ich ein uraltes Damenrad.

Unzählige Male stand ich vor dem Fahrradgeschäft Pagels in der Horner Landstraße. Ich kannte alle Räder aus dem Schaufenster. Ein solides Fahrrad sollte es sein mit dem damals modernen, aber unbequemen Vorbeugelenker.

Endlich war der große Tag gekommen, mein Vater und ich betraten das Geschäft. Der alte Pagels bediente uns persönlich, und bald war ein schönes, hellgrünes Fahrrad mit sportlichem Lenker mein Eigentum. Kurz danach ließ ich mir, ebenfalls bei Pagels, eine Drei-Gang-Schaltung in das Rad einbauen.

Wie habe ich mein Schmuckstück gehegt und gepflegt, geputzt, geölt und nach jedem Regen trocken gewienert! Es war eben mein ein und alles und für mich wegen der unendlich langen Wege von gewaltigem Wert. Noch heute, vierzig Jahre später, fahre ich auf dem Fahrrad, und so wird es auch bleiben. Auf der beim Herrenrad typischen Stange war einige Jahre ein kleiner Kindersitz befestigt, auf dem meine Tochter Claudia saß. Das Geschäft „Fahrrad Pagels" gibt es heute noch, inzwischen längst in der zweiten oder gar dritten Generation.

In der zweiten Hälfte der fünfziger Jahre hatten die Mopeds Hochkonjunktur. Jeder, der auf sich hielt, sich aber noch kein Auto leisten konnte, nicht einmal einen „Lloyd-Plastikbomber", mußte zumindest ein Moped fahren. Bei den Herstellern bildeten sich schnell Marktführer heraus, so sah man auf den Straßen überwiegend „NSU-Quicklies", „Zündapp-Kombinettes" und „Vickies".

Auch mein Bruder Gero und ich hatten den großer Wunsch, ein Moped zu besitzen. Aber alle waren zu teuer. Im Neckermann-Katalog wurden inzwischen auch Mopeds angeboten, zwei Typen, „Necko-Eingang" und „Necko-Luxus" mit zwei Gängen. Immer wieder schauten wir uns die Abbildungen der hellblauen Gefährte an. Ungefähr 275 DM sollte das Eingang-Moped kosten, das Luxus-Modell etwa 70 DM mehr. Lange Überlegungen und Verhandlungen mit den Eltern, unzählige Kassenstürze der eigenen Finanzen folgten, bis endlich das Oberhaupt der Familie überzeugt und die Finanzierung gesichert war. Die Mopeds wurden bestellt und sollten mit der BRAG, der Bahnamtlichen Roll- und Abfuhrgesellschaft, geliefert werden.

Die Lieferzeiten waren lang. Einige Wochen verbrachte ich meine Freizeit vor der Haustür oder in der Nähe des

Wohnzimmerfensters, um jeden Lastwagen mit der ersehnten Aufschrift BRAG sofort auszumachen.

Schließlich kamen die Mopeds, erst meine Eingang-Maschine, einige Tage später Geros Luxus-Modell. Zuerst wurden die Mopeds in die Diele gestellt und von der gesamten Familie bewundert. Alles an ihnen roch neu: die Lackierung, die Gummibereifung. Eigentlich konnte es sofort losgehen, denn einen Mopedführerschein gab es noch nicht. Wer 16 Jahre alt war und ein Moped besaß, konnte sich darauf setzen und losbrausen.

Gero und ich schoben das gute Stück zu einer Tankstelle, um drei Liter Zweitaktgemisch zu tanken. Danach wurde der kleine Ilo-Motor zum ersten Mal angeworfen. Ein paar kräftige Tritte in die Pedale, etwas blauer Qualm – und der Motor lief. Ich setzte mich auf den Sattel, und Gero packte sicherheitshalber den Gepäckträger mit beiden Händen an, um die Fahrtrichtung zu stabilisieren. Alles klappte ohne Probleme, und zum ersten Mal rollte ich auf einem Fahrzeug mit fremder Kraft!

Nach einigen Minuten wechselten wir die Positionen. Nun durfte Gero fahren und ich sollte halten. Aber wie es sich für einen älteren Bruder gehört, konnte ich nach wenigen Metern am Gepäckträger nicht mehr mitlaufen, und Gero knatterte fröhlich davon.

„Halt, stop!“ und „Nicht so weit!“ rief ich ihm hinterher, schließlich war es ja mein Moped.

Nach weniger als einer halben Stunde konnten wir beide Moped fahren. Geros Moped durfte nun ebenfalls anrollen. Tatsächlich kam es wenige Tage später.

Beide dienten uns treu. Wir unternahmen viele Ausflüge in die Umgebung, beispielsweise in das Wandsbeker Gehölz, nach Jenfeld zu den Kasernen und natürlich in den Hammer Park. Wir kauften uns identische schwarze Anoraks und ließen uns, auf den Sätteln sitzend, vor der Haustür stolz fotografieren.

Unsere Freude an den Mopeds wurde auch nicht getrübt, als einige Wochen später Gunther, der Nachbarsjunge aus der dritten Etage, uns glatt übertrumpfte. Er bekam von seinen Eltern eine Art Kleinmotorrad mit dem Namen „Avanti“, das kaum mehr an ein Fahrrad erinnerte. Dieses rote Gefährt war ein wahres Glanzlicht seiner Gattung, und dementsprechend gab sich sein Besitzer. Einmal erlaubte er mir großzügig, mit seiner „Avanti“ um den Block zu fahren.

Gero war inzwischen 19 Jahre alt. Mein Bruder hatte einen treuen Freund, seinen Klassenkameraden Jens, der uns

Mein Bruder Gero und ich, links, 1959 auf unseren hellblauen „Neckos“, den im Neckermann-Katalog bestellten Mopeds.

jahrelang besuchte. Mit schwarzen Haaren, immer braungebrannt, war Jens ein Baum von einem jungen Mann, und entsprechend war er auch motorisiert: Er fuhr einen schweren Viertakt-Heinkel-Roller.

Nun wollte Gero unbedingt auch einen Motorroller besitzen. Ein „Heinkel“ war zu groß, vor allem zu teuer. Blieben nur andere Marken, die gebraucht halbwegs erschwinglich waren: Vespa oder Lambretta. Tatsächlich konnte Gero ein Jahr später eine gebrauchte „Vespa“ erstehen. –

Da besaß sein Freund Jens allerdings schon ein Auto, einen schwarzen Volkswagen-Käfer der Ausstattung „Standard“, also die Karosserie ohne Chromteile und mit Zwischengas zu fahren.

Geros Freude, gemeinsam mit seinem Freund Fahrten an den Großen See zu machen, währte nicht allzulange. Seine „Vespa“ fuhr meistens nicht auf der Straße, sondern stand bei uns im Hauseingang und mußte repariert werden. Ständig rissen die Bowdenzüge der Bremse und vor allem der Lenkradschaltung. Zudem war es eine kräftezehrende Kunst, den Motorroller in Gang zu bringen. Unentwegt traten wir abwechselnd auf den Anlasserhebel am Hinterrad oder schoben das gute Stück an. Lief sie endlich und ich saß auf dem Beifahrersitz, war die „Vespa“ eine ziemlich lahme, vor sich hintuckernde Mühle. Deshalb war sie für uns nur noch die „Möhle“. Gero schaffte es dennoch, sie einem Käufer anzudrehen.

[Markt Schwaben, Bayern;
1959]

Josefine Scharf

Mit Pferdeschwanz und Petticoat

„Mama, ist mein Petticoat gewaschen und gestärkt?" – Jeden Samstagmorgen die gleiche Frage, auch die Antwort war immer dieselbe: „Nur gewaschen, stärken und bügeln mußt du ihn dir selber!"

Ich kam also nicht umhin, beim Kaufmann an der Ecke Hoffmann's Katzenstärke zu holen, sie in Wasser aufzulösen, den Petticoat hineinzustecken und anschließend aufzuhängen. Am Nachmittag wurde das gute Stück, mit dem ich am Abend glänzen wollte, halbnaß noch von der Leine genommen – die Bügeldecke lag schon auf dem Küchentisch – und in mühsamer und langwieriger Arbeit zu steifer, weißer, abstehender Pracht gebügelt.

Die Auswahl an Kleidungsstücken, die über dem Petticoat getragen werden konnten, war nicht allzu groß: mein Lieblingsrock mit engem Bund und schwingender Weite, ein Baumwollstoff weißgrundig und mit rosenrotem Feldermuster aus Blumenranken, von meiner Mutter selbst genäht; dazu eine ärmellose weiße Bluse. Die frischgewaschenen Haare wurden zu einem Pferdeschwanz hochgebunden, Fransen in die Stirn gekämmt, schwarze flache Schuhe mit Gummizug, sogenannte Rock 'n Roll-Schuhe, an die Füße – und der Samstagabend konnte beginnen.

Halt, das beste Stück hätte ich beinahe vergessen: ein von Freundeshand gefertigter Kupfergürtel betonte meine schlanke Taille und diente außerdem als Schutz gegen allzu heftige Griffe beim Tanzen.

Damals gab es noch keine Discos, höchstens feine Tanzcafés. Die waren in der Regel den Erwachsenen vorbehalten und zudem völlig ungeeignet für den schmalen Geldbeutel einer auf Taschengeld angewiesenen Schülerin mit sehr eingeschränkter Garderobe. Ich war 15 Jahre alt und bekam Ausgang von 18 bis 22 Uhr.

Jeden Samstagabend trafen wir uns zum Rock`n Roll im Keller.

Voll Dankbarkeit erinnere ich mich an die Eltern eines Freundes, die uns, einer Truppe von zehn bis vierzehn jungen Leuten, jeden Samstagabend ihren geräumigen Kellerraum zur Verfügung stellten. Dieser Raum wurde nicht gebraucht, wir durften ihn für uns herrichten mit Sitzgelegenheiten, einer selbstgefertigten Bar, einem alten Schränkchen, auf dem der Plattenspieler Platz fand und auch das mühsam zusammengesparte nagelneue Tonbandgerät eine Freundes, der enorm viel Zeit opferte, um die neuesten Schlager aufzunehmen. Die Mitte des Raumes bot genügend Platz zum Tanzen. In der Ecke über der Bar hing verwegen ein großes schwarzes Netz, in dem es sich eine Spinne aus Metall bequem machte. In einer anderen Ecke stand ein kleiner Tisch mit Knabberzeug und alkoholfreien Getränken, die wir mitgebracht hatten. Oft gab's darüber hinaus einen kleinen Imbiß und „Kalte Ente", eine Mischung aus leichtem Weißwein, Zitrone und Selters, die der Hausherr in unserem Beisein selber ansetzte. Auch seine Plattensammlung samt Plattenspieler durften wir benutzen. Die eine oder der andere brachte zuweilen eine eigene kleine schwarze Scheibe mit. Elvis Presley, Bill Haley und Pat Boone waren die heißen Renner, oder auch „Marina" – „Manuela" – Raunchy. Je nach Stimmungslage wurde heiß gerockt oder noch heißer gekuschelt und geschmust.

Bei aller Großzügigkeit unserer Gastgeber war uns jedoch stets die Grenze des Erlaubten bewußt, immer waren auch Erwachsene im Haus, die ab und zu in den Keller hinunterstiegen, um zu sehen und zu hören, wie es lief – oder sich auch mal zu uns setzten und dabeiblieben.

Der einzige Wermutstropfen an diesen Samstagabenden war für mich die unerbittliche „Polizeistunde" meines Vaters: um 22 Uhr mußte ich als Jüngste der Gruppe zu Hause sein, die anderen blieben meist bis Mitternacht.

Mein größter Trost: der nächste Samstag kam so gewiß wie das Amen in der Kirche!

Bisher erschienen in der Reihe ZEITGUT

Band 1	Gebrannte Kinder, Kindheit 1939-1945	1998
Band 2	Nachkriegs-Kinder, Kindheit 1945-1950	1998
Band 3	Stöckchen-Hiebe, Kindheit 1914-1933	1998
Band 4	Pimpfe, Mädels & andere Kinder, Kindheit 1933-1939	1998
Band 5	Wir wollten leben, Jugend 1939-1945	1998
Band 6	Schlüssel-Kinder, Kindheit 1950-1960	1999
Band 7	Gebrannte Kinder. Zweiter Teil, Kindheit 1939-1945	1999
Band 8	Und weiter geht es doch, 1945-1950	1999
Band 9	Täglich Krieg, Deutschland 1939-1945	2000
Band 10	Hungern und hoffen, Jugend 1945-1950	2000
Band 11	Von hier nach drüben, Grenzgänge, Fluchten 1945-1961	2001
Band 12	Wir sollten Helden sein, Jugend 1939-1945	2001
Band 13	Heil Hitler, Herr Lehrer! Kindheit 1933-1939	2000
Band 14	Lebertran und Chewing Gum, Kindheit 1945-1950	2000
Band 15	Zwischen Kaiser und Hitler, Kindheit 1914-1933	2002
Band 16	Getäuscht und verraten, Jugend 1933-1939	2002

Aus Platzmangel verzichten wir im folgenden Verzeichnis der Verfasser auf die Angaben der vollständigen Buchtitel der Reihe ZEITGUT.
Nähere Informationen zu den Büchern finden Sie nach Seite 314 und im Internet unter www.zeitgut.com.

Verfasser *Seiten*

Acker, Margitta, geb. Mielke S. 48
geb. 1939 in Stettin,
lebt in Curtin, Australien.
Beruf/Tätigkeiten: Verwaltungsangestellte an der Australian National University, Canberra, im Ruhestand.

Antholzer, Theresa, geb. Ecker S. 171
geb. 1938 in Obertürken, lebt in Perach, Bayern.
Beruf/Tätigkeiten: Hausfrau.

Becker-Kavan, Ingo S. 260, 298
geb. 1941 in Posen,
lebt in Hamburg.
Beruf/Tätigkeiten: Jurist.
Bisherige Veröffentlichungen: „Verwaltungsrecht und Verwaltungsverfahren", v. Decker's Verlag, 1980; „Wilhelm Tell war ein Sohn Karl des Großen", Langen-Müller-Verlag, 1985 und als Ullstein-TB, 1994; „Der Modoc Krieg", Verlag für Amerikanistik, 1994; „Rätsel um das Fürstengrab von Palenque in Mexiko", Lit Verlag, 1997; „Alcatraz - Ein Synonym für Abschreckung", Verlag Königshausen und Neumann, 1998; „In den USA Klischees, Mythos und Wirklichkeit auf der Spur", Verlag Königshausen und Neumann, 2001; „Vom Haarentor zur Friedenssäule", Isensee Verlag, 2002.

Berg, Falko (Pseudonym) S. 147, 198
geb. 1939 in Kassel,
lebt in Bonn, Nordrhein-Westfalen.
Beruf/Tätigkeiten: Soldat, Dozent für politische Erwachsenenbildung und Diplomat, im Ruhestand.

Bisherige Veröffentlichungen: Erzählung „Das Dorf", Eigenverlag/Libri BoD, Hamburg 1998; autobiographischer Roman „Halte, was Du hast", Eigenverlag/Libri BoD, Hamburg 2000; Beiträge in ZEITGUT Band 1, 2, 7 und 14.

Berg, Gertraud, geb. Weidner S. 95, 126
geb. 1935 in Riesa/Elbe,
lebt in Friedrichsdorf, Hessen.
Beruf/Tätigkeiten: Hausfrau.

Böhme, Bärbel, geb. Eppers S. 215
geb. 1937 in Grünberg, Schlesien,
lebt in Seehausen bei Leipzig, Sachsen.
Beruf/Tätigkeiten: Dipl.-Landwirtin, im Ruhestand.
Bisherige Veröffentlichungen: Beiträge in ZEITGUT Band 2 und 6.

Brennecke, Gerhard S. 189
geb. 1937 in Ringelheim, Harz,
lebt in Bad Malente, Schleswig-Holstein.
Beruf/Tätigkeiten: Bäcker, Patissier, Konditor, 12 Jahre Soldat, Beamter im gehobenen Dienst, im Ruhestand.
Bisherige Veröffentlichungen: Fachzeitschrift der Bundeswehrverwaltung, Carl Heymann Verlag Nr. 6/89, 8 und 9/90, 5 und 6/92, 10/93; Ökologie, Umweltschutz und Verwaltung, Band 2, 4/90, Band 6, 5/95; „Zwei Malenter auf den Philippinen", Ostholsteiner Anzeiger vom 19.8.2000.

Dähn, Karlheinz S. 207
geb. 1939 in Hundsgrün, Kreis Oelsnitz im Vogtland,
lebt in Olching, Bayern.
Beruf/Tätigkeiten: DB-Beamter, Manager im Mineralölhandel und im Speditionswesen, im Ruhestand.
Bisherige Veröffentlichungen: Sportberichterstattungen (Fußball) innerhalb der vergangenen 30 Jahre in Lokalred./FFB, Donau-Kurier, Münchner Merkur, Süddeutsche Zeitung; Beitrag in ZEITGUT Band 11.

Engels, Hans S. 279
geb. 1942 in Köln,
lebt in Kürten, Nordrhein-Westfalen.
Beruf/Tätigkeiten: Ausbildung als Elektriker; seit 1966 Lehrer, Buchautor.

Bisherige Veröffentlichungen: Kurzgeschichte „Die Hinrichtung“ in „Die Zeiten sind so...!“. Informa-Verlag, Bergisch Gladbach 1997; „Geborgensein“. Bernadus-Verlag, Grevenbroich 1998; Weihnachtsgeschichten im Johannis Verlag, Lahr 2001 u. 2002; Beiträge in ZEITGUT Band 1, 2, 6 und 14.

Fiessler, Ursula, geb. Hoffmann S. 120
geb. 1935 in Berlin,
lebt in Bergisch Gladbach, Nordrhein-Westfalen.
Beruf/Tätigkeiten: Postangestellte, Berufsschullehrerin für Postwesen (bis 1958), Postbeamtin (Sekretärin), dann Hausfrau.
Bisherige Veröffentlichungen: Beitrag in ZEITGUT Band 2.

Findeisen, Gudrun, geb. Reinke S. 283
geb. 1939 in Altjugelow, Kreis Stolp, Pommern,
lebt in Cuxhaven, Niedersachsen.
Beruf/Tätigkeiten: Lehrerin außer Dienst; Hausfrau.
Bisherige Veröffentlichungen: Beiträge in ZEITGUT Band 1 und 6.

Flach, Dr. Wilfried S. 290
geb. 1945 in Seggerde, Kreis Gardelegen,
lebt in Nuthe-Urstromtal, Brandenburg.
Beruf/Tätigkeiten: Pfarrer.
Bisherige Veröffentlichungen: Gedichtbändchen, „Pfarrersohn und Pfarrer in der DDR“, Saale Verlag Jena-Nord Heinz-Joachim Petzold, 1991; Beiträge in der Anthologie „Einkehr und Stille“, Evangelische Verlagsanstalt Berlin, 1982; in der „Autoren-Werkstatt“ 42, 45, 47, 57 und in der Jubiläumsanthologie 1997, R.G. Fischer Verlag, Frankfurt/M.; Nachdichtung von Ph. Larkins Gedicht „An Arundel Tomb“ in „An Arundel Tomb“. Chichester 1996; Beitrag für das Heimatbuch „Die Gemeinde Nuthe-Urstromtal im märkischen Land“, Hrsg. Heimat- und Geschichtsverein e.V., Ruhlsdorf 1996.

Geidel, Hermine, geb. Bartik S. 88
geb. 1933 in Hliboka, Rumänien,
lebt in Engelsdorf bei Leipzig, Sachsen.
Beruf/Tätigkeiten: Versicherungskauffrau, im Ruhestand.

Hagenmeyer, Jürgen S. 143, 184, 213, 238
geb. 1939 in Hameln,
lebt in Hamburg.
Beruf/Tätigkeiten: bis 1993 Bankkaufmann, Sozial- und Wirtschaftshistoriker, M.A., wissenschaftlicher Mitarbeiter an „Haus Rissen“, Internationales Institut für Politik und Wirtschaft, Hamburg.
Bisherige Veröffentlichungen: Beiträge in den „Rissener Einblicken“; „Deutschland und Europa - Sind wir schon in Europa angekommen?“ Deutschland Archiv 3/2002; Beiträge in ZEITGUT Band 6 und 14.

Kubitza, Liselotte, geb. Knorr S. 53
geb. 1933 in Berlin,
lebt in Berlin.
Beruf/Tätigkeiten: Sozialversicherungskauffrau, Referentin.
Bisherige Veröffentlichungen: in Zeitzeugenbrief, Zeitzeugenbörse (ZZB) August 1998, Berlin.

Laue, Margit S. 247
geb. 1939 in Bernburg/Saale,
lebt in Köln, Nordrhein-Westfalen.
Beruf/Tätigkeiten: Schauspielerin und Sängerin.
Bisherige Veröffentlichungen: „Hei Litler“ - Kindheit in zwei Diktaturen, Snayder Verlag, Paderborn 1999.

Mohrmann, Helga, geb. Weißenborn S. 35, 37
geb. 1938 in Bremen,
lebt in Detmold, Nordrhein-Westfalen.
Beruf/Tätigkeiten: Med. techn. Assistentin, therapeutische Beraterin.
Bisherige Veröffentlichungen: Beiträge in Wortspiegel, Berlin 1998, 2001, 2002; Nationalbibliothek des deutschsprachigen Gedichtes, Realis Verlag, München 1999, 2000.

Mullé, Marianne Christa, geb. Birreck S. 174
geb. 1941 in Essen,
lebt in Northeim, Niedersachsen.
Beruf/Tätigkeiten: Hauswirtschafterin, im Ruhestand.
Bisherige Veröffentlichungen: Beiträge in „Northeimer Zeit-Zeichen“, Band II, 1995; Lebensbaum Nr. 21, Wurzel-Verlag, Wünsheim 1997; Antholo-

gie „Das Wünsche-Land. Geschichten für Kinder". Wiesjahn-Verlag, Berlin 1997; Beiträge in ZEITGUT Band 2 und 14.

Müller, Rudolf S. 58
geb. 1935 in Elbing, Ostpreußen,
lebt in Wachtberg-Ließem, Nordrhein-Westfalen.
Beruf/Tätigkeiten: Kraftfahrer im öffentlichen Dienst, im Ruhestand.
Bisherige Veröffentlichungen: Beitrag in ZEITGUT Band 1.

Paffrath, Günther S. 241
geb. 1936 in Forsten, Rhein. Berg. Kreis,
lebt in Kürten, Nordrhein-Westfalen.
Beruf/Tätigkeiten: Lehrer, im Ruhestand.
Bisherige Veröffentlichungen: Sechs Bücher im Eigenverlag, Prosa, Kinderbücher, Lyrik, Erzählungen; Beiträge in „Bergischer Kalender", Joh. Heider Verlag, Bergisch Gladbach; Beitrag in ZEITGUT Band 10.

Pecat, Dieter S. 136
geb. 1940 in Neubrandenburg,
lebt in Neubrandenburg, Mecklenburg-Vorpommern.
Beruf/Tätigkeiten: Wasserbaufacharbeiter; Meliorationsingenieur.
Bisherige Veröffentlichungen: Beitrag in ZEITGUT Band 2.

Rammel, Helmut S. 129
geb. 1934 in Beelitz, Mark Brandenburg
lebt in Heilbronn, Baden-Württemberg.
Beruf/Tätigkeiten: Steuerbeamter, Pensionär
Bisherige Veröffentlichungen: Gedichte in verschiedenen Zeitungen; Beitrag in ZEITGUT Band 2.

Rudat, Ilse, geb. Eich S. 20
geb. 1940 in Offenbach,
lebt in Rodenbach, Hessen.
Beruf/Tätigkeiten: Kauffrau.
Bisherige Veröffentlichungen: Beitrag in ZEITGUT Band 1.

Salrein, Sybille, geb. Steinbrück S. 231
geb. 1938 in Berlin,
lebt in München, Bayern.
Beruf/Tätigkeiten: Bibliothekarin, im Ruhestand.

Scharf, Josefine, geb. Haller S. 303
geb. 1944 in Markt Schwaben,
lebt in Markt Schwaben, Bayern.
Beruf/Tätigkeiten: Sekretärin, Hausfrau.

Schauen, Dirk S. 159
geb. 1938 in Königsberg, Ostpreußen,
lebt in Vilsbiburg, Bayern.
Beruf/Tätigkeiten: Schichtführer im Bohrbetrieb, in Ruhestand.
Bisherige Veröffentlichungen: „Das fast normale Leben eines Bohrmeisters", Frieling, Berlin 1999; Beitrag in ZEITGUT Band 1.

Schnüttgen, Bernadette, geb. Eiteneuer S. 65
geb. 1927 in Alzen bei Morsbach, Oberbergischer Kreis,
lebt in Troisdorf, Nordrhein-Westfalen.
Beruf/Tätigkeiten: Hausfrau.
Bisherige Veröffentlichungen: Artikel in Broschüren der Stadt Troisdorf, in der Vierteljahresschrift für ältere Mitbürger der Kreisstadt Siegburg, der Kirchenzeitung für das Erzbistum Köln, der Tageszeitung Rhein-Sieg-Rundschau u.a.; Beiträge in ZEITGUT Band 5, 12 und 13.

Schröder, Marlies, geb. Gehlen S. 67
geb. 1940 in Oberhausen, Eifel,
lebt in Nettersheim/Marmagen, Nordrhein-Westfalen.
Beruf/Tätigkeiten: Bürotätigkeiten, Hausfrau.
Bisherige Veröffentlichungen: Beiträge in ZEITGUT Band 1, 2, 7 und 14.

Schwedler, Hannelore, geb. Polzin S. 267
geb. 1941 in Kiel,
lebt in Klausdorf/Schwentine, Schleswig-Holstein.
Beruf/Tätigkeiten: Erzieherin, Lehrerin, Kindertagesheimleiterin, im Ruhestand.

Seiler, Dietmar S. 155
geb. 1942 in Stuttgart,
lebt in Stuttgart, Baden-Württemberg.
Beruf/Tätigkeiten: evangelischer Pfarrer.
Bisherige Veröffentlichungen: „Bissiges Rom - schein-heilige Aphorismen", 1991, „Mit dem Sonntag fing's an - Kunter-buntes aus der Textwerkstatt", 1992; „Lebendiges Gestern - Merk-würdiges aus der Textwerkstatt", 1995; „Strandansichten - Vor-sätzliches aus der Textwerkstatt Böblingen-Sindelfingen", 1996; „12 Weihnachtsgeschichten", 1996; „Die Gemeinde hat das letzte Wort – Vater-, Mutter-, Kinder- und Geschwisterpredigten", 1997; „Stück für Stück – Zart-bissiges aus der Textwerkstatt Böblingen-Sindelfingen", 1997; alle Ruth Seiler Verlag, Sindelfingen.

Setzepfand, Agnes S. 73, 112
geb. 1934 in Hamburg,
lebt in Schneverdingen, Niedersachsen.
Beruf/Tätigkeiten: Realschullehrerin für Englisch und Französisch, in Ruhestand.
Bisherige Veröffentlichungen: Gedichte in: „Selbst die Schatten tragen ihre Glut", 1995; „Dein Himmel ist in dir", 1995; „Wir sind aus solchem Zeug wie das zu Träumen", 1997, alle Edition L; Gedicht in „Über diese Entfernung hinweg", Literatur aus der VHS, Texte des Wettbewerbs 1995/96; Gedichte in „Jahrbuch 1997" und „Jahrbuch 1998". Landkreis Soltau-Fallingbostel; Beiträge in ZEITGUT Band 1 und 2.

Strebel, Renate, geb. Job S. 97
geb. 1937 in Langenhessen, Kreis Zwickau, Sachsen,
lebt in Hannover, Niedersachsen.
Beruf/Tätigkeiten: Rechtsanwalts- und Notar-Fachangestellte, im Ruhestand.
Bisherige Veröffentlichungen: Beiträge in ZEITGUT Band 2, 6, 7 und 14.

Strohmeyer, Kurt E. S. 29
geb. 1933 in Northeim, verstorben 2001,
lebte zuletzt in Günzburg-Denzingen, Bayern.
Beruf/Tätigkeiten: Sparkassendirektor.
Bisherige Veröffentlichungen: Beiträge in ZEITGUT Band 1, 4 und 14.

Tappe, Erika, geb. Wyneken S. 106, 273
geb. 1939 in Essen,
lebt in Berlin.
Beruf/Tätigkeiten: Arzthelferin, Schauspiel- und Synchronarbeit, Drehbuch-assistenz, jetzt im Ruhestand, Malerin.
Bisherige Veröffentlichungen: Beiträge in ZEITGUT Band 7 und 14.

Vogel, Manfred S. 41, 81
geb. 1937 in Altgeringswalde,
lebt in Altgeringswalde, Sachsen.
Beruf/Tätigkeiten: Agraringenieur, Ing.-Ökonom für EDV, im Ruhestand.

Volka, Willi (Pseudonym) S. 292
geb. 1941 in Karlsruhe,
lebt in Hannover, Niedersachsen.
Beruf/Tätigkeiten: Angestellter im öffentlichen Dienst.
Bisherige Veröffentlichungen: „Biegung des Jahres, Seismographe". BRÜN-Verlag, Rüsselsheim 1998; zahlreiche Anthologien: Edition L, ferber Verlag u.a.; in Zeitschriften: Wortspiegel, Vogelfrei u.a.; Beitrag in ZEITGUT Band 14.

Zimmermann, Ingeburg, geb. Ripholz S. 165
geb. 1939 in Stolp, Pommern,
lebt in Wittmund, Niedersachsen.
Beruf/Tätigkeiten: Gemeindeschwester der Stadt Wittmund, im Ruhestand.
Bisherige Veröffentlichungen: Beiträge in ZEITGUT Band 1, 2 und 6.

Zimmermann, Dieter S. 220
geb. 1939 in Gumbinnen, Ostpreußen, heute Gusev in Rußland,
lebt in Jork, Niedersachsen.
Beruf/Tätigkeiten: Dipl.-Ing., im Ruhestand.
Bisherige Veröffentlichungen: Technische Dokumentationen aus dem Bereich des Flugzeugbaus; Beiträge in ZEITGUT Band 11 und 14.

Stöckchen-Hiebe
Kindheit in Deutschland 1914–1933
52 Geschichten und Berichte von Zeitzeugen
336 Seiten mit vielen Abbildungen,
Ortsregister, Klappenbroschur.
Band 3
ISBN 3-933336-02-3, EUR 18,90

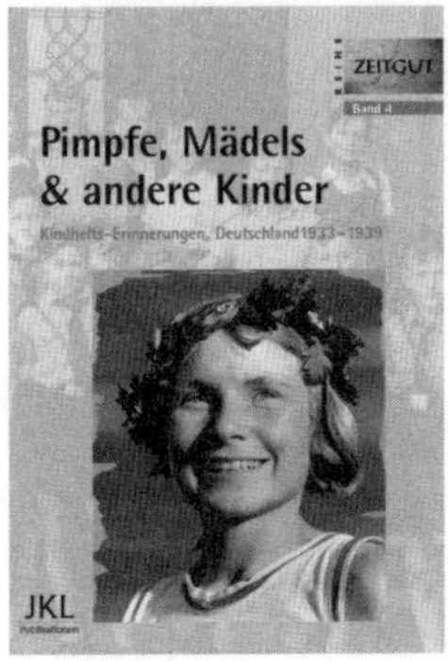

Pimpfe, Mädels & andere Kinder
Kindheit in Deutschland 1933–1939
55 Geschichten und Berichte von Zeitzeugen
322 Seiten mit vielen Abbildungen,
Ortsregister, Klappenbroschur.
Band 4
ISBN 3-933336-03-1, EUR 18,90

Heil Hitler, Herr Lehrer!
Kindheit in Deutschland 1933–39
50 Geschichten und Berichte von Zeitzeugen
360 Seiten mit vielen Abbildungen,
Ortsregister, Chronologie, Klappenbroschur.
Band 13
ISBN 3-933336-12-0, EUR 18,90

Gebrannte Kinder
Kindheit in Deutschland 1939–1945
61 Geschichten und Berichte von Zeitzeugen
368 Seiten mit vielen Abbildungen,
Ortsregister, gebunden.
Band 1
ISBN 3-933336-25-2, EUR 18,90

1/5

Weitere Informationen unter www.zeitgut.com

Bisher erschienen in der Reihe ZEITGUT

Gebrannte Kinder. Zweiter Teil.
Kindheit in Deutschland 1939-1945
36 Geschichten und Berichte von Zeitzeugen
334 Seiten mit vielen Abbildungen,
Ortsregister, Chronologie, gebunden.
Band 7
ISBN 3-933336-26-2, EUR 18,90

Nachkriegs-Kinder
Kindheit in Deutschland 1945–1950
67 Geschichten und Berichte von Zeitzeugen
424 Seiten mit vielen Abbildungen,
Ortsregister, Klappenbroschur.
Band 2
ISBN 3-933336-01-5, EUR 18,90

Lebertran und Chewing Gum,
Kindheit in Deutschland 1945–1950
55 Geschichten und Berichte von Zeitzeugen
361 Seiten mit vielen Abbildungen,
Ortsregister, Chronologie, gebunden.
Band 14
ISBN 3-933336-23-6, EUR 18,90

Schlüssel-Kinder
Kindheit in Deutschland 1950–1960
46 Geschichten und Berichte von Zeitzeugen
336 Seiten mit vielen Abbildungen,
Ortsregister, Klappenbroschur.
Band 6
ISBN 3-933336-05-8, EUR 18,90

Weitere Informationen unter www.zeitgut.com

Bisher erschienen in der Reihe ZEITGUT

Wir wollten leben
Jugend in Deutschland 1939–1945
40 Geschichten und Berichte von Zeitzeugen
344 Seiten mit vielen Abbildungen,
Ortsregister, gebunden.
Band 5
ISBN 3-933336-24-4, EUR 18,90

Wir sollten Helden sein
Jugend in Deutschland 1939–1945
38 Geschichten und Berichte von Zeitzeugen
331 Seiten mit vielen Abbildungen,
Ortsregister, Klappenbroschur.
Band 12
ISBN 3-933336-11-2, EUR 18,90

Hungern und hoffen
Jugend in Deutschland 1945–1950
48 Geschichten und Berichte von Zeitzeugen
361 Seiten mit vielen Abbildungen,
Ortsregister, Chronologie, Klappenbroschur.
Band 10
ISBN 3-933336-06-6, EUR 18,90

Zwischen Kaiser und Hitler
Kindheit in Deutschland 1914–1933
47 Geschichten und Berichte von Zeitzeugen
368 Seiten mit vielen Abbildungen,
Ortsregister, gebunden.
Band 15
ISBN 3-933336-16-3, EUR 18,90

3/5

Weitere Informationen unter www.zeitgut.com

Bisher erschienen in der Reihe ZEITGUT

Täglich Krieg
Deutschland 1939–1945
41 Geschichten und Berichte von Zeitzeugen
362 Seiten mit vielen Abbildungen,
Ortsregister, Chronologie, gebunden.
Band 9
ISBN 3-933336-34-1, EUR 18,90

Und weiter geht es doch
Deutschland 1945–1950
45 Geschichten und Berichte von Zeitzeugen
361 Seiten mit vielen Abbildungen,
Ortsregister, Chronologie, Klappenbroschur.
Band 8
ISBN 3-933336-10-4, EUR 18,90

Von hier nach drüben
Grenzgänge, Reisen und
Fluchten 1945–1961
38 Geschichten und Berichte von Zeitzeugen
332 Seiten mit vielen Abbildungen,
Ortsregister, Chronologie, Klappenbroschur.
Band 11.
ISBN 3-933336-13-9, EUR 18,90

Getäuscht und verraten.
Jugend in Deutschland 1933–1939
43 Geschichten und Berichte von Zeitzeugen
320 Seiten mit vielen Abbildungen,
Ortsregister, Chronologie, geunden.
Band 16
ISBN 3-933336-07-4, EUR 18,90

4/5

Weitere Informationen unter www.zeitgut.com

Nichts führt zurück.
Flucht und Vertreibung 1944–1948
in Zeitzeugen-Erinnerungen.
ZEITGUT Auswahl 2
208 Seiten mit vielen Abbildungen,
13 x 21 cm, gebunden.
ISBN 3-933336-22-8, EUR 14,80

Ein Stück Berlin.
Jugend-Erinnerungen 1918–1945
ZEITGUT Auswahl 1
184 Seiten mit vielen Abbildungen,
13 x 21 cm, gebunden.
ISBN 3-933336-21-X, EUR 9,80

mit CD-ROM

Sei tausendmal gegrüßt.
Feldpost-Briefwechsel
Irene und Ernst Guicking
1937-1945
In Kooperation mit TU Berlin, Feldpost-Archiv
Berlin und Museum für Kommunikation.
184 Seiten, viele Fotos und
1.600 Briefe auf beiliegender CD-ROM.
13 x 21 cm, gebunden, Schutzumschlag.
ISBN 3-933336-20-1, EUR 18,90

5/5

Weitere Informationen unter www.zeitgut.com